A ASCENSÃO DOS NOVOS PURITANOS

LUTANDO CONTRA A FARRA DOS PROGRESSISTAS

NOAH ROTHMAN
A ASCENSÃO DOS NOVOS PURITANOS
LUTANDO CONTRA A FARRA DOS PROGRESSISTAS

TRADUÇÃO
LUCIANA SILVA

A ASCENSÃO DOS NOVOS PURITANOS
LUTANDO CONTRA A FARRA DOS PROGRESSISTAS
© ALMEDINA, 2022

AUTOR: Noah Rothman

DIRETOR DA ALMEDINA BRASIL: Rodrigo Mentz
EDITOR DE CIÊNCIAS SOCIAIS E HUMANAS E LITERATURA: Marco Pace
ASSISTENTES EDITORIAIS: Isabela Leite e Larissa Nogueira
ESTAGIÁRIA DE PRODUÇÃO: Laura Roberti

TÍTULO ORIGINAL: *The rise of the new Puritans*
TRADUÇÃO: Luciana Silva
REVISÃO: Gabriel Branco e Alex Fernandes

DIAGRAMAÇÃO: Almedina
DESIGN DE CAPA: Roberta Bassanetto

ISBN: 9786554270199
Novembro, 2022
Impressão e acabamento: Forma Certa

Dados Internacionais de Catalogação na Publicação (CIP)
(Câmara Brasileira do Livro, SP, Brasil)

Rothman, Noah
A ascensão dos Novos Puritanos : lutando contra a
farra dos progressistas / Noah Rothman
tradução Luciana Silva. – São Paulo, SP : Edições 70, 2022.

Título original: The rise of the new Puritans.
ISBN 978-65-5427-019-9

1. Direita e esquerda (Ciência política) – EstadosUnidos
2. Ética social – Estados Unidos 3. Progressivismo (Política norte-americana)
Aspectos sociais 4. Valores sociais – Estados Unidos I. Título.

22-125930   CDD-306.0973

Índices para catálogo sistemático:

1. Estados Unidos : Condições políticas, econômicas
e sociais : Sociologia 306.0973

Eliete Marques da Silva – Bibliotecária – CRB-8/9380

Este livro segue as regras do novo Acordo Ortográfico da Língua Portuguesa (1990).

Publicado sob acordo com a Broadside Books, uma imprint da Harper Collins Publishers.

EDITORA: Almedina Brasil
Rua José Maria Lisboa, 860, Conj. 131 e 132, Jardim Paulista | 01423-001 São Paulo | Brasil
editora@almedina.com.br
www.almedina.com.br

Para minha esposa, Jaryn. Isso foi tudo ideia dela.

AGRADECIMENTOS

Este livro não teria sido possível sem as contribuições de muitas pessoas maravilhosas e importantes na minha vida.

A principal delas é minha esposa, Jaryn, que contribuiu muito para a conceituação da tese deste livro. Como recompensa por sua participação, ela foi sobrecarregada com minha ausência prolongada dos deveres associados à criação de nossos dois meninos incríveis, Jace Arnold e Elias Murphy. Ela merece férias.

Gostaria de agradecer a meus editores, Eric Nelson e Hannah Long, e meu agente, Andrew Stuart, por sua dedicação em transformar este projeto de uma ideia grosseira em um produto vendável, bem como a todos da *HarperCollins Publishers* que acreditaram neste livro.

Meus pais, John e Patricia Rothman, merecem minha eterna gratidão por sua orientação e contribuição editorial — além de terem me mantido vivo até a maturidade.

A equipe da *Commentary* não poderia ter sido mais atenciosa e prestativa durante todo o processo de escrita. Um agradecimento especial é devido a John Podhoretz, Abe Greenwald, Christine Rosen, Stephanie Roberts, Carol Moskot, Kejda Gjermani e Malkie Beck. Também gostaria de agradecer aos meus colegas da MSNBC por seu apoio e orientação.

Eu estaria perdido sem a ajuda de Noam Dworman, que acreditou neste projeto desde o primeiro dia e dedicou atenção considerável aos meus pedidos de ajuda apenas pela bondade de seu coração.

Sou grato aos muitos profissionais talentosos que dedicaram um tempo para falar comigo em razão deste livro. Entre eles, Ali Tate Cutter, Andrew Zimmern, Joe Concha, Judy Gold, P. J. O'Rourke e Shane Gillis, bem como aqueles que me forneceram seus *insights* sem aparecerem.

Finalmente, tenho uma dívida incrível com o país que tornou possível que eu seja alguém que vive de pensar e escrever sobre política e cultura. Este livro é, em parte, uma carta de amor a uma nação com uma história excepcional. Sua capacidade de vitalidade, resiliência e reinvenção continuará por muito tempo a surpreender seus céticos.

Os Estados Unidos continuam sendo a nação indispensável, e sou muito grato aos homens e mulheres que servem à pátria com e sem uniforme.

SUMÁRIO

INTRODUÇÃO 13

1. REVELAÇÃO
   A Nova Ascensão de uma Antiga Moralidade 19

2. DEVOÇÃO
   O Trabalho é a Própria Recompensa 39

3. CAUTELA
   Heresias da Mente Inconsciente 71

4. AUSTERIDADE
   Uma Vida sem Adornos 109

5. TEMOR A DEUS
   O Mal na Banalidade 143

6. MODERAÇÃO
   Sobriedade, Castidade e Penitência 177

7. ORDEM
   As Companhias que Temos. 215

8. REFORMA
   Devagar a Princípio, e Então Tudo de uma Vez.......... 247

POSFÁCIO...................................... 275

NOTAS.. 279

INTRODUÇÃO

Você não é frágil. Você não vai despedaçar se entrar em contato com um pensamento ou frase que acredita ser ofensiva. Se você realmente acredita ser tão sensível, este livro não é para você.

Este é um livro para adultos.

Você vai ser confrontado com assuntos desconfortáveis, comportamentos antissociais e palavras feias. Você vai ser obrigado a pensar sobre coisas que você gosta e que outras pessoas acham ser prejudiciais para a sociedade. E você vai precisar avaliar as formas em que seu comportamento afeta as vidas daqueles ao seu redor e da sociedade como um todo.

Essas são as questões que consomem aqueles que acreditam ser tão competentes, tão honestos e cheios de princípios que devem reorganizar a sociedade para encaixar-se em suas preferências pessoais. Este livro é sobre essas pessoas: os intrometidos, os desordeiros, os moralistas, os enxeridos e os zelotes. É um livro sobre uma característica humana específica, uma que que se fortalece em certos períodos da história e enfraquece em outros, mas está sempre conosco. É a nossa hostilidade com relação ao diferente e nosso desejo instintivo de impor consistência ao que nos cerca.

Essa característica humana está presente em abundância atualmente. Dona de uma fé imperturbável em sua própria integridade e de um nível não saudável de ansiedade social, uma nova classe de ativistas está ocupada julgando quase tudo o que você faz. Você não está comendo corretamente: não é tão saudável quanto deveria e nem é suficientemente consciente do dano que seus hábitos causam ao seu redor. Você não está consumindo a mídia correta: as frivolidades indecentes que você gosta tanto dão abertura para degenerados. Você não está pensando nas coisas que deveria: não quando você está preocupado com distrações que afastam você da terrível dor da existência em um mundo imperfeito, mesmo que por alguns minutos.

Esses intrometidos não são novidade. O que é novo, ou melhor, o que não é familiar, é que essas características não são mais exclusivas da direita Anglo-Americana. Não faz muito tempo que a imposição de uma estrutura moral em todos os aspectos da vida era uma predileção dos conservadores. Era a direita que não gostava da música que você escutava, da TV a que você assistia ou das notícias que você lia. Era a direita que identificava, com seus sentidos aguçados, temas antissociais em produtos aparentemente inofensivos que apenas ela conseguia identificar. Era a direita que via o mundo por meio de um prisma moral e era a direita que policiava violações de sua estrutura ética ideal com vigor.

Quando era a direita que fazia a moralização, podia-se contar com a esquerda para se opor a eles. Os liberais americanos se opuseram de maneira confiável não apenas ao dogma conservador, mas a quase qualquer programa social que viesse à custa da autorrealização individual em qualquer forma que assumisse, mesmo aquelas formas que eram autodestrutivas e desprezavam as normas sociais aceitas.

Para a maioria de nós, essa dinâmica — o libertinismo de esquerda versus o pudor conservador — tem sido parte de toda nossa vida adulta. Neste novo século, porém, a dinâmica começou a mudar. Na verdade, ela está evoluindo para uma forma que é muito mais familiar historicamente. À medida que a esquerda segue mais em direção ao progressismo e se afasta do liberalismo, ela acaba por assumir muitos dos conceitos utópicos do progressismo. O principal entre eles é uma convicção fortíssima de que a forma que você vive a sua vida não é apenas errada, mas também é ruim para todos ao seu redor. E esse modo de vida não pode continuar.

Os progressistas não mais aceitam a "nova moralidade" que surgiu nos anos 60 e passou a dominar nos anos 90. Uma forma de propriedade muito mais antiga a está substituindo, uma que valoriza a utilidade política e não o prazer pessoal. Desde a comédia que você gosta aos esportes que acompanha ao sexo que faz (ou, cada vez mais, não faz), um tipo específico de ativista de esquerda insiste que essas e muitas outras atividades privadas têm uma dimensão pública. Elas devem contribuir para a promoção de uma sociedade saudável, uma que observe suas devoções preferidas e promova seus objetivos políticos. Qualquer coisa que não sirva a esse propósito é pior do que inútil. Fica no caminho do progresso.

A perspectiva que estou descrevendo é, de fato, puritana. É improvável que os progressistas reconheçam esse impulso de pregação e pudica em si mesmos, mas isso é vaidade. O progressismo no mundo transatlântico surgiu das cinzas do experimento puritano. Ao longo de sua história, o pensamento progressista aderiu a uma teoria da organização social que colocava a perfeição da condição humana acima dos assuntos mais cotidianos. Foi muito mais uma cruzada moral do que um programa político. A busca da pureza encontrou um lar em muitas coalizões políticas americanas ao longo dos séculos porque está profundamente arraigada. Somos todos herdeiros dessa tradição, mais aspirantes a reformadores sociais do que a maioria.

As ideias revolucionárias e pseudorreligiosas que serão exploradas neste livro e as táticas usadas para colocá-las em prática são preocupantes. Elas estão adquirindo adeptos rapidamente, e esses adeptos estão se impondo entusiasticamente sobre os dissidentes e silenciando-os. Em janeiro de 2019, eu publiquei um livro sobre esse assunto: *Unjust: Social Justice and the Unmaking of America*. O *ethos* contra o qual me propus a escrever no início de 2017 estava começando na época, mas seus objetivos eram claros. O moderno defensor da justiça social procurava reescrever muitos dos preceitos fundamentais que subscreveram o liberalismo clássico.

Este era um movimento que queria substituir os fundamentos do direito comum inglês — pequenas coisas como altos padrões de evidência para condenação criminal e a capacidade de confrontar seu acusador no tribunal — por um sistema que aplicava uma punição cármica àqueles que nasceram em identidades erradas. Queria reconstruir os Estados Unidos de maneiras incompatíveis com nossas convenções legais pré-existentes, frustrando os defensores da justiça social e os levando a um terrível fatalismo que, frequentemente, manifesta-se em violência urbana.

Esses ativistas são, de muitas formas, um eleitorado assustador. Mas não em *todas* as formas. Os entusiastas de justiça social que dedicam tanta atenção aos problemas mais irritantes da sociedade são propensos a ficarem obcecados por trivialidades e cultura popular. Este é um movimento insular que é facilmente enganado por mercenários dispostos a atender ao narcisismo de seus membros e reforçar suas suposições sobre o mundo.

O orgulho e a santidade desse movimento o cegaram para algumas armadilhas políticas bastante óbvias nas quais ele tropeçava regularmente. Essas loucuras proporcionaram aos críticos do ativismo pela justiça social muitas oportunidades para apontar e rir. Essa tendência só se acentuou nos anos que se seguiram à publicação de *Unjust*, o que nos leva à premissa deste livro: claro, a atual visão radical é ameaçadora. Mas e se também for hilária?

Você provavelmente já escutou o novo *ethos* progressista descrito como puritano e de uma forma depreciativa. Este livro se esforça para demonstrar isso da forma mais concreta possível, fundamentando a tese em uma exploração das maneiras pelas quais a sociedade puritana e o antigo Vitoriano em que evoluiu buscavam policiar a moralidade. Os Novos Puritanos acreditam que fomos concebidos em pecado e devemos ser salvos. Eles trabalham com confiança ao separar os dignos dos indignos. Eles acreditam ser essencial envergonhar e afastar os infiéis para evitar que eles corrompam o resto de nós. Eles rejeitam os não iluminados, detestam a cultura negligente que herdamos e anseiam por um mundo limpo das imperfeições humanas.

Eles têm certeza de que serão perdoados por qualquer coisa que fizerem para conseguirem isso.

Pretendo estabelecer paralelos relacionando esforços no mundo Anglo-Americano para proteger a moralidade pública contra a degeneração durante a história, do final do século XVI até hoje. O objetivo deste livro não é apenas condenar e informar, mas também popularizar o caso contra o novo puritanismo. Para esse fim, a ortografia e a gramática do início da era moderna citadas em documentos primários dos séculos XVI e XVII foram modernizadas.

A missão na qual a esquerda moderna está engajada está fundamentada em um sistema de valores mais antigo que sobreviveu ao longo dos séculos por causa de suas virtudes manifestas. Aqueles que acreditam neste projeto exageraram em sua busca, sim. Mas seus excessos são um subproduto de sua crença em princípios nobres e do desejo de deixar nossos filhos com um mundo melhor do que aquele em que nascemos. Não há vilões unidimensionais neste livro, apenas pessoas.

Como seus antepassados puritanos, o ativismo progressista explorado neste livro não suporta formas de prazer que distraem a grande obra de nosso tempo. O projeto do progressista puritano — a perfeição do pacto social — não vai ser divertido. É um trabalho. Sua busca deve ser acompanhada de desconforto, sacrifício e contemplação silenciosa sobre o estado abjeto em que nos encontramos.

Como seus antepassados, os puritanos progressistas estão comprometidos em travar uma guerra contra a decadência, a frivolidade e o prazer por si só. Eles acreditam que isso seja uma marca de sua seriedade, mas, para o observador descomprometido, mais parece fanatismo. Em busca do que eles acreditam que será um mundo melhor, seus perseguidores estão se fazendo de bobos e tornando miseráveis seus compatriotas no processo.

O antigo puritanismo deixou uma marca indelével na política e na cultura americana, mas os puritanos não são lembrados com carinho por seus esforços. Sua visão utópica e conformista de como a sociedade deveria ser estruturada os levou ao fracasso. A visão puritana só poderia ser mantida em um ambiente homogeneizado. Rapidamente caiu em desuso à medida que as colônias americanas se diversificaram e a influência do comércio rompeu as velhas estruturas sociais.

À medida que o poder puritano diminuiu, aqueles que ainda acreditavam firmemente tornaram-se motivo de chacota — mas não sem algumas dores de crescimento. Os esforços desesperados do puritanismo para se apegar a um modo de vida moribundo resultaram na miséria, encorajaram pânicos morais incipientes e produziram sua parcela de violência ao longo do caminho. Este é um conto de advertência para nossos novos puritanos. É uma lição que eles serão forçados a reaprender, de uma forma ou de outra.

A sabedoria popular costuma dizer que "política e religião não se discutem". Bom, este livro faz as duas coisas, de forma extensa e com um considerável desrespeito pelo estado emocional de seus leitores. O que você está prestes a ler é um relato de pessoas que se levam muito a sério. É minha maior esperança que este livro exponha os Novos Puritanos como as caricaturas absurdas que eles se tornaram.

1

REVELAÇÃO

A NOVA ASCENSÃO DE UMA ANTIGA MORALIDADE

Fãs de comida mediterrânea e do Oriente Médio não poderiam encontrar lugar melhor do que a mercearia *Holy Land* (Terra Santa, em português). Um mercado de médio porte administrado por imigrantes com sede em Minneapolis, Minnesota, *Holy Land* empregava quase duzentas pessoas no início de 2020 e recebia regularmente elogios de seus clientes. Era a apoteose do sonho americano quando foi alvo de destruição por uma multidão.

Majdi Wadi, proprietário e trabalhador da *Holy Land* e palestino de nascimento, era uma figura importante na comunidade que servia. Wadi era alvo de frequentes elogios na imprensa local. O então congressista democrata, Keith Ellison, falou sobre seu estabelecimento em um discurso no plenário da Câmara dos Deputados.[1] A pequena rede foi elogiada por sua "padaria, mercearia e, nossa parte favorita, uma fábrica de homus" por Guy Fieri, que apresentou a loja em seu programa *Diners, Drive-Ins e Dives*.[2] E, ainda mais importante, era um lugar amado pela comunidade. Parece que foi exatamente essa admiração que enfureceu as pessoas que queriam ver o negócio arruinado e seus apoiadores privados de algo que amavam.

"Vocês que amam a *Holy Land*" uma conta do Twitter que se associava com o movimento Vidas Negras Importam declarou, "essa é a filha do proprietário e gerente".[3] Essa postagem foi acompanhada por evidências de que a filha de Wadi, uma funcionária da *Holy Land*, havia feito comentários racialmente insensíveis nas mídias sociais há uma década, quando tinha entre quatorze e dezoito anos. "Não gaste seu dinheiro aqui, a menos que você apoie racismo e intolerância", dizia uma avaliação do *Yelp*.[4]

A indiscrição, de dez anos atrás, de um funcionário da loja, é suficiente para manchar toda uma instituição? Isso parece irracional, mas a racionalidade é algo cada vez mais escasso. Para apaziguar a multidão enfurecida que se movimentava contra seu negócio, Wadi então deu o passo doloroso, mas, segundo ele, necessário, de demitir sua própria filha. Ele prometeu contratar consultores de diversidade como um gesto de submissão à indústria que se formou em torno do treinamento antipreconceito, e garantiu aos seus críticos que sua filha se dedicaria a bons trabalhos para "todas as pessoas de cor".

"Não apenas como CEO, mas como pai, é meu dever e responsabilidade garantir que minha família e os membros da equipe da *Holy Land* demonstrem alta integridade e diretrizes morais", explicou o merceeiro em apuros.[5] Mas não foi suficiente.

"Não podemos mais, em sã consciência, apoiar esse negócio de qualquer maneira, formato ou forma, mesmo após o pedido de desculpas", uma avaliação particularmente intransigente declarou. A controvérsia culminou com os donos do prédio rescindindo o aluguel da *Holy Land*. Era um castigo condizente com o pecado: a paternidade descuidada de uma filha voluntariosa.[6]

Se este fosse um incidente isolado, poderíamos atribuí-lo a uma histeria momentânea. Mais um escalpo sacrificado à inesgotável indignação provocada pelas redes sociais. Mas não foi um incidente isolado. No verão de 2020, os fãs do time de futebol profissional Los Angeles Galaxy acordaram com a notícia de que seu mais importante meio-campista, Aleksandar Katai, havia sido dispensado de seu contrato. Sua saída do elenco não foi resultado de mau desempenho em campo ou mesmo de alguma indiscrição pessoal. Não, Katai foi cortado porque sua esposa, Tea, postou mensagens descritas como "racistas e violentas" em sua conta do Instagram.

Sem dúvida nenhuma, as mensagens eram provocativas e muito insensíveis. No auge dos protestos daquele verão, alguns dos quais se transformaram em manifestações violentas, saques e vandalismo, Tea postou um vídeo de um carro de polícia em Nova York passando por uma multidão de manifestantes tentando bloquear a estrada. A legenda, em sérvio, sua língua nativa, dizia "matem os merdas". Em outras postagens, ela descreveu os manifestantes como "gado nojento" e postou uma imagem de uma pessoa carregando uma caixa de tênis da *Nike*, do que parecia ser uma loja saqueada, e escreveu: "Nikes Negros Importam".

A indignação com o comportamento de sua esposa foi significativa o suficiente para que Katai falasse publicamente contra sua esposa. "Eu não compartilho dessas opiniões e elas não são toleradas na minha família" ele escreveu. Katai se desculpou "pela dor que essas postagens causaram à família *LA Galaxy* e a todos os aliados na luta contra o racismo". Mais uma vez, a demonstração de remorso foi considerada insuficiente. A associação do jogador com uma mulher de caráter tão ruim o havia contaminado também.[7]

Esses incidentes um tanto obscuros podem ter passado relativamente despercebidos pela imprensa nacional, mas a revolta dentro da Poetry Foundation — de todos os lugares — não escapou à atenção da mídia.

Você pode não presumir que as raras categorias da poesia profissional também são um foco de ódio racial. No entanto, após o assassinato de George Floyd pela polícia de Minneapolis durante uma tentativa de prisão, no verão de 2020, essa organização literária ricamente financiada não pôde evitar o acerto de contas nacional com o legado de racismo que os ativistas afirmam assombrar quase todas as instituições americanas.

A fundação parecia reconhecer o perigo. Em uma resposta não solicitada de quatro frases aos eventos em Minneapolis, a Poetry Foundation expressou sua "solidariedade com a comunidade negra" e afirmou seu compromisso de alavancar o "poder da poesia para elevar em tempos de desespero". Com isso, o cheiro de sangue permeou o ar, e os rapsodistas mais famintos da poesia partiram para o ataque.

Trinta poetas coassinaram uma carta aberta na internet em resposta à declaração da *Poetry Foundation*. A carta alegava que a fundação era culpada por não "redistribuir mais de seus enormes recursos" para a busca de justiça social e "antirracismo". A carta logo atraiu mais de mil e oitocentas assinaturas. "Como poetas, reconhecemos uma escrita que atende à urgência de seu tempo com o fogo apropriado quando a vemos — e não é isso", dizia a carta. "Dadas as circunstâncias, que equivalem a nada menos que genocídio contra os negros, os caprichos aquosos dessa declaração são, em última análise, uma violência." Esses poetas enfurecidos pediram uma "resposta pública oficial" às suas demandas em uma semana, ou lidariam com as consequências.

Podemos apenas imaginar quais poderiam ter sido as consequências ameaçadas porque a carta teve um efeito imediato e descomunal. Logo após sua publicação, a Poetry Foundation anunciou que seu presidente e o líder do conselho renunciariam imediatamente.[8]

Esses episódios, e muitos outros como eles, mostram uma mudança cultural em andamento nas fileiras progressistas. Esse policiamento agressivo e a aplicação de uma estrutura moral compartilhada não costumava ser característica da esquerda americana. Não muito tempo atrás, as forças na política americana que não podiam tolerar suas escolhas de estilo de vida estavam presentes principalmente à direita.

Era o Partido Republicano que se engajava no julgamento hipócrita e na arrogância moral. Era a cultura política de direita que queria limitar seu acesso às influências perversas de atos musicais como *Dixie Chicks* e a comédia de artistas subversivos como Bill Maher. Foi a Maioria Moral que buscou o banimento da cantora e compositora Amy Grant por causa de seu divórcio e novo casamento.[9] Foi a direita cristã que fez o possível para excomungar a *Procter & Gamble* por fazer propaganda em programas de televisão considerados "atrevidos" e por não apoiar leis que evitassem que gays e lésbicas recebessem certas proteções de direitos civis.[10]

Instituições de direita, como o *Parents Television Council*, fundado por L. Brent Bozell III, assumiram a liderança nas guerras culturais, pressionando regularmente a Comissão Federal de Comunicações para exceder seu mandato e reprimir o discurso explícito, mas ainda assim protegido, nas ondas de rádio públicas. As cruzadas do movimento conservador são quase pitorescas em retrospectiva. Em seus dias de declínio, o PTC atacou a revista GQ por uma divulgação com os membros adultos do elenco do programa da *Fox, Glee*, alegando que estava nos limites da pedofilia. Eles atacaram os "vendedores de obscenidades da MTV" e desmonetizaram o programa *Family Guy*.[11] "O que os maconheiros adolescentes loucos por sexo da América fariam sem Seth MacFarlane para diverti-los?", dizia uma das exageradas declarações.[12]

Os republicanos conservadores eram, com certeza, vistos resistindo à evolução social americana gritando: "Pare!". Eles estavam consumidos pelo tipo de cultura reacionária em guerra que não encontra solução política e, portanto, não tem fim pela condução de políticas. O jogo virou. A combinação de novas convenções legais que expandem os limites do que constitui discurso protegido, o interesse decrescente nessa missão por parte dos conservadores e a diminuição do entusiasmo de lutar por ela contra os progressistas, enfraqueceu a organização de Bozell e muitas outras como ela.

Essa surpreendente condição é produto tanto da evolução do movimento conservador quanto da esquerda. Em 2019, as taxas de aborto nos Estados Unidos caíram para as taxas mais baixas desde a decisão da Suprema Corte de 1973 em Roe V. Wade que legalizou a prática nacionalmente. Esse declínio foi resultado do crescente desgosto geral pelo procedimento e da nova acomodação da direita com métodos contraceptivos de longo e curto prazo.[13] Da mesma forma, os direitos do casamento entre pessoas do mesmo sexo são agora uma questão resolvida, tanto na jurisprudência quanto nos costumes. O que há apenas uma década era contestado por uma pluralidade de americanos é atualmente aceito por dois terços da população — incluindo a maioria dos autoproclamados republicanos.[14]

A ascensão de Donald Trump à liderança do Partido Republicano sinalizou a rendição virtual da direita nas guerras culturais convencionais que seus membros ainda estavam inclinados a travar. Desde as controvérsias sobre os banheiros transgêneros (que Trump endossou como candidato em 2016), ao divórcio (o ex-presidente estava em seu terceiro casamento quando concorreu à Casa Branca), à universalização do acesso ao seguro de saúde (Trump aceitou o fato de o Obamacare exigir que o público adquirisse um bem privado sob pena da lei), os conservadores não apenas perderam as guerras culturais; eles simplesmente abandonaram o campo.[15]

Ainda há muitos republicanos e até conservadores que ficariam felizes em usar as alavancas do poder estatal para impor sua moralidade preferida ao público. Mas, como serão os primeiros a lamentar, os puritanos são hoje uma autodenominada minoria dentro do bloco de direita.

Por que ativistas progressistas se apressaram para preencher o vazio que o movimento conservador, antes reflexivamente moralista, deixou para trás? Primeiro, temos que entender como o progressismo se tornou uma filosofia totalista com conotações religiosas.

A visão de mundo progressiva é melhorista, ou seja, abraça a crença de que este mundo pode ser melhorado, se não aperfeiçoado, através do trabalho. O psicólogo Pavel Somov atribuiu o perfeccionismo de princípios aos "compulsivos puritanos, que podem ser caracterizados como hipócritas, zelosos, intransigentes, indignados, dogmáticos e críticos". Mas isso tudo apenas a serviço da "crença de que existem soluções precisas, corretas e perfeitas para todos os problemas humanos e mundiais".[16]

Não há nada de sórdido nesse detalhe de personalidade. "Você não é um vilão por querer salvar o mundo", Somov admite. O compromisso de fazer um mundo melhor e a vontade de trabalhar para esse resultado é uma característica louvável. Assim como são valores complementares a sensatez, moderação, reverência e abnegação; qualidades desejáveis que qualquer sociedade interessada em sua própria preservação deve promover.

Como os puritanos antes deles, os objetivos do perfeccionista progressivo tendem a ser frustrados pela natureza falível da humanidade. É assim que o aspirante a reformador de esquerda muitas vezes se ressente dessa mesma natureza. Em última análise, ele conclui que deve ser eliminado da espécie humana — para nosso próprio bem.

À medida que o movimento progressista se tornou mais apegado à ideia de que os acidentes do nascimento da América tornam esta nação moralmente manchada, o movimento tornou-se igualmente convencido de que muitas das tradições do país estão igualmente maculadas. Participar e desfrutar dessas tradições é, na melhor das hipóteses, uma expressão de ignorância. Na pior das hipóteses, é um ato de colaboração com sistemas de opressão.

Essas convenções, dizem os progressistas de hoje, estão impregnadas do mesmo classismo, racismo e sexismo que permeia todas as instituições americanas. Envolver-se em uma veneração acrítica até mesmo de divertimentos comuns é se cegar para o mal que se esconde sob sua superfície. A incapacidade de desconstruir criticamente as atividades recreativas com tanto entusiasmo quanto uma legislação ou uma iniciativa burocrática não é apenas uma demonstração de esquecimento intencional. É um pecado.

Mesmo os episódios mais banais que tipificam a experiência humana estão sob ataque, em parte porque você pode apreciá-los. Como já é esperado em uma concepção tão radical de uma vida idealizada, a abordagem do Novo Puritano para popularizar suas ideias tem uma falha fatal: está tornando seus seguidores pessoas miseráveis.

É importante avaliar essas tendências com o entendimento de que o projeto moderno progressista é, em abstrato, dedicado a promover objetivos e ideais aos quais poucos se oporiam.

Os progressistas estão comprometidos com a inclusão e a aceitação em seus próprios termos — quebrando os estigmas em torno da identidade e eliminando tabus associados a afiliações de escolha que são profundamente pessoais.

Eles são dedicados à causa do conservacionismo ambiental e à preservação de nossa herança ecológica para as gerações futuras.

Eles são devotos do ideal comunitário e acreditam que seu conforto, segurança e liberdade são tão garantidos quanto os de seu próximo. Afinal, a bondade de uma sociedade é, em última análise, uma função de como ela atende seus membros mais vulneráveis.

Eles são defensores zelosos da democratização, mesmo correndo o risco de recuperar os piores abusos da multidão ateniense. Os excessos da multidão são uma fonte de preocupação, mas o risco de privar e desempoderar o público em geral é, para eles, uma ameaça maior.

O que une essas causas e valores díspares é que eles são, como filosofia abstrata, manifestamente *virtuosos*.

Antidiscriminação e erradicação de preconceitos básicos; um desgosto pela destruição ecológica desenfreada alimentada pelo consumo conspícuo; uma aversão ao sofrimento e à provisão de caridade; a graça benevolente da vizinhança: esses princípios constituem um código moral justo.

O nível de comprometimento de um tipo particular de devoção progressiva a essas prioridades beira o espiritual. De fato, muitos observadores concluíram que esse tipo de exaltação imita uma fé secular.

O iconoclasta professor de inglês e literatura comparada da Universidade de Columbia, John McWhorter, observou algo distintamente eclesiástico na prática do que chamou de "Terceira Onda Antirracista", em parte porque a filosofia é repleta de contradições.

O silêncio branco diante do racismo constitui a aceitação do racismo, mas os brancos também devem subordinar suas vozes às pessoas de cor. A experiência negra na América é desconhecida para quem não nasceu nessa condição, mas você é obrigado a se dedicar à busca inatingível deste conhecimento. Os afro-americanos devem ter acesso a espaços segregados na sociedade, e você não tem liberdade para invadi-los. Mas se você não tem nenhum conhecido ou associado negro próximo, provavelmente tem ódios raciais. E assim em diante.[17]

A falta de lógica dessas contradições é, afirma McWhorter, o ponto principal. Elas representam um teste de fé, que seus devotos mais comprometidos evitam vigorosamente conciliar. "O problema é que em questões de procedimentos e prioridades sociais, os adeptos desta religião — fiéis à própria natureza da religião — não podem ser argumentados", escreveu McWhorter. "Eles são, nesse aspecto, medievais."

O colunista e ex-editor do *The New Republic*, Andrew Sullivan, concorda. A justiça social e suas prescrições para instituições poderosas encarregadas de redistribuir bens econômicos e sociais "faz tudo o que uma religião deveria", escreveu ele. Estabelece uma narrativa histórica simples que classifica as gerações passadas, presentes e futuras em campos oprimidos e opressores — bons e maus — e prescreve modos de métodos públicos e privados pelos quais os fiéis podem receber penitência.

Como McWhorter, Sullivan vê paralelos religiosos na hostilidade dirigida por quem acredita a quem rejeita os preceitos defendidos. "Você não pode argumentar logicamente com uma religião", ele escreveu, "e é por isso que você também não pode argumentar com ativistas da justiça social".[18]

O falecido escritor de ficção científica Michael Crichton pode ser o primeiro cético da nova crença. Seu discurso de 2003 descrevendo como o ativismo ambiental moderno "remapeia" os preceitos da teologia judaico-cristã é tão relevante hoje quanto era no dia em que foi feito. A Gênese do ambientalista é uma história estranhamente familiar: Havia um "Éden", um "estado de graça e unidade dentro da natureza", do qual nos distanciamos depois de consumir o fruto da árvore do conhecimento. E o resultado do nosso pecado é que "o dia de julgamento está chegando para todos nós".[19]

Se isso é uma fé, é uma fé implacável. Não podemos buscar a salvação por meio de reformas legislativas, como padrões de energia eficientes, iniciativas raciais reparadoras ou políticas econômicas redistributivas. Redenção é um projeto muito pessoal. Envolve ritos, rituais e a provisão de indulgências por uma casta sacerdotal. Como Sullivan e McWhorter, Crichton observa que não há como racionalizar com quem acredita a partir desse dogma, "porque os princípios do ambientalismo são todos sobre crença".

Se o que estamos presenciando fosse apenas a prática de uma fé secular em que o sentido e a identidade fossem derivados do ativismo político, não seria uma ocorrência única. A ascensão e queda periódica de fenômenos semelhantes estão espalhados pelos livros de história americanos. Além disso, chamar isso de religião é, em última análise, insatisfatório, porque é sem o deísmo que normalmente acompanha a espiritualidade. Pelo contrário, o que estamos vendo é a reabilitação de um código de conduta social abrangente que transcende a política e a prática religiosa.

O que também é familiar aos estudantes de história transatlântica. "O puritanismo não era apenas um credo religioso e uma teologia", escreveu o historiador e intelectual Perry Miller, "era também um programa para a sociedade".[20] O que os colonos da Nova Inglaterra estabeleceram não era apenas uma igreja ou um conjunto de códigos morais pelos quais os justos deveriam ser guiados como exemplo para seus vizinhos. Era uma forma de viver.

O estilo de vida puritano girava em torno de sua igreja, mas a constelação de ideias às quais os fiéis estavam vinculados não era apenas teológica. Sua aliança comunal envolvia a gestão rigorosa das relações sociais e familiares. Era acompanhada de códigos de conduta destinados a colocar os indivíduos no caminho de uma vida moral. O pacto puritano estabeleceu padrões estéticos e pedagógicos que quase todas as vocações deveriam observar. Tudo isso foi supervisionado por autoridades com poderes para preservar o meio social preferido do puritanismo, mas visando apenas o bem comum maior.

Os Novos Puritanos também seguem um código moral totalitário. Eles também o veem imposto por instituições poderosas que não respondem a artifícios democráticos ou à opinião pública. Eles também impõem ao público mecanismos ostensivamente projetados para promover seriedade e decoro, mas que eventualmente se tornam ferramentas de uso poderoso para preservar as distinções de classe e status.

Os defensores desse novo sistema de valores desencorajam a humildade e a tolerância em sua prática. Eles não permitem a aceitação de uma ética alternativa porque abrir espaço para tal coisa é tolerar a depravação. A moderação no cumprimento dos princípios

A ASCENSÃO DOS NOVOS PURITANOS

dessa ideologia tolera tacitamente um *status quo* totalmente imoral. Dada a ampla gama de ameaças à probidade social, os praticantes desse credo implacável não têm tempo para paciência, clemência ou bondade.

Livre de instituições moderadoras de nível comunitário e exposta aos intoxicantes aceleradores psicológicos nas mídias sociais, a prática das virtudes dos Novos Puritanos não parece tão virtuosa. Assemelham-se mais às paixões — apetites que nunca podem ser saciados. Basta olhar para as ferramentas que os defensores desse novo dogma usam para impor suas preferências: vergonha e humilhação, confissões forçadas de forma transparente, petições prestativas para alívio do julgamento público e demonstrações públicas de trabalho em busca de reparação.

Esta não é uma religião, por si só, mas seus costumes são *esteticamente* religiosos. E isso não é um acidente.

O que testemunhamos nas histórias de *Holy Land*, Aleksandar Katai, Poetry Foundation e inúmeros outros episódios semelhantes não são apenas mais evidências de uma tendência à política de censura e reação que é chamada popularmente de "cultura do cancelamento". Esses incidentes são notáveis porque demonstram como nenhuma pessoa ou profissão pode existir fora da política.

Não é particularmente estranho que os alvos da multidão tenham sido arrastados para uma condução política, embora suas respectivas profissões fossem — ou, pelo menos, deveriam ser — apolíticas. Hoje, tudo é um significante cultural. Tudo poderia ter um impacto social mais amplo que afeta a vida dos outros. Tudo, portanto, é um jogo justo. Aqueles de esquerda que estão processando esta campanha deixaram claro que sua intenção é forçar até mesmo aspectos despolitizados da vida a servir ao que eles pensam ser um propósito civilmente útil. E como os objetivos desse movimento aumentaram de escopo, também aumentaram suas metas.

Essa ideologia não se satisfaz mais em impor seus valores apenas aos aspectos públicos da vida. As distinções entre vida pública e conduta privada e pessoal não são mais tão claramente definidas.

Não pode haver passatempos felizes ou diversões casuais que distraiam a seriedade deste momento. Frivolidades sem propósito são um luxo que não podemos nos dar.

Isso é selvageria progressista-sobre-progressista, uma forma de policiamento intracomunitário. O instinto de impor a homogeneidade cultural é um traço humano. Afinal, os conservadores também incentivam a uniformidade cultural. O que é notável, no entanto, é que a brutalidade aplicada por ativistas de extrema esquerda àqueles que violam seu sistema de valores — mesmo àqueles que são parte do grupo — revela o quão completamente voltados contra a heterodoxia estão os árbitros do discurso progressista. As outrora celebradas virtudes, diversidade e dissidência são hoje vistas com desconfiança.

Da mesma forma que se podia contar com a direita religiosa para denunciar todas as atividades que não contribuíam para a salvação de almas, a classe ativista progressista encara com desprezo as atividades que não são úteis à sua causa.

Parece haver algo especial na América que encoraja esse tipo de fanatismo.

No início do experimento americano, o puritanismo não adulterado que criou raízes na Nova Inglaterra colonial carecia dos predadores naturais que o perseguiam na Europa. Sendo assim, o pensamento puritano que emergiu ao longo do século XVII e início do século XVIII era tão exclusivamente americano quanto era intransigente.

A ladainha de atividades perversas que foram consideradas pecaminosas, ou que poderiam eventualmente inspirar conduta pecaminosa, explodiu quando os puritanos da Inglaterra fugiram de sua perseguição na Europa pela relativa segurança do Novo Mundo. Um sínodo do final do século XVII da igreja de Massachusetts estabeleceu um conjunto uniforme de proscrições sobre práticas recreativas, nas quais até mesmo desvios triviais eram proibidos. Entre eles, "viajar ou andar no exterior no sábado", "fazer discursos inadequados", "beber de forma pecaminosa", abusar dos "dias de treinamento e outras solenidades públicas", "danças com outro gênero, comportar-se ou se expressar de forma leviana", "jogos ilegais" e, mais perversamente, "uma abundância de ociosidade". Aquilo que não era uma contribuição instrumental para a filosofia puritana era considerado um ataque a ela.[21]

À medida que o puritanismo americano se misturava com o populismo religioso, os moralistas americanos enfatizavam as experiências de conversão individual e o ativismo político como evidência de nobreza. "A devoção individual não era suficiente", escreveu George McKenna na mais abrangente exploração do impacto do pensamento puritano na política americana, *The Puritan Origins of American Patriotism*. "Ser ativo na salvação significava também ser ativo no mundo."

Inicialmente, isso assumiu a forma de um abolicionismo determinado, uma antipatia pela prática da escravidão tão absoluta que obrigou aqueles com tendências puritanas a apoiar o México na Guerra Mexicano-Americana. Assumir qualquer outra posição era ser cúmplice de uma ação destinada a acrescentar mais estados escravistas à União.[22] Dá para notar por que o entusiasmo puritano rapidamente esgotou suas boas-vindas em companhia mista.

Com a vitória da União na Guerra Civil em 1865, o projeto puritano evoluiu da causa do antiescravismo para a criação de uma irmandade de homens supervisionada por um estado ativista. "A ética de autodisciplina e austeridade dos puritanos se refletiu nas inúmeras pinturas e esculturas de puritanos que apareceram durante esse período", escreveu McKenna.[23] De fato, foi na *Era Dourada* que o progressismo puritano assumiu uma forma que parece reconhecível aos observadores modernos da política americana.

Das cruzadas contra a influência dos interesses do dinheiro e pelos direitos dos trabalhadores, ao desenvolvimento de instituições dedicadas à instrução religiosa de crianças carentes, ao movimento de moderação e à proibição do álcool, as causas políticas mais famosas do progressismo devem suas origens à sensibilidades puritanas.

O legado do pensamento puritano é aparente até mesmo nos floreios retóricos aos quais apelaram tantos admirados políticos americanos da esquerda política. John F. Kennedy declarou que os Estados Unidos eram parte de um desígnio providencial em um discurso de 1961 para a legislatura do estado de Massachusetts, citando diretamente o ministro puritano e terceiro governador da Colônia da Baía de Massachusetts, John Winthrop. "Devemos sempre considerar", afirmou Kennedy, "que seremos como uma cidade sobre uma colina".[24] Esta é a essência destilada do utopismo puritano.

No discurso citado por Kennedy, Winthrop insistiu que "os olhos de todas as pessoas estão sobre nós" — uma reflexão sobre o golpe catastrófico para a causa puritana que seria desferido se a colônia de Massachusetts fracassasse. Woodrow Wilson, que habitualmente adotava a cadência de pregador que aprendeu com seu pai ministro presbiteriano, não tinha vergonha de invocar a vontade de Deus. "Os olhos do mundo estarão sobre vocês", disse o vigésimo oitavo presidente aos soldados que partiam para os campos de batalha da Europa às vésperas da intervenção dos Estados Unidos na Primeira Guerra Mundial, "porque vocês são, em algum sentido especial, os soldados da liberdade".[25] Wilson ecoou esses temas providenciais em seu Discurso do Estado da União em 1917. "A mão de Deus está sobre as nações", disse ele. "Ele se mostrará favorável a eles, acredito devotadamente, somente se eles se elevarem às alturas claras de Sua própria justiça e misericórdia".[26]

O "encontro com o destino" que Franklin D. Roosevelt disse que logo estaria sobre os americanos em um discurso perante os delegados democratas na convenção de indicação de 1936 evocou um tipo de puritanismo ao qual sua mãe, a congregacionalista Sara Delano, era parcial. Mesmo a terrível expressão cunhada em 1910 por William James, o "equivalente moral da guerra", que foi citada favoravelmente por presidentes democratas de Lyndon Johnson a Jimmy Carter, tem um toque puritano. "Era o puritanismo atualizado", escreveu George McKenna sobre o chamado à ação de James e os ideais da era progressista que ele capturou. A frase combinava "o pós-milenialismo otimista do Segundo Grande Despertar com o protestantismo mais liberal e secular que surgiu no período pós-Guerra Civil".

Então por que associamos o tenso e o hipócrita apenas com a direita política? A resposta a essa pergunta está enterrada sob os escombros de um conflito cultural entre gerações travado e vencido pelos *baby boomers*.

O estudo exaustivo de McKenna sobre o legado do puritanismo expõe um mal-entendido comum sobre quem são os verdadeiros herdeiros da tradição puritana. Embora sejamos todos um produto de nossa história compartilhada, a propensão do progressismo para as cruzadas morais, juntamente com as concessões mais práticas da direita às realidades políticas americanas, contribuiu para uma grande inversão de papéis.

O puritanismo, com seu utopismo e sua missão messiânica, sentia-se confortável como parte da coalizão que gravitava em torno do Partido Republicano nos dias em que ele estava mais inclinado ao idealismo *Whiggish* (sua compreensão de que o arco da história flui inexoravelmente para a melhoria da condição humana) do que ao conservadorismo. Mas à medida que os republicanos adotaram uma filosofia política mais individualista e fizeram apelos explícitos aos sulistas (e aos segregacionistas do sul), essa afinidade diminuiu.

"Os puritanos, que se tornaram whigs na década de 1830, que se tornaram republicanos na década de 1850, que se tornaram progressistas em 1912, estavam agora a caminho de se tornarem democratas", escreveu McKenna. Para enfatizar o ponto, McKenna citou o professor de ciência política da Universidade do Texas, Walter Dean Burnham, que observou que "os condados do interior de Nova York que votaram nos democratas e apoiaram os direitos civis em 1964 foram os mesmos que votaram nos republicanos e se opuseram à escravidão em meados do século XIX".[28]

À medida que o Partido Republicano se tornava mais conservador, uma revolução contracultural estava em andamento, transformando completamente o Partido Democrata.

As atitudes libertinas adotadas pela contracultural Nova Esquerda abriram caminho na cultura popular americana antes de gradualmente ultrapassar a respeitável política de centro-esquerda. No início da década de 1990, a convergência estava completa. Uma narrativa excessivamente simplificada que considera o contraculturalismo *hippie* como a divisão entre esquerda e direita foi mais bem resumida pela epítome do fenômeno, o ex-presidente Bill Clinton.

"Se você olhar para trás, para os anos 60, e chegar à conclusão de que esses anos fizeram mais bem do que mal, você provavelmente é um democrata", disse o 42º presidente em 2003. "Se você acha que os anos 60 fizeram mais mal do que bem, você provavelmente é um republicano".[29] Essa é uma afirmação justificável de maneira superficial, mas não resiste ao escrutínio. Havia dissidentes contra a libertinagem na esquerda, mesmo durante a revolução contracultural. Suas objeções à decadência, tolerância e licenciosidade estavam à frente de seu tempo e um dia encontrariam um público dedicado. Em primeiro lugar entre eles estavam os teóricos mais radicais dentro do movimento de libertação das mulheres. "Pornografia", argumentou a feminista radical Andrea Dworkin diante de uma comissão de 1986 sobre o assunto, "é usada no estupro — para planejá-lo, executá-lo, coreografá-lo, gerar a excitação de cometer o ato". Dworkin era notoriamente hostil aos rituais de namoro heterossexual.[30] Como analisaremos com mais detalhes no capítulo 6, essa mensagem encontraria seu nicho uma década após sua morte, em 2005. Mas ela conseguiu vitórias enquanto viva.

A partir de 1983, Dworkin e sua colega, a acadêmica feminista Catharine MacKinnon, foram coautoras de vários decretos antipornografia que tratavam o material pornográfico como uma violação dos direitos civis das mulheres e permitiam que suas vítimas buscassem indenização nos tribunais civis dos EUA. Embora essas leis não tenham sobrevivido aos desafios constitucionais nos Estados Unidos, Dworkin ganhou sua parcela de lutas. Em 1992, a Suprema Corte do Canadá confirmou a legalidade de uma lei canadense de obscenidade que incorporava as teorias de Dworkin ao elevar as garantias legais em torno da igualdade sexual acima daquelas que protegiam a liberdade de expressão dentro de limites "razoáveis".[31]

A filosofia "viva e deixe viver" da Nova Esquerda foi discretamente rejeitada por outro membro crítico da coalizão, o proeminente filósofo do movimento, Herbert Marcuse.

Marcuse lamentou que o capitalismo fosse confortável demais para produzir o atrito necessário entre as classes. Mesmo os indignos poderiam "ter as belas artes na ponta dos dedos, apenas girando um botão em seu aparelho", lamentou.

"Tolerância Repressiva", de 1965, considerado o ensaio mais famoso de Marcuse, é um argumento contra uma cultura *laissez-faire* de livre investigação. Esse argumento leva rapidamente a uma variedade de conclusões paradoxais: Entre elas, a de que liberdade é a tirania porque um ambiente intelectual irrestrito fornece solo fértil no qual o fascismo pode se enraizar.

Marcuse defendia "o fim da tolerância ao discurso e à criação de grupos e movimentos que promovam políticas agressivas, armamento, chauvinismo, discriminação em razão de raça e religião, ou que se oponham à extensão dos serviços públicos, seguridade social, assistência médica etc.". Em seu tempo, esses ideais eram antitéticos aos primeiros princípios do liberalismo. Mas assim como Dworkin, sua filosofia dominadora encontraria seu público.[32]

A complicada relação dos Estados Unidos com as liberdades associadas às relações sexuais e ao discurso provocativo — o que os puritanos chamavam de "discursos inadequados" — talvez seja onde a restauração puritana começa, mas não onde termina.

Nas décadas que se seguiram ao final dos anos 1960 e início dos anos 1970, aqueles da esquerda contracultural que queriam abandonar a sociedade fizeram exatamente isso. Ao mesmo tempo, seus simpatizantes que se recusaram a se aposentar nas encostas para cultivar cannabis e viver fora da rede integraram-se à sociedade. O Partido Democrata ao qual esse movimento estava predisposto, embora de modo algum afetuoso, passou as duas últimas décadas do século XX assimilando esses revolucionários contraculturais em sua maioria geralmente liberal.

Sendo assim, os iconoclastas iliberais da Nova Esquerda — seus agitadores heterodoxos contra a liberdade e a libertinagem — permaneceram fora da coalizão. Eles ainda eram puros, imaculados pelos compromissos exigidos daqueles que participavam da política dominante. E agora estão sendo redescobertos por uma geração inclinada à pureza.

Na segunda década do século XXI, uma nova luta intergeracional tomará forma. Ela vai colocar as forças da liberdade contra aqueles dedicados, acima de tudo, à segurança. Vai colocar um contrato social indulgente contra um código moral rígido. E vai provar, uma vez mais, que a história se repete.

A tensão que vemos hoje nas ruas e nos campi universitários americanos — um conflito entre a geração do viver e deixar viver e sua progênie austera — afirma a premissa central deste livro: de forma abstrata, estamos testemunhando uma guerra de virtudes concorrentes.

Como os Novos Puritanos se dedicaram, em teoria, às virtudes, este livro está organizado em torno de um conjunto de valores puritanos irrepreensíveis: devoção, cautela, austeridade, temor a Deus, moderação e ordem.

Assim como há quatro séculos, esses são preceitos morais essenciais. Mas nas mãos de fanáticos dedicados à hegemonia cultural, eles estão sendo empunhados como armas para impor um dogma político particular. Como consequência não intencional, os Novos Puritanos estão drenando a vida de sua espontaneidade, autenticidade e diversão.

A esquerda americana não se sente mais confortável com atividades hedonistas — pelo menos não com aquelas que não estejam envolvidas por um grande propósito social. Para o novo puritano, todos os motores da sociedade devem ser aproveitados para restaurar um paraíso perdido, uma convicção moral, se é que alguma vez isso existiu. Distrações encantadoras e frivolidades felizes devem ser evitadas ou mesmo proibidas.

Os ideais puritanos produziram algumas das maiores conquistas da história humana. As ideias legadas aos filhos dos peregrinos trouxeram à luz nosso experimento de autogoverno, a abolição da escravidão e um contrato social que garante que os mais vulneráveis da sociedade não dependam apenas da caridade em seus momentos mais sombrios. Este livro não é exatamente um ataque ao puritanismo. Na verdade, é um estudo de uma ideologia abrangente que falhou e uma análise de por que esse experimento parece destinado a ser repetido ao longo de nossa história.

Embora tenha se liberalizado e secularizado ao longo dos séculos, a perspectiva política progressista manteve sua afeição puritana pelo binário maniqueísta. Na vida, existem mocinhos e bandidos. A existência não tem sentido se não houver luta. O mal-estar social resulta de um sacrifício coletivo insuficiente, cujas dificuldades devem ser suportadas de forma igual e uniforme.

A falha fatal na prática do novo puritanismo é que ele empobrece seus adeptos, e a miséria é insustentável na ausência de um mecanismo coercitivo. Por enquanto, esse mecanismo é, como há séculos, a culpa e a vergonha impostas aos transgressores em praça pública. Com o advento das redes sociais, a praça pública passou a residir no seu bolso. Está na sua cama quando você acorda de manhã. Está bem ali no seu trajeto de ida e volta para o trabalho e no seu sofá enquanto você relaxa, à noite. Está com você, julgando você, sempre.

Mas a vergonha não é um incentivo adequado, a menos que você se voluntarie para ser envergonhado. *Você* tem que se levar muito a sério. *Você* deve se tornar hipersensível em relação à conduta de seus vizinhos. *Você* deve ser sensível, constrangido e deixar-se consumir pelo que está além de seu controle imediato. *Você* deve ser miserável — ou, pelo menos, miserável de se ter por perto. Para a maioria de nós, essa não é uma condição sustentável.

H. L. Mencken definiu o puritanismo como "o medo assombroso de que alguém, em algum lugar, possa ser feliz". É uma citação desdenhosa, mas que contém um pouco de verdade sobre qualquer filosofia com designs utópicos. O perfeito muitas vezes é inimigo do bom, como diz o ditado. Deve-se acrescentar que a busca do perfeito também é inimiga da alegria.

2

DEVOÇÃO

O TRABALHO É A PRÓPRIA RECOMPENSA

As devoções rigorosas às quais os praticantes do puritanismo progressivo exigem que você se submeta raramente avançam em seus objetivos declarados. De fato, atingir um objetivo estreitamente definido é muitas vezes irrelevante. A luta em sua busca é sua própria recompensa.

Em sua concepção do século XVII, a devoção genuína envolvia o entendimento de que você era totalmente impotente para alcançar sua própria salvação na ausência de um trabalho exaustivo através do qual você poderia um dia se aproximar da iluminação, embora nunca realmente a alcançasse. A versão de hoje da devoção opera da mesma maneira. Manifesta-se na admoestação progressiva de "fazer o trabalho", geralmente na busca de uma maior consciência racial. É uma tendência bastante presente nas artes. Os Novos Puritanos estão comprometidos em transformar empreendimentos artísticos e entretenimento — tanto de alta como de baixa variedade — em veículos através dos quais sua reeducação interminável continuará, interminavelmente, até o dia em que você morrer misericordiosamente.

Esse entretenimento purificado pode ser bom? E ser "bom" é realmente um objetivo digno?

✳

No verão de 2020, atolado nas profundezas de uma pandemia, o mundo ocidental foi abalado por uma expressão espontânea de indignação após o que um tribunal mais tarde determinou ser o assassinato de George Floyd nas mãos de um policial de Minneapolis. Em resposta a esse acontecimento, praticamente todas as grandes indústrias americanas se comprometeram com a busca da igualdade racial. Em alguns casos infelizes, esse venerável objetivo assumiu a forma de um pânico moral. Isso é melhor ilustrado pela reação bizarra contra programas de TV policiais.[1]

"À medida que os protestos contra a violência policial racista entram em sua terceira semana, as acusações estão aumentando também contra policiais fictícios", informou o *The New York Times*. "O esforço para divulgar a brutalidade policial também significa banir o arquétipo do bom policial, que reina tanto na televisão quanto nos vídeos virais dos próprios protestos".[2] Com uma velocidade notável, programas que retratavam a polícia — com ou sem roteiro — encontraram seu fim.

O programa *Cops* foi cancelado de repente, depois de ficar no ar por 33 anos. *A+E Networks* tirou seu programa mais popular, *Live PD*, do ar. A série de comédia *Brooklyn 99* lutou publicamente para reimaginar como a polícia deveria ser retratada — se é que deveria ser. Warren Leight, o *showrunner**** de *Law & Order: SVU*, declarou concordar com a noção de que seu programa retratava a polícia "muito positivamente" e afirmou que "coletivamente" tais programas estão "contribuindo de forma errada para a sociedade".

"Com tantas séries criminais no ar, é de se perguntar o que elas estão disseminando," escreveu Sonia Rao, no *The Washington Post*. O *Los Angeles Times* destacou o produtor executivo de *Law & Order*, Dick Wolf, por produzir um programa que os críticos alegam "contribuir para todas as coisas que estão nos matando". Nenhuma preocupação foi demonstrada pelos artistas, criativos e funcionários de produção que trabalhavam para colocar esses programas no ar. Ainda

---

* Nota da tradução: Responsável geral por um programa de TV americano. Normalmente é quem toma a maior parte das decisões.

menos consideração foi dada ao bem que alguns desses programas fizeram além do prazer e satisfação que proporcionaram a milhões de espectadores. Acredita-se que o *Live PD*, da *A+E*, tenha contribuído na resolução de casos de crianças desaparecidas, além de ajudar a polícia a prender vários suspeitos.

O bem que esse show fez foi empírico e tangível; o dano que causa é quase inteiramente teórico. Mas a teoria venceu os fatos.

O magnetismo desse pânico foi tão poderoso que até o programa infantil da *Nickelodeon*, Patrulha Canina, foi puxado para ele. As gerações futuras vão se maravilhar com o motivo pelo qual um programa de animação retratando cães de desenho animado como policiais sentiu a necessidade de emitir um tweet exigindo que vozes negras fossem ouvidas. Essas gerações também vão ponderar por que essa expressão inofensiva de inclusão produziu uma resposta tão venenosa. "Eutanásia ao cão policial" gritou a multidão. "Acabem com a patrulha canina!". "Todos os cachorros vão para o céu, menos os traidores da Patrulha Canina".[3]

"É uma brincadeira", escreveu a repórter do *The New York Times*, Amanda Hess, "mas ao mesmo tempo não é".

Não, não é.

Isso foi, em parte, uma tentativa desesperada de exercer o arbítrio pessoal em um momento em que os eventos pareciam ter saído do controle de qualquer pessoa. É um impulso profundamente humano. E, no entanto, este episódio nos diz mais do que os Novos Puritanos são de carne e osso. Esse pânico moral fugaz também é atribuível à aplicação equivocada de um princípio importante — um padrão que mantém que a aplicação da lei deve ser subordinada aos públicos a que servem. Mas esse princípio inquestionável não era o que esses defensores de uma consciência social elevada enfatizavam. Em vez disso, eles enfatizaram o esforço e o sacrifício exigido daqueles que defenderiam esse princípio acima do próprio princípio.

Como banir o "arquétipo do bom policial" da mídia traria avanços para o projeto progressista foi algo que não foi questionado e nem respondido. Era apenas mais um carro alegórico em um grande e estrondoso desfile de santidade performática. A busca da justiça racial, embora desejável, era menos importante do que um espetáculo chamativo e cuidadoso. A devoção era o ponto.

Nós já vimos isso antes.

No final do século XVI, o famoso ministro inglês, John Dod, começou a acumular seguidores devotos, principalmente porque seus sermões tinham um tom mais severo do que seus concorrentes ministeriais. Dod foi um dos primeiros reformadores protestantes a identificar e satisfazer uma demanda emergente entre os fiéis por algo muito mais fortes do que o que era antes oferecido.

Como observa o estudioso do puritanismo Michael Winship, Dod e seus seguidores puritanos procuraram comunicar a seus congregados "o peso total e esmagador da lei de Deus", de modo a "desencadear neles uma percepção horrorizada de quão completamente incapazes eles eram de chegar ao céu a não ser por Jesus".

"Foi somente quando os pecadores perceberam, através de uma autoavaliação prolongada e angustiada, o quão completamente perdidos eles estavam que eles puderam realmente entender o quão completamente eles precisavam de Jesus", continuou Winship. "Essa realização foi o primeiro passo na direção da fé verdadeira". Mas apenas a realização não era suficiente. Afinal, como seus vizinhos ficariam cientes de sua transformação para que pudessem ser envergonhados ou coagidos?

Winship observou que o que Dod e seus congregados queriam ver eram exibições extravagantes de fidelidade ao puritanismo. E isso só poderia ser o resultado de um "confronto prolongado e doloroso com seu próprio coração perverso". A salvação, então, era a fruição de um processo emocional que culminava na aceitação do fato incontestável de que "você não tinha o menor poder para se salvar".[4]

Esses complexos mandatos teológicos tinham utilidade prática. A culpa performática não era apenas uma receita para o desânimo, embora a depressão fosse provavelmente um subproduto inevitável. Em vez disso, sua severidade permitiu que os indivíduos buscassem redenção e libertação, ao mesmo tempo em que exibiam obediência aos poderes religiosos existentes. A salvação poderia ser sua, desde que você estivesse disposto a trabalhar por ela — a palavra principal sendo "trabalho".

A herança puritana dos Estados Unidos deixou muitas marcas duradouras na cultura do país, mas poucas são tão difundidas quanto a chamada ética de trabalho protestante — uma parente próxima da devoção dramática dos puritanos.

De acordo com a teologia de João Calvino, à qual muitos dos primeiros puritanos estavam predispostos, Deus determinou o destino de sua alma eterna muito antes de seu nascimento. Não havia nada que pudesse ser feito pelo homem nesta vida para alterar os destinos dos eleitos e não eleitos. A "predestinação" era uma filosofia severa, e a maioria dos teólogos puritanos acabou trocando-a por narrativas sobre conversão e redenção pessoais.

Enquanto o calvinismo sustentava que suas perspectivas de salvação ou condenação eram incognoscíveis, havia certos "sinais externos" que poderiam indicar seu destino. E que maneira mais fácil de identificar os eleitos aqui e agora do que o suor em seu rosto ou as grandes obras que deixaram para trás? Os puritanos consideravam o trabalho como uma das formas mais poderosas de glorificar a Deus — e, embora não fosse dito, a si mesmos.

Surpreendentemente, a ética do trabalho protestante é um fenômeno mensurável. Em 2013, os pesquisadores holandeses André Van Hoorn e Robbert Maseland descobriram que as ligações entre trabalho e realização pessoal eram mais fortes em países dominados por protestantes do que em outros lugares. "Analisando uma amostra de 150 mil indivíduos de 82 sociedades, encontramos um forte apoio a uma ética de trabalho protestante: o desemprego prejudica mais os protestantes e as sociedades protestantes", concluíram os pesquisadores. "Enquanto os resultados lançam uma nova luz no debate sobre a ética do trabalho protestante, o método tem uma aplicabilidade mais ampla na análise de diferenças de atitude".[5]

Os autores determinaram que suas descobertas estão de acordo com uma tese avançada pelo sociólogo alemão Max Weber, autor de A Ética

Protestante e o Espírito do Capitalismo, de 1905. Weber argumentou que os observadores mais dedicados aderem à "ideia da necessidade de provar a fé na atividade mundana".

"Isso", continuou Weber, "dava a grupos mais amplos de pessoas com inclinação religiosa um incentivo positivo ao ascetismo". A ascese estava frequentemente em destaque nas sociedades puritanas, geralmente acompanhada de trabalho físico e intelectual, bem como espiritual.[6]

Na Colônia da Baía de Massachusetts, o ascetismo era exigido dos aspirantes a membros da igreja, que deveriam se comportar de maneira condizente com seu status de "santos visíveis". Estes eram congregados cujo comportamento exemplificava a vida virtuosa. Eles eram empiricamente devotos, arrependidos de seus pecados e praticantes estudiosos da doutrina. Uma vez que a "santidade visível" era suficientemente demonstrada, o congregante passava a ser membro da igreja e tinha plenos direitos de voto. Mas como a doutrina calvinista da predestinação caiu em desuso, provar sua santidade tornou-se um assunto mais complicado.

"Em 1636", escreveu Winship, "não bastava agir como um santo visível, você tinha que explicar como Deus o transformou em um".[7] Era essencial, tanto para o bem de sua alma eterna quanto para a preservação de um nível desejável de conformidade social, que você provasse sua santidade com uma história convincente de sua própria transformação religiosa. E, claro, manter e preservar seu status de santo era um projeto sem fim.

Assim, começamos a enxergar os contornos do que se tornou a principal exigência do ativista progressista moderno para quem busca o esclarecimento. Não vai ser divertido. Não é para ser divertido. Vai ser uma *luta*. Esta é uma evolução da antiga culpa puritana somada à ética de trabalho protestante. É o que o Novo Puritano chama de "fazer o trabalho".

"Para derrotar efetivamente o racismo sistêmico — racismo incorporado como prática normal em instituições como educação e aplicação da lei — você precisa trabalhar continuamente pela igualdade para todas as raças, esforçando-se para desfazer o racismo em sua mente, seu ambiente pessoal e o mundo em geral", escreveu Eric Deggans, crítico de televisão da *National Public Radio*, em um artigo de 2020 sobre a filosofia do "antirracismo".

No centro dessa doutrina está a ideia de que a discriminação "sistêmica" e "institucional" são consequências de padrões de comportamento discriminatório em indivíduos. A discriminação sistemática é apenas o resultado das antipatias raciais que foram codificadas há muito tempo nos genomas de instituições forjadas em ambientes repletos de racismo ambiental. Sistemas e instituições, portanto, não podem ser transformados antes de corações e mentes americanos.

Na busca desse objetivo, Deggans e o *Life Kit* da NPR se uniram para produzir um currículo para a educação continuada do aspirante a antirracista. Envolve o consumo de literatura antirracista — principalmente, obras best-sellers como *White Fragility*, de Robin DiAngelo e *Como ser antirracista*, de Ibram X. Kendi. Defende um processo de profunda introspecção pessoal e autocrítica, ao qual os aspirantes podem reagir passando "por um processo semelhante aos estágios do luto". Mais relevante do ponto de vista de um crítico de televisão, exige que você "procure filmes e programas de TV que desafiem suas noções de raça e cultura".

No que se refere ao combate à discriminação, o antirracismo postula que a internalização de ideias racistas não é apenas uma falha moral pessoal. É um resultado inevitável das condições em que você nasceu — uma questão que influencia quase todos os aspectos da comunidade à qual você pertence. A discriminação racial "está profundamente enraizada em nossos sistemas de educação, justiça criminal, habitação, assistência médica e função econômica", escreveu E. C. Salibian para o site *Rochester Beacon*. "O trabalho é desmontá-lo tanto dentro de nós quanto fora do mundo".[8] Essa fraseologia poderia ser facilmente encontrada em um texto puritano do século XVII que descreve a depravação total do homem. Tudo o que falta é a existência de uma divindade que pode perdoar nossos pecados.

"O que também é verdade é que o trabalho antirracista, aprender sobre racismo, entender como o racismo moldou este país nunca é feito", esclareceu o autor e colaborador do *The Atlantic*, Clint Smith. "Não é um limite que você cruza e pronto. É um processo. Contínuo".[9]

É claro que nenhuma educação sobre qualquer assunto digno de estudo termina completamente. Examinar qualquer coisa em detalhes é arriscar um encontro com o paradoxo do conhecimento — isto é, quanto mais você sabe sobre um assunto e quanto mais suas complexidades são reveladas a você, mais dificuldade você terá para compreendê-lo completamente.

De fato, em um certo nível de compreensão, o assunto, seja ele qual for, torna-se enigmático e quase impenetrável.

Mas a verdadeira erudição é também o exercício da discrição informada. Um aluno deve ter o poder de compartimentar, separando o pertinente do que é relevante, mas auxiliar. Nesse sentido, "o trabalho" não é acadêmico. "O trabalho" é ativamente enfraquecedor porque seus defensores desencorajam esse tipo de discrição acadêmica. Assemelha-se mais à doutrinação teológica na medida em que exige que seus alunos entendam que seu objetivo — a sabedoria — é inatingível.

"O trabalho" não serve para aumentar a soma do conhecimento humano e avançar para a compreensão mútua. Suas contribuições para essa soma não são solicitadas nem particularmente desejáveis, e o entendimento mútuo é impossível. O objetivo para os alunos desta escola é a reverência silenciosa e a submissão. Para quem observa, "o trabalho" parece menos com erudição e mais com árduos sacramentos.

"É chamado de 'o trabalho' porque não é algo que acontece da noite para o dia", escreveu a blogueira do coletivo de artistas *Fractured Atlas*, Nina Berman, "e embora possamos abordá-lo com alegria e otimismo, é frequentemente difícil e doloroso".

Em uma exploração do que essa frase, que já é quase um clichê, realmente significa, Berman e seus colegas discutem as muitas formas que "o trabalho" pode assumir. Pode ser postagens em redes sociais. Pode ser *não* fazer postagens em redes sociais, desde que seu silêncio possa ser visto como consideração para determinadas minorias. Pode

A ASCENSÃO DOS NOVOS PURITANOS

ser educar seus colegas sobre os princípios do antirracismo. Pode ser recusar-se firmemente a educá-los esperando que eles se familiarizem com o dogma por conta própria.

"O trabalho" está em toda parte, principalmente no ramo do entretenimento. "Eu me preocupo porque a supremacia branca exige que saiamos das situações com uma lista completa ou um caminho claro", opinou a diretora de relações externas da *Fractured Atlas*, Lauren Ruffin. Ela acrescentou que "no setor de arte", o objetivo é fornecer aos aspirantes "uma variedade de opções com uma abordagem que você pode escolher para encontrar seu próprio caminho a seguir".

Na estimativa de Berman, um lugar onde "o trabalho" não está é "na estrutura do capitalismo, que é construído sobre a exploração de negros e indígenas". Outra palavra que descreve com precisão "a estrutura do capitalismo" é "emprego". Assim, o próprio conceito de sucesso comercial, particularmente nas artes, é muitas vezes visto como um obstáculo ao "trabalho" ou mesmo uma traição a essa missão.[10]

"O trabalho" é uma busca espiritual. O trabalho é tanto o meio para um fim quanto o próprio fim. Se há alguma alegria nisso, é derivada de exaltar suas próprias deficiências e aceitar que você não pode alcançar a salvação por conta própria.

Como veremos, fazer apenas parte do trabalho pode ser julgado com mais seriedade do que não fazer nada.

Na sociedade puritana, as artes e a estética tinham de aderir ao mesmo princípio utilitário que era aplicado a praticamente todos os outros aspectos da condição humana. Para os reformadores protestantes desse período, muito do que hoje é considerado arte era visto com certa desconfiança.

"A ideologia puritana também considerava a música, a arte e a dança como atividades recreativas ou de lazer ilegítimas", observou o professor de história da Universidade de Connecticut, Bruce C. Daniels. A maioria das artes era praticamente proibida. A música, com exceção dos coros da igreja, levava à "diversão", que poderia, por sua vez, levar à dança. A partir daí, qualquer coisa poderia acontecer.

Esforços artísticos em tela eram raros. Os puritanos "se opuseram a quase todas as iconografias como parte da apostasia católica e, na medida em que a maior parte da arte europeia refletia símbolos religiosos, os puritanos se opunham a ela como parte de sua guerra com Roma", escreveu Daniels. Rejeitar essas imagens "juntava-se ao desprezo puritano da beleza pela beleza — que eles consideravam uma forma de ociosidade".

A exceção a essa regra era o retrato. A indústria de pintura de retratos da Nova Inglaterra era bastante ativa e seus artesãos eram hábeis na aplicação de sistemas de perspectiva que remontavam à Inglaterra elisabetana. Mas isso era considerado mais o trabalho de um artesão habilidoso do que uma expressão artística. Assim como as elaboradas decorações de lápides ganharam uma isenção das proscrições morais do puritanismo, os retratos só foram aprovados porque eram mais um registro para a posteridade do que uma exibição de idolatria.[11]

Os padrões artísticos do puritanismo eram relativamente bem definidos. A arte era apenas mais um ofício, como sapateiro ou marcenaria. Na medida em que o produto final fosse esteticamente agradável, esse era o resultado da experiência do comerciante. Qualquer que seja o empreendimento, ele deve refletir seu tempo e lugar para comunicar às gerações futuras as condições em que o artesão trabalhou.

Nisto, vemos um reflexo da filosofia artística penosamente didática que orienta o mundo da arte de hoje, o alvorecer da era do novo puritanismo. A arte *deve* refletir o agora; deve falar sobre eventos atuais. Na imaginação puritana, a beleza por si mesma dava licença conceitual ao ócio — um dos pecados mais graves. Aquilo que não tinha propósito era um vazio, e esse vazio invariavelmente seria preenchido pela influência do Diabo. O que não é útil para você certamente um dia será usado contra você.

No final de maio de 2020, quase todas as grandes cidades americanas estavam abaladas por uma profunda onda de pesar e indignação pelo assassinato de George Floyd durante um encontro fatal com a polícia de Minneapolis. São Francisco não era uma exceção. Como tantas outras instituições de esquerda da época, o Museu de Arte Moderna de São Francisco procurou expressar solidariedade aos manifestantes.

A equipe do museu optou por transmitir sua tristeza e decidiu lutar por mudanças com uma imagem postada em suas contas de mídia social. Era uma serigrafia sobre tela do artista Glenn Ligon com uma multidão de manifestantes negros com os punhos erguidos em frente a uma faixa branca. A impressão era "um trabalho matizado que aborda criticamente a Marcha do Milhões de Homens de 1995, liderada por Louis Farrakhan da Nação do Islã", que, de acordo com o colaborador da *Hyperallergic*, Hakim Bishara, foi controversa apenas porque excluiu as mulheres — não por estar associada com um antissemita bem claro em suas posições.[12]

No entanto, a imagem pretendia claramente transmitir o apoio do museu à causa, como deixava claro a citação de Ligon que a acompanhava: "Por que precisamos levantar nossas mãos nesse espaço simbólico de novo e de novo e de novo para estarmos presentes neste país?".

Não demorou muito para que o museu fosse atacado com críticas implacáveis pelas mesmas pessoas a quem tentou agradar. "Isso é uma irresponsabilidade", disse a ex-funcionária do SFMOMA, Taylor Brandon. "Usar artista/arte negra para fazer uma afirmação que precisa vir da instituição. Você não pode apenas amplificar artistas negros durante uma onda de luto e dor negra. Ter negros em sua página inicial/feed não é suficiente". Ela seguiu atacando seus antigos empregadores por "usar seus empregos negros como armas" e por agir como "aproveitadores do racismo".

Essa reação tensa à declaração perfeitamente inofensiva do SFMOMA gerou uma modesta demonstração de concordância da comunidade de devotos antirracismo presente na internet, e o museu reagiu rapidamente em resposta às suas preocupações. O SFMOMA removeu a imagem, excluindo comentários sobre ela — incluindo os de Brandon — e desativou outras respostas à postagem. Brandon respondeu a esse ato de contrição, considerando-o "censura total", e o sindicato do museu concordou. "Censura é racismo!", declarou o sindicato.

No dia seguinte, o SFMOMA assumiu a tradicional postura defensiva. "Pedimos desculpas", dizia um comunicado produzido às pressas. "Nossa postagem nas mídias sociais no sábado deveria ter expressado mais diretamente nossa tristeza e indignação como instituição pelo trauma e violência contínuos que continuam a afetar desproporcionalmente as vidas negras". Não foi o final da história.

Artistas e coletivos locais exigiram espaço nas propriedades digitais do museu para fazer suas próprias declarações atacando aquele mesmo museu antes de aceitarem trabalhar com a instituição novamente.[13] Uma carta aberta indignada acusou o museu de ser "cúmplice" da "violência sistematizada contra indivíduos negros". O escândalo não desapareceu nas semanas seguintes. Cabeças foram pedidas. O SFMOMA tentou fazer as pazes prometendo criar uma variedade de novos cargos bem remunerados dedicados à "inclusão e pertencimento" e "experiência do funcionário", mas não foi suficiente.

Em julho, o curador sênior de pintura e escultura do museu, Gary Garrels, foi responsabilizado por um comentário atribuído a ele envolvendo a diversificação da coleção do museu durante uma reunião de equipe. "Não se preocupem", ele teria dito aos benfeitores do museu durante uma sessão de perguntas e respostas, "definitivamente continuaremos a trabalhar com artistas brancos". Garrels insistiu que seus comentários estavam sendo mal interpretados e defendeu a ideia por trás deles. "Certamente não acredito em nenhum tipo de discriminação", disse. "E há muitos artistas brancos, muitos homens que estão fazendo um trabalho maravilhoso, maravilhoso".

Alguns funcionários não acreditaram que o arrependimento de Garrels fosse genuíno. Um argumentou que sua declaração equivalia a dizer "todas as vidas importam", o que os ativistas consideram um esforço para diluir os sentimentos subjacentes à expressão "vidas negras importam".

"Desculpe, eu não concordo," ele respondeu. "Acho que discriminação reversa...", mas antes que Garrels pudesse terminar sua frase, exclamações irromperam por todo o ambiente. "Ele não disse isso!", gritou um funcionário, horrorizado. A comunidade artística ficou chocada com a invocação de uma frase que um professor da Universidade da Califórnia, Berkeley, comparou ao "grito vazio dos privilegiados quando se veem desafiados a compartilhar o poder".

Em cinco dias, Garrels, que atuava como curador do museu desde 1993, foi forçado a se demitir.[14] Mas ele foi apenas a última das vítimas. Em meados de julho, Garrels se tornou o quinto funcionário de alto escalão do SFMOMA a perder o emprego por causa do escândalo que se seguiu a esse gesto bem-intencionado.[15]

As tensões raciais no mundo da arte não são novidade. Nem, aliás, é a afirmação de que os museus promovem narrativas racistas, conscientemente ou não. "Os museus de arte são racistas?", perguntou o falecido curador e crítico de arte, Maurice Berger, em um ensaio histórico de 1990. A questão surgiu numa altura em que a indústria, que era e continua a ser dominada por curadores brancos e financiada por interesses igualmente monocromáticos, procurava diversificar as suas participações e colaboradores. Berger alegou que o esforço só produzia um mero tokenismo. "Não será possível desaprender o racismo até que os brancos que agora detêm o poder no mundo da arte examinem seus próprios motivos e atitudes em relação às pessoas de cor", insistiu Berger. Quando se trata "de raça, os museus de arte se comportaram, em sua maioria, como muitos outros negócios neste país — procuraram preservar os interesses estreitos de seus benfeitores e clientes da classe alta".

A indústria de museus tem procurado retificar suas próprias desigualdades desde então. Mas, nos trinta anos desde a publicação do ensaio de Berger, a visão consensual entre os consumidores de alta cultura é que pouco ou nenhum progresso foi feito. De fato, de acordo com a colunista do *Los Angeles Times*, Carolina Miranda, os museus só *recentemente* tomaram medidas para incluir artistas de cor. E são, na melhor das hipóteses, primeiros passos.[16]

O que constitui "equidade" no mundo da arte é um alvo em movimento. No relato de Miranda, trata-se de pagar salários mais altos aos funcionários da casa e seguranças cujo trabalho é preservar e proteger obras de valor inestimável. Inclui a extirpação do que

Miranda considera "fontes repugnantes de riqueza de benfeitores de museus", referindo-se àqueles cuja generosidade é derivada da lista cada vez maior de indústrias que estão em maus lençóis com a esquerda progressista. E exige a criação de cargos bem remunerados em galerias e museus dedicados à inclusão e à diversidade.

Tudo isso coloca uma enorme pressão financeira em uma empresa que opera com margens relativamente pequenas na melhor das hipóteses. No terrível ano de 2020, quando as visitas presenciais se tornaram impossíveis, os museus de todo o país estavam sentindo a dor.

Uma pesquisa de junho de 2020, patrocinada pela *American Alliance of Museums,* descobriu que um terço dos diretores de museus confessou que havia um "risco significativo" de que eles teriam que fechar suas portas para sempre se as condições relacionadas à pandemia que prevaleceram naquele verão durassem até o ano seguinte — o que, é claro, aconteceu.[17] "É um golpe em nossa cultura", disse Sadie Thayer, presidente da Washington Museum Association, após o anúncio de que três dos museus do estado teriam que fechar.

Ao final do ano, o museu americano médio havia perdido aproximadamente US$ 850.000 em receita, mas esse número obscurece o estado lamentável em que os principais museus de arte da América se encontram. "O Museu de Belas Artes de Boston esperava uma perda de US$ 14 milhões somente até julho, e o *Metropolitan Museum of Art* de Nova York projetou um déficit de US$ 150 milhões", informou a *Artnet News.*[18] Não se engane: Essa condição foi agravada pelas exigências puritanas impostas aos curadores.

"Os museus se encontram em uma intensa batalha contra uma dupla pandemia: tentam gerenciar o estresse financeiro que veio com o cenário do coronavírus enquanto respondem a acusações, internas e externas, de que são bastiões da supremacia branca", informou o *Washington Post.* O diretor do *Metropolitan Museum of Art* de Nova York, Max Hollein, confessou que "há mecanismos embutidos em nossas instituições que basicamente, sim, apoiam e promovem [a supremacia branca]". É uma luta até mesmo para enxergar esses mecanismos, imagine destruí-los.

A ASCENSÃO DOS NOVOS PURITANOS

Para alguns dos elementos mais radicais desse movimento, reformar essas instituições é uma meia medida inútil. "Esta não é uma chamada para reformar os museus histórica e predominantemente brancos", dizia uma carta aberta da organização *Boston Arts for Black Lives*, "esta é uma chamada para acabar com eles".[19] Uma carta semelhante, de autoria de ex-funcionários da *National Gallery of Art*, descreveu o local como a "última plantação do *National Mall*" e se perguntou em voz alta se poderia, ou até mesmo se deveria, continuar a existir.[20]

Devemos nos perguntar: qual o propósito de exibições artísticas? O objetivo de um museu é preservar nossas histórias e proporcionar à sua comunidade uma experiência edificante, esclarecedora e inspiradora. As obras que eles trazem são muitas vezes provocativas, algumas vezes sedutoras ou desconcertantes, mas sempre estimulantes. Eles preservam a posteridade, com certeza. Mas muitas vezes, eles abrigam exposições de beleza por nada mais do que beleza. O museu tem muitos propósitos, mas o principal deles é o seu prazer. Os puritanos do século XVII não toleravam tais diversões. Nem esta nova geração de puritanos moralizadores.

A experiência de ir ao museu deve, em suas mentes, ser carregada de bagagem histórica. Você deve ficar sobrecarregado com a compreensão de que os corredores pelos quais você está vagando foram construídos sobre uma base de mentiras e abusos. Se essas instituições artísticas não podem atender à medida do momento — quaisquer que sejam as definições de "medida" e "momento" definidas pelos árbitros dessas coisas — talvez elas nem devessem existir.

Esse tipo de devoção não apenas destrói o aproveitamento da cultura. Destrói a cultura.

Para um povo que era tão ambivalente em relação às formas convencionais de alta cultura, é de admirar que o puritanismo tenha deixado uma marca tão indelével na paisagem cultural americana. Além do retrato, eles não deixaram para trás muitas obras de arte em movimento. Eles não criaram grandes dramaturgos ou produziram obras de composições musicais emocionantes. Sabemos muito sobre a cultura puritana porque seus membros eram extraordinariamente letrados para a época e eram escritores prolíficos.

"A sociedade puritana defendia uma intelectualidade que fazia da leitura e da escrita sua forma ideal de lazer", escreveu Daniels.[21] A literatura, acrescentou, tinha a "vantagem ideológica" de representar um risco limitado para a ética puritana, em parte porque não se acreditava que as atividades intelectuais apresentassem muitas tentações para o comportamento pecaminoso. "Os puritanos percebiam menos problemas potenciais na literatura do que em quase todas as outras formas de diversão", observou ele.

Assim como acontece com muito do que os americanos acreditam ser o puritanismo, as concepções modernas do *ethos* puritano foram confundidas ao longo dos anos com as sensibilidades vitorianas. A indefinição das distinções entre a ética puritana e a ética vitoriana já estava completa quando os movimentos de reforma moral, liderados pelos progressistas, se destacaram na segunda metade do século XIX. Entre os reformadores morais da Era Dourada, "a promoção da devoção e da virtude públicas", observou a historiadora Gertrude Himmelfarb, exigia a criação de instituições educacionais para órfãos e indigentes. Este não foi um ato de puro altruísmo por parte dos reformadores, mas um esforço para impedir a criminalidade e a degeneração na idade adulta.

Essa iniciativa teve o "efeito casual de ensinar as crianças a ler", observou Himmelfarb ironicamente. E produziu "um grau notavelmente alto de alfabetização entre os pobres" bem antes da criação de um sistema escolar público nos Estados Unidos.[22] Mas a literatura oferecida pelos reformadores morais progressistas não era o que as pessoas realmente queriam ler, como os romances debochados ou o jornalismo dos tabloides. Na maior parte, era instrução religiosa. A missão progressista não era ensinar os filhos assustadoramente desgovernados da "outra metade" de Jacob Riis apenas a ler — era ensiná-los em que pensar.

Ler e escrever pode não ser a ideia de diversão para todos, mas podemos supor que você encontra um certo prazer no consumo de literatura. Afinal, é o que você está fazendo agora.

A ASCENSÃO DOS NOVOS PURITANOS

Para o novo puritano, porém, a literatura tem todo o fascínio imoral de qualquer outro aspecto depravado da cultura anglo-americana. Uma vez que os padrões aos quais a esquerda moderna vincula a cultura são tão fluidos, é provável que um autor tenha violado um de seus princípios predominantes poucos anos após a publicação de um trabalho. Mas pelo menos os autores contemporâneos podem protestar contra seu tratamento nas mãos dos Novos Puritanos. Aqueles autores há muito falecidos de obras literárias clássicas não têm tal recurso.

"O que fazer com livros 'clássicos' que também são racistas e prejudiciais aos alunos?", ponderou Marva Hinton, do *School Library Journal*. "Os alunos estão lendo 'O sol é para todos', 'As aventuras de Huckleberry Finn' e a série 'Uma casa' há gerações", observou ela. "Mas hoje, alguns especialistas em mídia estão questionando o lugar adequado para esses e outros romances".[23]

A *American Library Association* aconselhou os educadores a informar os consumidores sobre as "atitudes culturais datadas" exibidas, por exemplo, nos livros de Laura Ingalls Wilder — como se isso não fosse óbvio para um leitor consciente de quase qualquer idade que encontrasse um dos personagens de Wilder insistindo que "o único índio bom é um índio morto". Essa recomendação seguiu a decisão da ALA de retirar o nome de Wilder de um importante prêmio literário infantil, observando que seu legado "pode não ser mais consistente com a intenção do prêmio nomeado como ela".[24]

Essa organização se esforçou para insistir que não era uma tentativa de "censurar, limitar ou impedir o acesso" a esses livros. Mas se você estivesse seguindo as dicas da ALA, poderia ter a impressão de que restringir o acesso aos livros perigosos dela é exatamente a ideia certa.

"Fazemos mal se não ensinarmos esse texto de maneira antirracista", disse o diretor assistente de um programa de treinamento de professores em Massachusetts. A "cadeira de liberdade intelectual" da Associação de Bibliotecas Escolares do Oregon, Miranda Doyle, parece concordar com esta declaração de missão. Ela determinou que é trabalho de um professor de literatura garantir "que estamos escolhendo livros que não são problemáticos".[25]

55

A maioria dos bibliotecários que estão enfrentando esse imperativo são sensíveis à acusação de que estão envolvidos em censura. E é verdade que o que eles estão fazendo não é isso. Mas mesmo que esses guardiões preocupados não estejam censurando nada, eles estão estabelecendo a verdade sobre a qual se baseia a supressão dessas e de outras obras.

Em 2017, as Escolas Públicas de Duluth de Minnesota puseram fim a obras clássicas americanas, incluindo O sol é para todos, de Harper Lee, e "As aventuras de Huckleberry Finn", de Mark Twain. Três anos depois, o Distrito Escolar Unificado de Burbank, na Califórnia seguiram o exemplo, acrescentando Ratos e homens, de John Steinbeck, e The Cay, de Theodore Taylor, à lista de proibidos.[26] Uma escola de Massachusetts aproveitou ao máximo essa histeria momentânea removendo o poema épico de Homero, A Odisseia, de seu programa. "Seja como Ulisses e abrace o longo caminho para a libertação (e depois tire a Odisseia do seu currículo porque é lixo)", declarou um ativista. Heather Levine, professora de inglês do nono ano da Lawrence High School de Massachusetts, concordou: "Muito orgulhosa de dizer que removemos a Odisseia do currículo este ano!".[27] Uma grande conquista.

Sem dúvida, todas essas obras incluem referências culturais datadas e ofensivas. De fato, a jornada do protagonista em muitas dessas obras envolve navegar pelas desigualdades irritantes de sua sociedade. Essa virtude pode ser difícil de defender quando está enterrada sob uma avalanche de estereótipos nocivos e insultos raciais.

Como meu colega, o editor sênior do Commentary, Abe Greenwald, observou, os consumidores de literatura judeu-americanos são frequentemente confrontados com retratos desconcertantes de seus correligionários nas maiores obras da história. "Se você tem algum amor por Shakespeare, Dickens, Edmund Burke, Dostoiévski, quem quer que seja, é infinito", disse ele sobre os estereótipos antissemitas nas obras mais célebres da história. "Está nas páginas. Está no meio de tudo." No entanto, "perderíamos muito se jogássemos tudo fora por causa do fanatismo dos autores envolvidos", acrescentou Greenwald.

"Isso faz parte da história de ser judeu, ter que enfrentar essas representações e essas ideias. Quem gostaria que isso fosse apagado? Isso é
algo que foi superado".[28]

Não só impedir o acesso aos clássicos nos privaria de uma educação histórica adequada, como também seríamos cúmplices na criação
de um tabu em torno da literatura que levaria ao seu consumo pelos
motivos errados — porque é impertinente e transgressor, em vez
de esclarecedor. E não restará ninguém para corrigir esse equívoco.
A ambiguidade moral é uma parte da vida com a qual as crianças terão
de lidar eventualmente — quer aprendam essa lição ou não.

Alguns professores de literatura mais ideologicamente comprometidos estão caminhando para a linha de desmantelamento de suas
próprias profissões em favor de alguma versão reconceituada do que
deveria ser o ensino dos clássicos. Em um lisonjeiro perfil da *New York
Times Magazine* de fevereiro de 2021, o professor associado de clássicos
da Universidade de Princeton, Danel Padilla Peralta, levou a declaração
de missão do grupo #DisruptText à sua conclusão lógica: se o estudo
da literatura clássica deve ser salvo, o campo deve ser destruído.

A *Times* conta a história inspiradora da vida de Padilla Peralta
e sua complicada relação com a profissão acadêmica escolhida. Ele
veio para os Estados Unidos ainda criança, um imigrante pobre da
República Dominicana. Ele logo se apaixonou pela Roma antiga, e
sua bolsa de estudos o levou para a Universidade de Princeton e para
o trabalho de pós-graduação nas universidades de Oxford e Stanford.
Ele finalmente retornou à sua *alma mater* para ensinar os clássicos,
apenas para se convencer de que o trabalho de sua vida era uma
farsa tóxica.

Os clássicos, afirmou o perfil deste estudioso do *New York Times*,
"foram fundamentais para a invenção da 'branquitude' e sua contínua
dominação". O único caminho socialmente responsável seria quebrar
"estruturas de poder que foram sustentadas pela tradição clássica".
Afinal, acrescentou Padilla Peralta, "o racismo sistêmico é fundamental
para aquelas instituições que incubam clássicos e para os clássicos por
si só".[29]

Até Shakespeare ficou na mira dos censores. "Não podemos ensinar Shakespeare com responsabilidade sem atrapalhar a forma como as pessoas são caracterizadas e desenvolvidas", escreveu um dos professores que ajudaram a formar #DisruptTexts. Sua missão para limitar o acesso a Shakespeare "é sobre supremacia branca e colonização". Como observou Amanda MacGregor, do School Library Journal, essa não é a preocupação excêntrica de um punhado de professores míopes. É um fenômeno maior do que isso.

"Um número crescente de educadores está perguntando isso sobre Shakespeare, junto com outros pilares do cânone, chegando à conclusão de que é hora de Shakespeare ser deixado de lado ou menos enfatizado para dar espaço a vozes modernas, diversas e inclusivas", observou MacGregor. "Não há nada a ganhar com Shakespeare que não possa ser obtido explorando as obras de outros autores", insistiu Jeffrey Austin, chefe do departamento de Artes da Língua Inglesa de uma escola de ensino médio em Ann Arbor, Michigan.[30]

Isso pode soar como uma aversão psicológica assustadoramente nova para encontrar ideias perigosas na literatura, mas não é nada novo. Em 1804, o primeiro volume de "Family Shakespeare", do Dr. Thomas Bowdler, apareceu nas livrarias. O novo compêndio das obras do Bardo havia sido expurgado de seus aspectos mais obscenos. Referências a indiscrições sexuais, "Deus", alusões à tradição católica romana e meia dúzia de outras ofensas contra a predominante propriedade protestante foram reescritas. As revisões de Bowdler se mostraram tão populares que ele logo voltou sua atenção para os clássicos, livrando as histórias de Roma e até do Antigo Testamento de seu erotismo e impiedades. Do trabalho de Bowdler, surgiu o termo, em inglês, "bowdlerization" — que indica a reescrita marcante de passagens ofensivas da literatura. Quase dois séculos depois da morte do Dr. Bowdler, o termo tornou-se uma forma negativa de se referir à censura pregadora. Mas as obras de Bowdler foram consideradas um grande serviço público em seu tempo.

Um esforço semelhante está em andamento hoje, e os zeladores da literatura moderna são tão simpáticos à causa da bowdlerization quanto eram no início do século XIX. Com sorte, não levará mais

A ASCENSÃO DOS NOVOS PURITANOS

duzentos anos para que esse impulso intelectualmente embrutecido seja desonrado mais uma vez.

O instinto devastador de sobrecarregar cada obra de arte com alguma moral agonizante sobre os horrores e tentações que nos cercam era uma característica da sociedade puritana. Este não era, no entanto, um código tácito que era tão universalmente entendido que não precisasse ser articulado. Os puritanos que estavam famintos por mídia de entretenimento não careciam de manuais de instruções informando-os sobre como buscar prazer sem ofender a Deus no processo.

Em 1698, Thomas Brattle, um comerciante e filho de um rico colono, completou o trabalho na quarta igreja congregacional de Boston. Na época, a competição por congregantes na Boston colonial era forte. Mas a igreja de Brattle não estava feliz em seguir junto com as correntes intelectuais da época — ela as desafiaria.

A *Brattle Street Church* não existe mais, e a rua em que estava situada foi renomeada há muito tempo. Mas Thomas Brattle não foi esquecido. Seu legado duradouro deve-se, em parte, às suas condenações convincentes do pânico moral que culminou nos julgamentos das bruxas de Salem.

"Receio", escreveu ele, "que o tempo não acabe com essa reprovação e com essas manchas que essas coisas deixarão em nossa terra".[31] Suas objeções aos excessos do puritanismo não terminaram com seu desprezo pelos maus-tratos tirânicos de seus companheiros colonos. A *Brattle Street Church* se distinguiria por promover uma interpretação mais equilibrada dos pactos sociais do puritanismo. Para esse fim, em 1699, a igreja fez um convite para que Benjamin Colman servisse como ministro.

Os padrões igualmente relaxados de Colman estavam refletidos em seus sermões. Em 1707, ele escreveu longamente sobre "o governo e a melhoria da alegria", que continua sendo a exploração mais abrangente das visões do puritanismo sobre diversão adequada. Como tantos de seus antepassados, Colman olhava com carinho para a diversão e a leviandade, mas principalmente em conceito. Uma reflexão sobre seus pontos de vista deixa o leitor moderno com a impressão de que a definição de Colman do que deveria ser a alegria é tão restrita, que deixa pouco espaço para uma recreação genuinamente satisfatória.

"Longe de mim protestar contra a alegria sóbria", dizia uma passagem esclarecedora da obra de Colman. "Pelo contrário," ele continuou, "eu justifico, aplaudo e recomendo". Mas como a qualificação "sóbrio" sugeriria, a "alegria" que Colman elogiava não era do tipo insignificante. "Que seja pura e grave, séria e devota, tudo o que pode ser e ainda livre e alegre", ele instruiu. Não é exatamente a melhor possível.

Embora os pontos de vista de Colman sobre a diversão apropriada fossem relativamente desinibidos para a época, o ministro ainda assim aderiu à crença de que os divertimentos eram uma fonte de maldade e tentação. Afinal, ele escreveu, "a alegria pode, e geralmente degenera, em pecado".

Uma despreocupação que não fosse "graciosa e encantadora na medida em que é inocente" permanecia "a espuma e a explosão nociva de um coração corrupto". Seu endosso de "alegria virtuosa" foi enterrado sob uma pilha de advertências contra o que ele considerava as alegrias ruins: "alegria carnal e viciosa", "alegria inoportuna" e "alegria ociosa ou impertinente".

Em um sermão, o ministro de *Brattle Street* alertou que, uma vez que "a maneira licenciosa de expressar nossa alegria tome o controle, todas as possibilidades de inocência, amor ao próximo ou sobriedade desapareçam". O "homem devasso" sucumbiu à leviandade ousada e imodesta. Ele abandona "a gravidade da razão e age como um potro brincalhão", insistiu Colman. "Ele ruge e brinca e salta".[32]

Poucas vocações estimulam tanto o rugido, a revista e o salto quanto as artes cênicas. Havia, portanto, poucas vocações que os puritanos desprezavam mais do que atuar.

"A hostilidade ao teatro é tão antiga quanto o próprio teatro", observou o historiador da Universidade de Yale, Edmund Morgan. "Os ataques mais longos, mais amargos e mais eficazes ao teatro vieram dos puritanos ingleses, ou pelo menos dos ingleses que viviam na era do puritanismo".[33] A tensão da reverência rigorosa que tomou conta das

A ASCENSÃO DOS NOVOS PURITANOS

Ilhas Britânicas no final dos séculos XVI e XVII se afastava de qualquer coisa que pudesse terminar em farra. E como qualquer um que tenha passado um tempo considerável com artistas lhe dirá, eles fazem muita farra.

Os puritanos da Inglaterra conseguiram limpar a paisagem dos teatros por um tempo, embora isso tenha sido tão breve quanto o domínio do puritanismo. O rei Charles I, um Stuart e marido de uma esposa católica francesa, reviveu a prática da maneira mais insultante, do ponto de vista do reformador protestante, encenando peças elaboradas celebrando sua própria ascensão ao trono.

Em 1634, um austero advogado puritano, William Prynne, escreveu sobre suas objeções à prática de atuar em um tratado intransigente, chamado *Histriomastix*. Prynne pagou sua insolência com as orelhas Elas foram cortadas de sua cabeça por uma faca de carrasco, enquanto ele se contorcia preso a um pelourinho em uma rua de Londres, observando enquanto os exemplares de seu livro eram queimados cerimonialmente.[34] Mas as objeções de Prynne às artes cênicas são ilustrativas tanto de como os reformadores protestantes viam a prática quanto de como os novos puritanos de hoje enxergam as artes cênicas.

"Uma outra coisa abominável é que as mulheres se tornem homens", afirmou Prynne, "e usem roupas de homem". O ato de se travestir transformava os homens em reflexos efeminados de seus antigos eus, roubando-lhes aquilo que os tornava homens. É claro que as mulheres também não podiam atuar teatralmente, para que suas representações lascivas não levassem o público à "prostituição". Logicamente, então, não pode haver teatro algum. Há muitas "tentações ao adultério" nas artes cênicas.

Poderíamos chamar isso de paranoia, mas os medos dos puritanos estavam baseados em uma preocupação inarticulada de que gênero e identidade sexual poderiam ser coisas terrivelmente instáveis, a menos que fossem constantemente reforçadas por estímulos culturais. O manifesto de Prynne "mostra que havia um medo subjacente de que o eu fosse instável e pudesse ser alterado (mas apenas negativamente) pela menor sugestão", escreveu a acadêmica Sarah MacLeod.[35] A identidade não era nada mais do que um contrato social. Nesse caso, observar alguém envolvido em uma interpretação sedutora pode expor a instabilidade de nossas características de identificação mais básicas. Vemos algo semelhante na forma como o puritano moderno vê o transgenerismo não como uma escolha, mas como uma revelação — a materialização de um destino conferido no nascimento. Qualquer desvio dessa crença, e qualquer falha em reforçá-la, muitas vezes é tratado como algo bastante perigoso. Vemos isso na hostilidade com que um certo tipo de progressista encara o ato de "destransição" de volta ao gênero de nascimento. Até mesmo escrever sobre o fenômeno provoca reclamações incendiárias, como a escrita por Harron Walker, de Jezebel, depois de ler o relato do autor e jornalista Jesse Singal sobre adolescentes cuja experimentação com uma identidade de gênero diferente chegou ao fim. Singal é um "reacionário" que sucumbiu à "ansiedade cultural" sobre questões trans, escreveu Walker. Pior, sua proeminência de alguma forma rouba jornalistas trans das oportunidades que seu "sucesso" lhe trouxe, como se a realização jornalística fosse um jogo de soma-zero.[36]

A pesquisa sugere que a maioria das pessoas que fazem a transição não se arrepende de sua escolha, mas algumas sim. E, no entanto, mencionar essa ocorrência muito real é questionar "a existência de identidades trans", informou a NBC News, citando o trabalho de um defensor legal LGBTQ do Reino Unido. Promover esses fatos inconvenientes "pode ser particularmente prejudicial para os jovens trans".[37]

Esse *ethos* estava em evidência em 2018, quando a atriz Scarlett Johansson se viu no centro de uma tempestade de polêmicas depois que ela concordou em retratar um homem trans em um filme baseado na vida de Dante "Tex" Gill, um gângster e proprietário de casa de massagem nas décadas de 1970 e 1980.

"Como atriz, eu deveria poder interpretar qualquer pessoa, ou qualquer árvore, ou qualquer animal, porque esse é o meu trabalho e as exigências do meu trabalho", escreveu Johansson depois que ela foi acusada de *"whitewashing"* * por interpretar o papel principal, em 2017, no longa-metragem "A Vigilante do Amanhã", adaptação do anime japonês *"Ghost in the Shell".* "Há momentos em que fica desconfortável quando afeta a arte porque sinto que a arte deve estar livre de restrições", continuou ela. Da mesma forma, Johansson foi atacada por tirar "oportunidades de membros de comunidades marginalizadas, ou seja, atores transgêneros" quando assumiu o papel principal no filme biográfico *"Rub & Tug".*[38]

Em uma denúncia que lembra William Prynne, a dramaturga e ativista trans Phaylen Fairchild acusou Johansson de participar da "exclusão real de indivíduos trans" de sua indústria. "Johansson e aqueles como ela estão determinados a perpetuar o mito contínuo e prejudicial de que só existimos na forma deles", insistiu Fairchild, "e de que não apenas nossa realidade deve ser retratada em filme por atores cis, mas que nunca devemos ser, nós mesmos, autorizados a desempenhar um papel cis".[39] Pior, Nick Romano, da *Entertainment Weekly*, observou que o retrato de um personagem trans por uma mulher branca e heterossexual "pode acabar espalhando desinformação" que tornaria a vida mais difícil para todas as pessoas trans. "Se 84% dos americanos só conhecem pessoas trans através do que veem na tela, o medo é que homens trans de verdade não sejam vistos como homens e mulheres trans não sejam vistas como mulheres".[40] Johansson cedeu à pressão. Ela se desculpou publicamente por assumir o papel e agradeceu seus críticos por sua reeducação. Mas o filme provavelmente nunca será feito. Ele morreu na praia, no momento em que sua estrela desistiu. Esta foi, na melhor das hipóteses, uma vitória de Pirro para ativistas trans, que podem nunca ver a história de Gill traduzida em um drama para um público de massa e que certamente não terão nenhum trabalho como resultado de sua produção.

Desenvolver o talento em qualquer forma física é uma virtude. Atores trans devem ter acesso a tantas oportunidades quanto suas

---

* Nota da tradução: termo que significa "embranquecimento", uma tentativa de "limpar" uma obra ao substituir pessoas racializadas por pessoas brancas.

aptidões individuais merecem. Mas o ativismo empreendido pelos críticos de Johansson acabou com o filme, resultando em menos oportunidades para atores, artistas e cineastas — e não mais. Se os críticos de Johansson estão satisfeitos com esse resultado, devemos concluir que seus verdadeiros objetivos não são tão bons quanto afirmam.

Dois anos após esse caso, a atriz Halle Berry anunciou que "provavelmente" assumiria um papel em um próximo longa-metragem no qual ela deveria interpretar uma mulher que faz a transição para tornar-se homem. Ela também foi acusada de perpetuar estereótipos "perigosos" e de dar credibilidade à ideia de que "pessoas trans estão apenas brincando de 'fantasia'".[41] Mas a controvérsia em torno de sua decisão foi muito mais silenciosa, em parte, porque ela descobriu como jogar o jogo. Berry insistiu que contaria uma história "feminina" — evitando algumas bombas ideológicas ao conectar seu retrato de uma pessoa trans a sua própria identidade de gênero preexistente.

Citando o trabalho da ex-presidente da *Shakespeare Association of American Phyllis Racki*, Sarah MacLeod observou que "o termo 'papéis de gênero' implica que 'gênero é um tipo de ato para todas as mulheres, não apenas para atrizes e não apenas para meninos que fingem ser mulheres'". Ela acrescentou que Laura Levin, autora de *Men in Women's Clothing: Anti-Theatricality and Effeminization, 1579–1642*, concluiu algo semelhante. "Os homens são apenas homens na performance de sua masculinidade (ou, falando de forma mais assustadora, eles não são homens exceto na performance, a constante reencenação de sua masculinidade)", escreveu Levin. Ou "que eles não têm como saber que são homens, exceto na reencenação, na reencenação incansável, de sua própria masculinidade".[42]

Lenta, mas perceptível, as correntes intelectuais que tipificaram o puritanismo estão despertando de seu sono. Armado com a suposição de que a identidade de gênero é uma coisa tão frágil que retratos desafiadores dela no palco e na tela podem destrui-la completamente, o ativista Novo Puritano sacrificaria a arte para impor e preservar suas convenções sociais preferidas.

Em última análise, se a crença de que a identidade individual é uma coisa tão inviolável que não pode ser provocada por meros atores, acabaremos com menos arte. Ou, pelo menos, teremos que nos contentar com o tipo de "arte" sem alma que é o produto de um comitê de padrões e práticas.

Essa tendência ao essencialismo demográfico na arte performática não se limita apenas ao gênero. Em 2020, a indústria do entretenimento foi dominada por um sentimento que obrigou muitos dubladores de longa data a se demitirem de seus empregos porque estavam retratando personagens de desenhos animados de uma raça diferente da sua. Mike Henry, de *Family Guy*, Kristen Bell, de *Central Park,* Jenny Slate, de *Big Mouth*, e os atores de Os Simpsons, Harry Shearer e Hank Azaria, deixaram de dar voz a personagens negros para oferecer essas oportunidades a atores de descendência minoritária.

Foi um impulso nobre. Promover um ambiente que recompense a representação na mídia tem um valor que os consumidores brancos de produtos de entretenimento podem ignorar. Mas, para alguns críticos, esse expurgo voluntário de atores brancos que dublam personagens negros não conseguiu resolver o problema real: a maneira irreverente como esses personagens de desenhos animados são escritos.

"A tradição de atores brancos dublando personagens animados negros tem suas raízes em outra forma insidiosa de entretenimento: menestréis de *blackface*"*, escreveu Jordan Simon, da *Shadow and Act*. "Talvez a primeira forma de entretenimento teatral que se originou na América, esses shows caracterizavam falsa e flagrantemente os negros como bufões e estúpidos. Em outras palavras, atores caucasianos personificando como eles acreditavam que os negros falavam e se comportavam. Parece familiar?"[43]

Essa é uma afirmação interessante que requer mais exploração. Certamente, se estivéssemos falando de atores brancos ao vivo imitando exageradamente os negros, poderíamos falar sobre menestréis.

---

* Nota de tradução: prática teatral de atores que se coloriam com o carvão de cortiça para representar personagens afro-americanos de forma exagerada.

Mas os mesmos padrões se aplicam à dublagem quando o personagem é caricaturado de forma inata — assim como tudo em um desenho animado? Sendo assim, é algo que se aplica apenas a animações que retratam humanos e não às muitas que trazem animais antropomorfizados, quimeras ou objetos inanimados ocasionalmente ganhando vida na arte ilustrada?

E se não se trata apenas de criar oportunidades para atores negros, os mesmos padrões rígidos de representação se aplicariam a locutores profissionais afro-americanos que ocasionalmente dublam personagens brancos?[44] Dessa forma, atores talentosos como Phil LaMarr, Kevin Michael Richardson, Cree Summer e até Samuel L. Jackson, que dublaram personagens brancos em suas carreiras, seriam artificialmente roubados de oportunidades de trabalho e seríamos privados de seus talentos.

Esse é um assunto sensível. Seria impertinente descartar as alegações de Simon imediatamente, assim como seria desconsiderar as consequências indesejáveis, embora não intencionais, de suas preferências na prática. As restrições que ele preferiria ver impostas à arte certamente constrangeriam os criativos, forçando sua imaginação a se adequar às demandas utilitárias de um determinado movimento político. E quando aqueles cuja única intenção é ser o mais inclusivo possível levam esses argumentos à sua conclusão racional, isso expõe a falha fatal na sua lógica.

"Estou assistindo '*Boondocks*' pela primeira vez e tenho sentimentos", disse a colunista freelancer Cathy Reisenwitz sobre a série de animação para adultos criada por Aaron McGruder, que segue dois jovens negros vivendo a vida em um subúrbio branco. "Eu entendo que o espectador deve rir de alguns desses personagens. Mas devo dizer que parece nojento, como uma pessoa extremamente deficiente em melanina, rir de personagens negros".[45]

Isso é uma coisa trágica de se dizer sobre um programa genuinamente engraçado e inovador. Tal mentalidade poderia ter consequências terríveis se pegasse. Se um número suficiente de progressistas brancos bem-intencionados decidirem que não podem dar risada de uma comédia negra, as redes que atendem a um público mais jovem e mais branco (como, por exemplo, *Adult Swim* do *Cartoon Network*, que deu sinal verde para *Boondocks* em primeiro lugar) não vão assumir o risco financeiro de apoiar comédias negras. E esse seria o pior resultado.

A comédia como ofício torna-se especialmente espinhosa quando submetida a uma análise racial crítica. E isso pode ajudar a explicar por que o longa-metragem de comédia está se tornando uma espécie em extinção. Em 2019, o *The Hollywood Reporter* publicou os números, e eles não são bonitos. Em 2008, as comédias representaram um quarto das principais ofertas de filmes. Uma década depois, eles representavam apenas 8% dos lançamentos, e apenas 8% da receita doméstica nas bilheterias.[46] Essa queda não pode ser atribuída apenas ao aumento dos serviços de streaming e ao aumento de comédias na TV. "Está se tornando um pouco exigente", disse o ator Will Ferrell sobre sua indústria. "Recentemente, me deparei com coisas em que pensei: 'Cara, que ótima ideia', andei pela cidade e todo mundo apenas dizia: 'Não'".[47]

O colunista do Philadelphia Inquirer, Gary Thompson, observou com razão que as razões para a diminuição das comédias nas telas grandes são múltiplas, mas uma delas é que o domínio da "cultura do apelo e da indignação torna mais difícil para as comédias passarem pelos vigilantes das mídias sociais".[48] A piada, ele observa, é facilmente ridicularizada como um prazer banal — principalmente quando se trata de uma causa social crítica. E todas as causas sociais são críticas para alguém.

Não são apenas as comédias que estão desaparecendo. O *blockbuster* sexualmente carregado está igualmente ameaçado.

"Há uma grande oportunidade para outros tipos de filmes, como aqueles filmes sensuais para casais assistirem juntos, que foram deixados de lado na indústria cinematográfica", disse Jennifer Salke, chefe da *Amazon Studios*, ao *The New York Times* em 2018, "como 'Sem Saída e Instinto Selvagem'".[49] Ela não é a única a perceber esse vazio no mercado. "O sexo está desaparecendo da tela grande e está tornando os filmes menos prazerosos", dizia uma manchete de 2019 no *The Washington Post*.[50] "Cenas de sexo bem escritas e dirigidas são capazes de produzir uma sensação física espontânea tão catártica — e gratificante — quanto uma risada repentina ou um bom choro", escreveu a crítica de cinema do *Post*, Ann Hornaday. "Hoje em dia, quase não há mais".

A mesma teoria moral que impôs estigmas à literatura clássica americana está escandalizando ativamente a indústria cinematográfica e televisiva. Mas muitos dos zeladores desses trabalhos, que também lucram muito com sua transmissão, optaram por lidar com a agulha cultural, tornando-os disponíveis ao mesmo tempo em que apresentam, junto com eles, rótulos de advertência.

O serviço de streaming Disney+ optou por transmitir um aviso antes que os *streamers* pudessem assistir às versões originais não adulteradas de clássicos animados como Aladdin, Dumbo, Peter Pan e Aristogatas, entre outros, porque apresentam representação de estereótipos raciais. Em 2021, a *Turner Classic Movies* lançou uma série chamada "*Reframed Classics*", na qual filmes "problemáticos" das décadas de 1920 a 60 foram exibidos na íntegra, embora com um aviso, e depois discutidos longamente por um painel de especialistas. Filmes como "Bonequinha de luxo", que apresenta Mickey Rooney interpretando uma caricatura asiática ofensiva; "Ritmo Louco", com a *blackface* de Fred Astaire; e os muitos aspectos desconcertantes de "E o vento levou" foram submetidos a um exame crítico.

"Não estamos dizendo que é assim que você deve se sentir sobre Psicose, ou sobre 'E o vento levou'", disse a apresentadora do TCM, Jacqueline Stewart, ao *Canadian Press*. "Estamos apenas tentando criar maneiras de ter conversas mais longas e profundas e não apenas cortar para 'eu amo este filme. Eu odeio este filme.' Tem muita coisa no meio disso".[51] Se existe uma maneira certa de navegar no pânico que tomou conta da indústria do entretenimento, é essa. Somente os auditores culturais mais zelosos poderiam discordar dessa abordagem. Infelizmente, nosso discurso nacional é arbitrado por zelosos auditores culturais.

Uma indústria caseira é construída em torno de críticas superficialmente intelectuais da arte e do entretenimento a partir de perspectivas teóricas críticas de raça e gênero. E porque os resultados desse ativismo são agora autoevidentes, é difícil evitar a conclusão de que estigmatizar certas formas de arte e levá-las à clandestinidade é o resultado pretendido.

Este é um assunto sério, e suas consequências são profundas. E, no entanto, a forma que esse tipo de ativismo assume é muitas vezes mais estúpida do que acadêmica.

A adaptação cinematográfica do musical da *Broadway Grease*, por exemplo, foi recentemente apontada como "homofóbica", porque a escola secundária da década de 1950 em que a peça se passa não apresentava nenhum aluno LGBTQ. Além do mais, foi apontado que o musical fazia, ao mesmo tempo, apologia ao estupro e envergonhava mulheres por suas vidas sexuais (o chamado *slut-shaming*).[52] Houve uma enxurrada de críticas negativas para a série de sucesso da Netflix, "Cobra Kai", porque seu elenco era "branco demais" e não refletia o detalhamento demográfico preciso do Vale de San Fernando, de acordo com dados do Censo dos EUA.[53] Sim, isso mesmo.

Há consequências reais para esse tipo de ativismo. O popular reality show *The Bachelor* foi atacado em 2020 por ser um bastião do racismo porque um de seus concorrentes já usou "trajes culturalmente apropriados" em uma festa temática da época da Confederação Americana. E quando o apresentador do programa pediu aos telespectadores que demonstrassem cuidado e perdão para o concorrente, ele teve sua carreira ameaçada e foi forçado a desistir.[54]

Estamos regularmente sujeitos ao maximalismo e à ostentação moral em um nível de decibéis que sugere que um grande crime histórico está em andamento. Mas quando esses crimes são examinados em detalhes, eles geralmente são revelados como transgressões não intencionais contra padrões fluidos — e apenas em um esforço para fornecer ao público algo que eles possam desfrutar.

Então, por que a nova classe ativista progressista se apoiou tanto no "trabalho", enfatizando seus aspectos menos prazerosos e a resistência necessária para perseverar em tudo isso? Talvez porque as demonstrações perceptíveis de desconforto e oferendas exigidas de qualquer pessoa reverente o suficiente para se engajar nesses trabalhos sinalizam não apenas afinidades tribais, mas também um nível admirável de compromisso com a causa — um compromisso tão total que envolve sacrifício real.

Talvez a devoção exigida de quem realmente se lança no trabalho árduo da salvação pessoal não pode ser medida apenas pela retórica? Talvez as obrigações que qualquer pessoa honesta deve observar sejam tão sagradas que os fiéis não são confiáveis para realizar esses rituais de forma natural? Esse compromisso deve ser tangível, verificável e inegável — uma santidade que é "visível" para todos nós.

3

CAUTELA

HERESIAS DA MENTE INCONSCIENTE

Cada vez mais, o mundo da comida adotou a crença bem intencionada, mas equivocada, de que a mistura de tradições culturais na culinária constitui roubo, imperialismo e até etno-nacionalismo. Apesar de todo o bem que os inquisidores modernos pensam que estão fazendo, o mal que causaram é difícil de ignorar.

O caminhão de tacos *Kooks Burritos*, de Portland, Oregon, é indicativo de como o sucesso na indústria culinária pode atrair rapidamente uma multidão voraz determinada a destruir algo bom a serviço das noções cármicas de justiça.

No início, *Kooks* foi um sucesso estrondoso, e seus proprietários logo se tornaram celebridades locais. Em uma entrevista com um jornalista de Portland, os proprietários do caminhão, Kali Wilgus e Liz Connelly, confessaram que tiveram a ideia de seu pequeno *food truck* após uma viagem ao México. Lá, eles se apaixonaram pela culinária, pediram aos chefs locais que compartilhassem suas receitas e técnicas e as trouxeram de volta ao Noroeste do Pacífico. Mas a história de origem do fenômeno logo atraiu uma horda de executores antiapropriação.

As duas mulheres foram acusadas de serem "cozinheiras brancas se gabando de roubar receitas do México". Em 2017, o *Portland Mercury* colocou seus nomes em uma lista de "restaurantes de donos brancos apropriadores". "Por causa do racismo subjacente de Portland, as pessoas que são donas dessas tradições e culturas que existem já são maltratadas", exclamou o Mercury. Wilgus e Connelly foram acusadas de "apagar e explorar identidades já marginalizadas para fins de lucro e elogios". As avaliações on-line do *Kooks* ficaram péssimas e o negócio acabou. O *food truck* foi forçado a fechar — não porque a comida feita por aquelas duas mulheres era ruim, mas porque era boa.[1]

Em 2018, Abe Conlon ganhou o Prêmio *James Beard* de Melhor Chef na Região dos Grandes Lagos por seu trabalho no restaurante *Fat Rice*, em Chicago. O restaurante era um favorito local desde que abriu suas portas em 2012. Em 2015, foi declarado pela revista Chicago que era "o restaurante mais universalmente amado de Chicago". Era especializado na cozinha da região autônoma chinesa de Macau. Situado do lado posto de Hong Kong do Delta do Rio das Pérolas, Macau foi uma colônia portuguesa de 1783 a 1976. Você já deve imaginar onde isso vai terminar. No que já é uma história familiar, os proprietários do restaurante procuraram transmitir seu apoio aos protestos antipoliciais que eclodiram em todo o país no verão de 2020 com algum ativismo no Instagram. Então, o restaurante postou algumas imagens inofensivas de protestos e uma mensagem: "Continuamos dedicados aos nossos valores, nos opomos a todas as formas de racismo e apoiamos aqueles que lutam por justiça e igualdade em nossas comunidades em Chicago e em todo o mundo". Um ex-funcionário atacou o restaurante pelo que considerou um gesto insuficiente de apoio à justiça racial. "Vocês não vão falar #VidasNegrasImportam mesmo usando a cultura negra o tempo TODO?", escreveu. Com isso, a barragem estourou.[2]

Um punhado de ex-funcionários do restaurante foi às mídias sociais para alegar que Conlon era abusivo e suas práticas comerciais eram racistas. O *New York Times* descreveu o chef como um "arquétipo da indústria gastronômica: um chef propenso a ataques de raiva, que lidera pelo medo e pelo *bullying*", e a indignação que consumia seu negócio uma "crescente intolerância a um tipo de maus-tratos verbais que há muito têm sido aceitos como rotina na indústria". Essas são duas admissões explícitas de que Conlon foi acusado do que eram, em essência, práticas padrão. Talvez sejam práticas padrão que não devam ser toleradas como são. Mas mesmo assim, são padrões.

E isso não foi importante, no fim das contas. No fim, não foi a afirmação de que Conlon era uma *prima donna* que o matou; mas sim a alegação de "apropriação cultural".

"Eles não dão nenhum contexto cultural às origens de seus ingredientes", escreveu esse ex-funcionário, que ficou indignado com a falha de *Fat Rice* em citar "Vidas negras importam". "Eles aumentam os preços e vendem de volta para pessoas de cor". Conlon se desculpou por sua conduta abusiva e por não representar com precisão a cultura que sua cozinha *deveria* refletir. Mas ninguém esperava desculpas; eles queriam um sacrifício.

A junção dessa revolta nas mídias sociais com as restrições ao comércio relacionadas à pandemia de 2020 provou ser demais para suportar, e o *Fat Rice* fechou suas portas para sempre. Em entrevista ao *Eater*, o funcionário descontente que começou tudo comemorou: "Não estou surpreso que ele não esteja reabrindo o *Fat Rice*", disse ele sobre Conlon. "Eu não acho que as pessoas teriam permitido. Eu sei que eu não permitiria".

Em Toronto, no Canadá, a loja de roupas esportivas *Permission* tentou se diferenciar da concorrência oferecendo a seus clientes acesso a um elegante "bar de caldos" enquanto faziam compras. Em uma parceria com a *Ripe Nutrition,* a loja vendia "caldo de ossos" além de outros produtos de bem-estar. Alguns agitadores logo perceberam que a dona da loja era branca, e havia algo indecoroso em uma mulher branca lucrar com a venda de "caldo de ossos" e "pho* de tartaruga".

"Também sexualizando molho 'jerk'** e molho picante pho e fazendo 'bolinhos de superalimento' para lucrar?". A colunista do *Toronto*

---

* Nota de tradução: pho é um tipo de sopa de origem vietnamita

** Nota de tradução: A palavra jerk, em inglês, tem vários significados. O molho jerk aqui citado é um molho picante jamaicano, usado em diversas receitas. Porém, a palavra também pode ser traduzida com conotação sexual, como gozar. O que a proprietária da loja fez, aqui, foi usar essa ambiguidade para fazer propaganda do molho, usando a conotação sexual

Star, Evy Kwong, escreveu desdenhosamente sobre essa empresa "de propriedade de brancos". "Não aguento mais, pessoal!"[3] Concordamos que sexualizar o molho jerk não é algo atraente. Mas transformar isso, junto com os lucros de suas vendas, em um problema racial foi algo inovador.

As "culturas das quais isso é tirado são aquelas que literalmente lutam diariamente por legitimidade", acrescentou Kwong. Sua indignação chamou a atenção da imprensa local, e os emuladores logo começaram a imitar sua irritação nas redes sociais. A *Permission* acabou concordando que sua parceria com um fornecedor de sopas contribuía para a dor sofrida pelos descendentes de asiáticos. "Reconhecemos o dano que isso causou e pedimos desculpas sinceras", confessou a dona da loja de roupas em um comunicado. "A parceria não estava alinhada com os valores da comunidade ou com o espírito da nossa empresa, e decidimos nos separar, a partir de agora". Os clientes terão que ficar satisfeitos com garrafas de água enquanto compram roupas esportivas a partir de agora.[4]

Esses episódios e outros como eles são reveladores de alguns princípios compartilhados pela esquerda ativista. Inclusão e sensibilidade cultural, sim. Mas também, um nível de sensatez suficiente para estabelecer limites para si mesmo e para os outros. Esses limites são projetados para colocá-lo em seu lugar e preservar a constância social como resultado. E embora esse princípio seja ostensivamente informado pela sabedoria que vem com a competência cultural, sua prática é frequentemente acompanhada por exibições extravagantes de abnegação.

O que é que a esquerda progressista ganha com demonstrações gratuitas de sua própria capacidade de autoprivação? Qual a satisfação obtida por qualquer praticante de uma doutrina exigente com a rejeição de tentações? Ao negar nossos próprios desejos, empreendemos uma jornada com um objetivo distante, que deve terminar — se algum dia terminar — em uma compreensão mais completa de nós mesmos e das pessoas ao nosso redor. Ao ignorar nossos próprios desejos, podemos nos concentrar em nossas condições externas e talvez fazer algumas melhorias. Ao nos abstermos dos prazeres terrenos, praticamos moderação, bom senso e discrição.

Tudo isso é uma forma de cautela. É algo bastante familiar.

É razoável esperar que muitos que aderem aos códigos de conduta que este livro escolheu para criticar considerem o termo "puritano" como um insulto. Eles não estão errados. Mas essa interpretação se deve tanto à intenção desse autor quanto ao fato de que a palavra "puritano" foi originalmente concebida para ser um insulto.[5]

Quando o termo surgiu pela primeira vez na Inglaterra, em meados do século XVI, era usado para satirizar um fanatismo religioso emergente. Uma nova forma de protestantismo fanaticamente reverente estava em ascensão. Seus membros não apenas se apegavam a padrões excepcionalmente exigentes, eles esperavam que você se mantivesse neles também.

É difícil culpar os ingleses da era renascentista que reviraram os olhos para esses estranhos novos fundamentalistas. As ofensas morais contra as quais faziam campanha iam da embriaguez ao teatro, da dança alegre à celebração do Natal. Os puritanos eram, no mínimo, exaustivos.

Como Michael Winship observou, aquilo que levava a "ociosidade, jogo, bebida e 'vagar de cidade em cidade'" era motivo de grande preocupação entre esses protestantes devotos. "Eles precisavam demonstrar sua fé pela obediência incessante à lei severa e exigente de Deus". Essa obediência muitas vezes se manifestava em demonstrações públicas de desconforto autoimposto.[6]

"O jejum, um grande drama ritualizado de alienação e reconciliação com Deus", encontrou seu caminho nos manuais de instrução do puritanismo do século XVI. O mesmo aconteceu com as humilhantes exibições de "castigos físicos". Desistir dos prazeres terrenos reforçava o que Winship chamava de "profundo senso de pecaminosidade e indignidade" entre os fiéis. "A quem o Senhor ama", diz Hebreus 12:6, uma passagem preferida pelos líderes de pensamento puritanos, "ele corrige".

Deus salva aqueles que sofrem por sua fé. E poucos sofreram como o ministro congregacional do século XVII, Jeremiah Burroughs.

Burroughs era praticamente obcecado por unidade. O conhecido pregador dedicou sua vida a consertar os laços de parentesco religioso entre as rebeldes denominações protestantes da Grã-Bretanha. Ele propôs conseguir isso através do exercício espiritual e da política, que ele praticou como membro da *Assembleia de Westminster*. Os escritos prolíficos de Burroughs nos fornecem uma janela para o processo de pensamento de uma figura que acreditava ser sua missão unir a fé.

Uma de suas obras mais conhecidas, *The Rare Jewel of Christian Contentment*, nos dá uma ideia do que Burroughs acreditava que reuniria facções puritanas em disputa: seu próprio desgosto nauseante consigo mesmos.[7]

Burroughs lembra ao seu leitor que abnegação e uma sensação de desamparo diante do incrível poder de Deus é o caminho para a salvação. A aceitação dos ensinamentos de Cristo exige nada menos que súplicas abjetas. Um punhado de máximas às quais o aspirante deve se submeter dá uma ideia da natureza exata da teologia de Burroughs:

"Não sou nada e não mereço nada";

"Não posso fazer nada";

"Sou tão perverso que não posso receber nada de bom";

"Não sou apenas um recipiente vazio, mas um recipiente corrupto e impuro"; e

"Se morrermos, não seremos perda nenhuma."

Esta não foi uma leitura edificante.

Ao afundar no desprezo por seus próprios desejos, Burroughs ensinou seus congregados a encontrar satisfação na privação. "Ninguém jamais se privou tanto quanto Jesus Cristo", lembrou Burroughs. "E quanto mais nos aproximamos de aprender a nos privarmos como Cristo fez, mais contentes seremos e, conhecendo muito de nossa sordidez, aprenderemos a justificar a Deus".

Os sentimentos de Burroughs cristalizaram uma corrente de pensamento puritano que capturou a imaginação de seus correligionários muito depois de sua morte prematura, em 1646. Como disse um dos filósofos puritanos mais prolíficos da América, Cotton Mather:

"Ao se odiar continuamente e ser muito sensível às suas circunstâncias repugnantes, um cristão faz o que é muito agradável a Deus".[8]

Por mais duro que seja, submeter-se a esse tipo de autoflagelação impiedosa tem seus méritos. Por meio da abnegação, podemos nos conscientizar das necessidades dos outros que não são atendidas. Através da abstinência, aprendemos satisfação e gratidão por aquilo com que já fomos abençoados. Por meio do autocontrole, podemos avaliar um pouco a situação de Deus. Afinal, como escreveu Burroughs, "Ele tem que lidar com a criatura mais miserável" — ou seja, você.

O que Burroughs descreve é uma versão extrema de um código de conduta valioso. A circunspecção, o gerenciamento hábil de recursos escassos e o controle dos apetites com disciplina — essas são habilidades de vida cautelosas. Cautela é algo que esperamos de todos os adultos funcionais. Na prática, o tipo de discrição que exigimos dos membros contribuintes da sociedade geralmente envolve abnegação — ou, no jargão do discurso psicanalítico moderno, gratificação atrasada.

Ao contrário de seus predecessores hedonistas à esquerda, os Novos Puritanos são praticantes entusiastas da abnegação. Mas não estamos falando de algo tão pitoresco quanto o Experimento do Marshmallow. As negações do eu para as quais o ativista progressista moderno está inclinado não são diferentes daquelas que testaram a fé dos reformadores protestantes do século XVII.

Para os ativistas progressistas modernos, você deve sentir repulsa pelos anseios e desejos que surgem das profundezas da mente subconsciente. Esses apetites viscerais do corpo e a resposta mecânica que produzem quando satisfeitos são desenfreados pela razão. Esses prazeres geram reações involuntárias. O suspiro desenfreado de contentamento que você exala após uma refeição pecaminosamente epicurista. A risada desinibida que explode depois de uma piada obscena. Seu corpo o trai quando você sucumbe a essas tentações.

A cautela exige que todas as suas ações sejam cuidadosamente selecionadas para maximizar a virtude. Hoje em dia, isso começa com o que você come.

No final de 2018, o Painel Intergovernamental sobre Mudanças Climáticas das Nações Unidas alertou que a humanidade tinha apenas cerca de uma dúzia de anos para evitar um efeito estufa descontrolado que poderia aumentar as temperaturas globais em até 1,5°C. "Há um consenso crescente de que as emissões gerais dos sistemas alimentares podem ser reduzidas visando a demanda por carne e outros produtos pecuários", diz o relatório.[9] A solução para o problema seria reduzir a quantidade de carne consumida no Ocidente em até 30%.

Absurdo! Trinta por cento é para covardes e traidores, um estudo liderado pelo pesquisador de Oxford, Dr. Marco Springmann, e publicado na revista Nature, concluído no mês seguinte. Os verdadeiros defensores do novo paradigma nutricional sabem que apenas persuadir a maior parte do planeta a desistir de pelo menos 90% de sua dieta baseada em carne evitará a catástrofe.

Idealmente, o mundo trocaria 75% de sua carne bovina, 90% de sua carne suína e pelo menos metade dos ovos que consome regularmente por feijão, ervilha, lentilha, nozes e sementes. As restrições aos ocidentais relativamente abastados devem ser ainda mais onerosas. O mundo industrializado deve eliminar a carne bovina e reduzir o consumo de leite para que a espécie humana sobreviva.[10]

Quando esses estudos e suas recomendações draconianas foram publicados, um consenso em torno da necessidade de reduzir a ingestão de proteínas do mundo desenvolvido já havia se tornado um dogma aceito pela esquerda. "Nossa mudança climática já está dificultando a produção de alimentos", declarou Barack Obama logo após deixar o cargo. Ele observou que os obstáculos a serem enfrentados pelos reformadores eram muitos e iam além da criação de políticas. "Porque muitas pessoas não comem apenas para a saúde", observou Obama, "nós comemos porque também tem um gosto bom".[11] Nos perguntamos se isso foi apenas uma simples declaração de um fato ou a articulação de um problema nutricional com o qual os reformadores devem lidar.

Se o argumento ambientalista contra o consumo de carne não o comove, e a sua saúde? "Consumir muita carne está adoecendo pessoas nos Estados Unidos e em outros países ricos", afirmou a jornalista do *New York Times*, Kendra Pierre-Louis, citando uma pesquisa publicada no *The Lancet*.[12] E seu bem-estar não é mais apenas seu. Dada a nossa concepção cada vez mais coletivizada de cuidados de saúde, suas escolhas individuais contribuem para o conjunto geral de riscos. Seus hábitos pessoais de consumo são, portanto, um problema para todos nós.

"Estamos enfrentando uma epidemia crescente de doenças crônicas relacionadas à dieta e uma crise de mudança climática, ambas ligadas ao alto consumo de carne", insistiu o presidente do Departamento de Nutrição da Universidade de Harvard, Frank Hu. Qualquer "recomendação geral de que os adultos devem continuar seus hábitos de consumo de carne vermelha é altamente irresponsável".[13]

Um arranhão na superfície dos argumentos científicos convincentes contra o consumo de carne logo expõe os argumentos filosóficos e morais do coração do movimento.

"Não podemos viver nossas vidas como se fossem apenas nossas", escreveu o autor de "Nós Somos o Clima", Jonathan Safran Foer, que falou sobre sua luta pessoal contra as tentações da carne em termos quase reveladores. "Comi carne várias vezes", ele confessou. "Pior, isso me trouxe conforto". Foer sofreu com seu crime. "Como eu poderia argumentar por uma mudança radical, como eu poderia criar meus filhos como vegetarianos, comendo carne por conforto?" ele perguntou. "Confrontar minha hipocrisia me lembrou o quão difícil é tentar viver meus valores".[14]

"A moralidade racional nos puxa com o mais fino dos fios, enquanto a carne puxa com os grossos fios da cultura, tradição, prazer, o fluxo da multidão e o anseio físico", escreveu o jornalista Nathanael Johnson, "e isso três vezes ao dia". Ele observou que o eticista Paul Thompson recomenda popularizar o veganismo "da maneira como as tradições religiosas tratam as virtudes". Ecoando Jeremiah Burroughs, Johnson admite que o "autossacrifício no nível de Jesus" pode estar fora do alcance de nós, meros mortais. Mas não é desculpa para deixarmos de tentar.

Em 2021, o escritor de opinião do *New York Times*, Frank Bruni, experimentou uma variedade de "proteínas derivadas da fermentação feitas de microrganismos" comercializadas por uma empresa de carne alternativa. Aparentemente, ele ficou impressionado com as cópias que jantou. Bruni relatou "amplo sabor e apelo" em fungos reaproveitados como almôndegas, hambúrgueres e mousse de chocolate. "Ao comê--los", escreveu ele, "senti que estava fazendo o bem sem sacrificar tanto".

O sacrifício de proteína orgânica, ele confessa, é mensurável. Mas é superado pelo sentimento de "fazer o bem".[15]

"Considere um bife", ponderaram os acadêmicos Jan Dutkiewicz e Gabriel N. Rosenberg no *The New Republic*. "Seu aroma, textura e os saborosos sucos revestindo sua língua o deixam absorto. Essa é a sensação de comer o filé perfeito", eles admitem. Além disso, *a sensação é boa*. E isso é ruim.

Esses pesquisadores preveem um futuro em que a proteína animal será cultivada artificialmente em laboratório, o que apresentará aos consumidores uma escolha moral rígida. "Ao afastar o prazer da carne do sofrimento e da morte, a agricultura celular nos forçará a sermos mais precisos sobre a natureza dos prazeres que desejamos", afirmam. "Os consumidores precisam apenas optar pela carne celular em vez da carne convencional: uma escolha entre um direito moral e um erro moral que são indistinguíveis. É também uma resposta à intransigência e crueldade passiva do consumidor diário de carne".[16]

Assim, o consumo de carne nos é revelado como pecado. É uma afronta ao Éden em que fomos concebidos. É um prazer insensível que faz de você um fardo que sua família e seus vizinhos devem suportar. É uma demonstração de crueldade desenfreada com os animais, especialmente quando há alternativas. Esta é a linguagem da moralidade.

Além do mais, tudo pode ser descontroladamente exagerado. Um estudo da *Virginia Tech*, publicado no início de 2021, determinou que o súbito desaparecimento de todo o gado leiteiro dos Estados Unidos reduziria as emissões de gases de efeito estufa em incríveis 0,7%, ao mesmo tempo em que reduziria drasticamente o suprimento disponível de nutrientes essenciais para os seres humanos.[17] De fato, a Agência de

Proteção Ambiental dos EUA estima que os gases de efeito estufa da produção de carne e laticínios respondem por apenas 4% das emissões domésticas.[18] Se todos os homens, mulheres e crianças nos Estados Unidos se tornassem veganos amanhã, as estimativas sugerem que os Estados Unidos produziriam apenas 3% menos emissões do que produzem atualmente.[19]

A maioria das emissões globais é gerada pela queima de combustíveis fósseis, não pela produção e consumo de biomassa. Embora a contribuição global da pecuária para as emissões de gases de efeito estufa não seja desprezível, grande parte dela é produzida por criadores de gado no mundo em desenvolvimento. Uma coisa é repreender ocidentais relativamente abastados por seus padrões de vida. Outra coisa bem diferente é ensinar a um dono de rebanho de um país em desenvolvimento que seu caminho para sair da vida de subsistência está matando o planeta.

E sobre as preocupações com a sua saúde? No final de 2019, pesquisadores publicaram um estudo nos *Annals of Internal Medicine* avaliando a alegação de que o consumo de carne vermelha resulta em risco elevado de doenças cardíacas e câncer. A pesquisa examinou sessenta e um estudos anteriores, envolvendo mais de quatro milhões de participantes, e concluiu que a redução da ingestão de carne vermelha teve pouco efeito em riscos relativos à saúde, deixando também claro que a dieta de outra pessoa não tem efeito nenhum nos seus valores de seguro de saúde aumentados.[20] "A certeza das evidências para essas reduções de risco foi de baixa a muito baixa", observou Bradley Johnston, epidemiologista da *Dalhousie University*, no Canadá.[21]

Muitos defensores de uma dieta sem carne admitem que nem todos serão atraídos pela perspectiva de viver apenas de legumes. Os mais razoáveis entre eles admitem que a proteína animal é um alimento básico que não pode ser facilmente substituído por matéria vegetal. Mas eles têm uma solução que estão ansiosos para lhe impor: comer mais insetos.

Não há nada de censurável em adicionar insetos (bem preparados) à dieta ocidental. Dois bilhões de pessoas consomem regularmente insetos rastejantes, e um paladar minimamente aventureiro deve pelo menos ser capaz de conceituar a apetitosa culinária de insetos. No entanto, os defensores desse tipo de coisa parecem constitucionalmente incapazes de argumentar a favor de uma dieta rica em insetos porque você pode realmente gostar dela. Prazer parece estar fora de questão. A questão é, sempre, a satisfação que você terá ao sentir que está contribuindo para um bem social importante.

"Espera-se que argumentos como o alto valor nutricional dos dos insetos e seu baixo impacto ambiental, natureza de baixo risco (do ponto de vista da doença) e palatabilidade possam contribuir para uma mudança de percepção", diz um relatório de 2014 da Organização das Nações Unidas para Agricultura e Alimentação.[22] Essa esperança parece eterna.

"Deveríamos estar comendo insetos para salvar o mundo", disse o entomologista Phil Torres ao *The Atlantic* no mesmo ano. Seus argumentos são conhecidos: a criação de insetos é menos intensiva no uso da terra. Produz muito menos emissões de gases de efeito estufa. Eles são melhores para você, embora 100 gramas de insetos forneçam cerca de metade da proteína que a mesma quantidade de frango, então você terá que comer uma tonelada de insetos. E, por fim, é uma emocionante mudança de vida! Deixando claro, Torres afirma que eles "têm um gosto bom", embora ele complemente esse comentário dizendo que você pode, ocasionalmente, "ficar com uma pata de grilo presa entre os dentes".[23]

Um relatório de 2015 do *jornal Angles*, do Instituto de Tecnologia de Massachusetts, apresentou muitos desses argumentos com um toque um pouco mais acadêmico. Comer insetos é uma "experiência" e experiências são boas. Os ocidentais são terrivelmente preconceituosos contra o consumo de insetos, para sua vergonha indelével. Os aditivos em muitos dos produtos alimentares que você come já contêm derivados de insetos ou são um subproduto da vida dos insetos (por exemplo, o mel). E, claro, uma dieta baseada em insetos é mais sustentável do que a produção de gado e, portanto, representa "a última grande esperança para salvar o planeta". Apenas uma vez a palavra "sabor" foi mencionada — e então, apenas para descrever hexápodes como "gostosos" e deixar por isso mesmo.[24]

A forma quase fanática que os defensores do consumo de insetos discutem a questão garante que o sabor seja apenas uma reflexão tardia.

Uma entrevista de 2016, com uma mesa redonda de acadêmicos e especialistas, apresentada pela jornalista do *PBS NewsHour*, Lisa DesJardins, é um exemplo disso. A discussão de quase uma hora com professores, diretores de organizações sem fins lucrativos e produtores de alimentos à base de insetos abordou a palatabilidade brevemente, e os participantes do painel de DesJardins pareciam totalmente despreparados para discutir o sabor.

"Uma dúvida", perguntou o apresentador da *PBS* ao professor Michael Pollan da *University of California, Berkeley Graduate School of Journalism*, "qual o gosto dos insetos?". Pollan confessou já ter comido alguns grilos, sem entrar em detalhes sobre o assunto. Ele também jantou uma única formiga em um restaurante mexicano de quatro estrelas, que tinha um sabor "bem cítrico". Além disso, foi só "acredito que haja uma grande variedade no sabor dos insetos". Mais tarde, DesJardins admitiu que uma vez consumiu uma cigarra crua e descobriu que "não havia muito gosto nela".[25]

Em nenhum momento os especialistas e jornalistas reunidos consideraram a possibilidade de que ser pouco apetitoso pudesse ser um obstáculo maior para a adoção generalizada do consumo de insetos do que, digamos, fanatismos ocidentais impensados ou nosso vício no consumo de recursos. Isso acontece muito.

"Além do rápido aumento de energia e estilo de vida mais saudável, comer insetos também pode fornecer um modo de vida economicamente sensato e sustentável", insiste o Museu de História Natural de Londres. Além disso, você estará "salvando o mundo".[26]

"Um mundo superpovoado vai lutar para encontrar proteína suficiente, a menos que as pessoas estejam dispostas a abrir suas mentes e estômagos para uma noção muito mais ampla de comida", disse o professor de ciência da carne Louwrens Hoffman à revista *Science*

Focus da BBC. A invocação da superpopulação — uma teoria promulgada em 1968, por Paul Ehrlich, que tem se mostrado consistentemente imprecisa, mas que, no entanto, justificou quase todos os abusos eugenistas da espécie humana que ocorreram desde o final da Segunda Guerra Mundial[27] — é uma pista de que o que você está prestes a ouvir não é ciência.

No entanto, o professor Hoffman seguiu em frente: "É preciso haver uma melhor compreensão da diferença entre ração animal e alimentação humana, e uma reavaliação global do que pode constituir um alimento saudável, nutritivo e seguro para todos".

Se isso não te convencer, a BBC ainda afirma: "Comer insetos pode nos ajudar a salvar o planeta".[28]

Até seu cachorro deveria estar comendo insetos. "A agricultura animal é um dos maiores contribuintes para as mudanças climáticas", insistiu Susan Shain, colaboradora do Mic. Já estamos fora do rumo. Ainda assim, ela continuou: de acordo com um estudo de 2017, feito pelo professor de meio ambiente e sustentabilidade Gregory S. Okin, da Universidade da Califórnia, em Los Angeles, os 163 milhões de cães e gatos americanos consomem uma quantidade excessiva da oferta mundial de carne e são, portanto, responsáveis por gerar 64 milhões de toneladas de carbono dióxido de carbono anualmente.

"Então, o que um dono de animal de estimação com consciência ecológica deve fazer?", Shain perguntou. Bem, a PETA recomenda alimentar esses animais carnívoros com uma dieta vegana. Embora isso seja ecologicamente correto, tem o infeliz efeito colateral de torturar lentamente seu animal de estimação até que ele tenha uma morte excruciante. Se isso soa desagradável, você pode dar ao seu animal de estimação alimentos à base de insetos. É bem mais caro do que os subprodutos animais que tradicionalmente fazem parte da produção de alimentos para animais de estimação, e é improvável que seu cão ou gato obtenha a mesma satisfação da proteína de grilo. Mas é "nutritivo e biodisponível".

Acima de tudo, "alimentar seu cachorro com insetos" ajuda a "salvar o planeta".[29]

"Acho que começou como a história do galinho *Chicken Little*, que acreditava que o céu estava caindo. Se todos não se tornarem vegetarianos amanhã, o mundo vai acabar" disse-me o especialista em culinária, chef e personalidade da televisão Andrew Zimmern. "A abordagem melhor fundamentada com um argumento mais crível, eu acho, é mudar o que está disponível para comer e por quê".

Zimmern está longe de ser contra os argumentos a favor da redução do volume de alimentos cheios de energia no mercado, que também podem ser insalubres em quantidades excessivas, como carnes e açúcares. Além disso, ele vê um papel que os governos podem desempenhar na promoção de estilos de vida mais saudáveis. Mas Zimmern adverte contra os perigos do "coletivo comunitário", o "movimento de concepções progressistas para utópicas" sobre a relação ideal entre indivíduos, seus governos e os alimentos que consomem para sobreviver.

A clara remoção do sabor da equação é reveladora dos vieses de conveniência social que informam o movimento da entomofagia. Se sentir que você está "salvando o mundo" fosse o único benefício que você teria ao comer um bife de filé mignon mal passado regado com manteiga e tomilho, você veria menos filés nos cardápios ocidentais.

Para os Novos Puritanos, uma presunçosa sensação de autossatisfação é o prato mais delicioso de todos.

Parte do que torna o jantar uma experiência agradável são as oportunidades educacionais oferecidas ao comedor aventureiro. Um ideólogo pode chamar as experiências de aprendizado saboreadas por aqueles com paladares expansivos "o trabalho", mas mergulhar na herança cultural, geográfica e histórica que contribui para cozinhas únicas não é um fardo.

Há alegria em participar de cozinhas nativas autênticas, não adulteradas. Há alegria no consumo de pratos articulados que combinam o melhor de muitos mundos — o que às vezes ainda é chamado de "cozinha de fusão". Há alegria na arte de um chef premiado pela *Michelin*, cuja maestria gastronômica não pode ser facilmente classificada, assim como há alegria na comida simples, mas satisfatória, produzida pelos vendedores de rua.

Cozinhar é uma arte, e o prazer que você encontra nela é subjetivo. A única maneira errada de julgar um prato é acreditar que sua avaliação é objetiva e que todas as outras interpretações são o produto falho de uma mente inculta.

Em algum lugar ao longo do caminho, o Novo Puritano tornou-se obcecado com, bem, pureza. Uma certa classe de ativista trata a criatividade, composição e síntese na culinária como se fosse um ato de sabotagem. Hoje, dentro de certos círculos, a distinção entre fusão cultural e "apropriação cultural" se confundiu além do ponto de reconhecimento. Revistas de culinária como a *Epicurious* e a *Bon Appétit* — que tem seu compromisso com o progressismo atual tão total que chegou a chamar a culinária nativa das Filipinas de "Filipinx" e confessou que seu fracasso em condenar as sanções americanas contra a República Islâmica do Irã de alguma forma "inadvertidamente deslegitimou o açafrão iraniano" — recentemente se comprometeram com o "reparo de arquivos".[30] É exatamente o que parece. Essas publicações estão reescrevendo os próprios artigos.

"A linguagem que usamos para falar sobre comida evoluiu muito, com certeza, dos anos 1960, mas também dos anos 1990, e acho que é nosso dever como jornalistas, como pessoas que trabalham na mídia gastronômica, garantir que estamos refletindo isso apropriadamente", disse a editora executiva da *Bon Appétit*, Sonia Chopra.[31]

Esse é um trabalho em andamento e seu progresso deve ser rápido para a classe ativista. No final de 2020, um usuário do Twitter encontrou uma receita do tradicional biscoito judeu hamantaschen em uma seção não adulterada dos arquivos da *Bon Appétit*. A ofensa fica clara a partir do título: "Como fazer Hamantaschen realmente bom".[32]

A receita violou as diretrizes dietéticas tradicionais *kosher*, que proíbem, por exemplo, misturar produtos lácteos e carnes, como ovos e manteiga. Os editores da revista a corrigiram e pediram desculpas por suas insensibilidades culturais. Mas ser "bom" não é algo a que os padeiros judeus sejam totalmente alérgicos.

"Cem anos atrás, a crocância e a falta de sabor eram motivo de orgulho para alguns judeus", observou Aimee Levitt, do *Takeout*. "Atualmente, os padeiros *kosher*, armados com ingredientes regulamentados e fornos que mantêm a temperatura, escreveram receitas confiáveis. (Outros de nós que não mantêm *kosher* apenas levantam as mãos e dizem, que se dane, estou usando manteiga. Ou cream cheese)".[33]

Ser "bom" não é tudo, mas também não é motivo de vergonha. E a existência de preparações alternativas para os favoritos de uma determinada cultura não diminui essa cultura. Na verdade, aumenta-a, uma vez que expande o número de pessoas que não seriam expostas a esses pratos de outra forma. A cultura não é um jogo de soma-zero. A "autenticidade" tornou-se, no entanto, um padrão inviolável entre os ativistas antiapropriação, em detrimento de chefs talentosos e daqueles que se deliciariam com seu trabalho.

O restaurante londrino do famoso chef Gordon Ramsay, *Lucky Cat*, foi criticado por se autopromover como uma "autêntica casa de gastronomia asiática", embora seu chefe de cozinha não fosse, de fato, asiático.[34] Inteligentemente, Ramsay colocou seus críticos na defensiva, observando que seus restaurantes "não discriminam com base em gênero, raça ou crenças e não esperamos que mais ninguém o faça", não importa o quanto os ativistas antiapropriação apreciem isso.[35]

Provavelmente não é surpresa que algo tão essencialmente americano quanto a torta de maçã também esteja manchada na imaginação do Novo Puritano. Raj Patel do *The Guardian* nos informa que esse doce reconfortante é uma atrocidade moral. A receita é "uma variante de uma receita de torta de abóbora inglesa", tornando a sobremesa apropriativa e manchada pelo legado do colonialismo inglês. É um símbolo de "domesticidade", remetendo aos maus-tratos das mulheres nos Estados Unidos a cada mordida saborosa. É um emblema implacável da exploração capitalista: a cana-de-açúcar é um subproduto da exploração de trabalhadores negros do Caribe, e as maçãs devem suas origens aos colonos espanhóis que trouxeram essa fruta da Ásia Central para a América do Norte em sua busca para missão de roubar continente. Cada pedaço é um lembrete pecaminoso de seu lugar no lado errado da luta pela "justiça gastronômica".[36]

Iogurte também está fora dos limites. "Usando uma abordagem de estudos culturais transnacionais e comparativos, este ensaio investiga como o iogurte, percebido como uma comida estranha e estrangeira nos Estados Unidos do início a meados do século XX, tornou-se localizado por meio de processos interseccionais de feminização e desexotização", diz o que eu juro ser o resumo muito real de um estudo de 2016 publicado na revista acadêmica Gastronomica. O autor, professor da Universidade de Notre Dame Perin Gürel, alega que as "conexões do iogurte com o Oriente Médio" levaram a abusos orientalistas do produto no Ocidente.

A apropriação cultural na alimentação está em toda parte. A blogueira de nutrição Shana McCann observou que ela pode ser encontrada em "restaurantes com uma [pessoa branca] na liderança da casa" ou em itens de menu "inspirados na Ásia". É evidente quando blogueiros brancos postam "receitas de comida saudável para a alma", ou quando os críticos de uma determinada etnia escolher o que rotular como "refinado" ou "elevado" e o que eles não rotulam.[37] Em geral, é uma teoria que substitui contexto, sabor e experiência pessoal pelo essencialismo racial.

Nem todos os episódios escandalosos de suposta apropriação no mundo da alimentação resultam em polêmicas que encerram a carreira. A maioria de ataques como esses citados são como tiros de raspão. É um jogo de poder reservado quase exclusivamente para os bem--sucedidos.

Apesar de sua criação caucasiana em Oklahoma, o chef Rick Bayless, baseado em Nova York, tornou-se um dos mais famosos preparadores e especialistas em comida mexicana. O dono do restaurante de sucesso foi até escolhido pelo presidente Barack Obama, em 2010, para servir um jantar de Estado para o presidente mexicano Felipe Calderón. Seu passado também o colocou em apuros. "Basta pesquisar 'Rick Bayless' e 'apropriação' no Google e você terá muito com o que se deliciar", aconselhou a NPR a seus leitores. "Confie em nós".[38]

"Sei que houve várias pessoas por aí que me criticaram apenas — apenas — por causa da minha raça", disse Bayless em sua defesa. "Por ser branco, não posso fazer nada com comida mexicana. Mas temos que parar e dizer: 'Ah, espere, isso é puro racismo então?'". Para alguns dos autoproclamados fiscais da cultura, o próprio ato de se defender de acusações de intolerância racial era em si uma evidência de intolerância.[39] Para outros, ele era simplesmente "chorão".[40]

Pelo menos Bayless teve força e estrutura para sobreviver a tudo isso. Andy Ricker, não.

Ricker era um chef premiado e autor best-seller de livros de culinária na época em que fundou a popular cadeia de restaurantes tailandesa *Pok*. Ele estudou culinária tailandesa por treze anos, viveu e trabalhou no Sudeste Asiático durante grande parte de sua vida adulta e tornou-se um especialista reconhecido em seu campo. Mas Ricker é, também, branco. Para alguns, isso é o mais importante.

Em 2020, o grupo de restaurantes de Ricker fechou permanentemente. Em um comunicado, ele culpou as pressões da pandemia pela decisão, mas não totalmente. "A capacidade de se concentrar na razão de ser do *Pok* tornou-se cada vez mais impossível", disse ele, "e tornou-se cada vez mais sobre logística e apagar incêndios, e menos sobre hospitalidade e visão".[41] Em entrevista à revista Mel, Ricker confessou que levaria seus talentos de volta à Tailândia apenas para escapar do esgotamento da política gastronômica nos Estados Unidos.

"Eu sabia antes de abrir o restaurante em 2005 que o que eu estava fazendo era potencialmente perigoso", ele confessou. "O melhor caminho para isso seria fazer a comida como eu aprendi, tentar fazer o melhor trabalho possível, apresentá-la como deveria ser e não levar nenhum crédito pela receita de forma alguma. Ou dizer que descobri essa merda". E assim como ele previu, a multidão veio atrás dele.

"Eu estou vivo e cozinhando essa comida desde antes de nascerem algumas das pessoas que são muito, muito vocais [com as críticas]", disse Ricker com desdém. Ele também era solidário com os ideais do movimento que o drenou de entusiasmo pelo trabalho de sua vida. Mas sua provação parece ter abalado parte dessa convicção.[42]

"Todo mundo, não apenas minha indústria, está se esquivando da controvérsia por medo de ser atacado", continuou Andrew Zimmern em nossa conversa. "As redes sociais transformaram-se em um espaço de ataques. Quando se trata de coisas como apropriação cultural", acrescentou Zimmern, "pensei na frase 'responsabilidade antes da unidade'. Acho que precisamos educar e responsabilizar uns aos outros a um certo padrão. Caso contrário, vamos aumentar a divisão entre nós". Enquanto Zimmern critica os ativistas que "usaram essas coisas como uma desculpa para pressionar" ou "cancelar alguém", ele sustenta que há utilidade em criar tabus em torno do roubo total da herança cultural de outra pessoa. "Os argumentos desses guerreiros da nova cultura no que diz respeito à alimentação, em geral, são em sua maioria corretos", afirmou.

"Às vezes você está no meio de um oceano de movimento de justiça social e não consegue ver a terra atrás de você ou na sua frente", concluiu Zimmern. "Mas você não está perdido. O meio é onde parece realmente obscuro". Essa é uma perspectiva valiosa, mas os custos crescentes dessa ação policial são tangíveis, enquanto seus benefícios são principalmente conjecturais.

Galões de tinta foram derramados no esforço de definir o que constitui "apropriação" e ajudar seus oponentes a identificá-la quando a virem. A maioria dos que se comprometem com este curso se contentam com a ideia de que existe uma "linha tênue" entre apropriação e apreciação. Mas e se não for uma "linha tênue"? E se a irreverência, a zombaria e o descuido não forem tão sutis que você precise de um PhD para saber o que está vendo (ou, neste caso, provando)?

Como já observamos em vários campos, há uma tendência proeminente de crítica cultural hoje que se ressente do seu prazer em qualquer coisa que não seja temperada por alguma pedagogia cansativa. Esses críticos se ressentem do prazer puro. Mas e se esse tormento interno for deles, não seu? E se a tortura deles estiver sendo imposta a você de maneiras que realmente não são tão produtivas?

A ASCENSÃO DOS NOVOS PURITANOS

Em última análise, a lógica dessa abordagem ideológica para reformar a forma como os americanos produzem e consomem alimentos dá lugar a uma conclusão inevitável: o problema é o progresso.

Damian Carrington, do *The Guardian*, resumiu o assunto sucintamente: "O sistema alimentar global é o maior fator de destruição do mundo natural", escreveu ele. Um "círculo vicioso" de "comida barata", que cria mais competição, gera incentivos à exportação de alimentos para todo o mundo e contribui para a degradação ambiental.[43]

Um perfil do *New York Times*, de fevereiro de 2021, de "ativistas trabalhando para refazer o sistema alimentar" ecoou alguns desses sentimentos. "Na equação contundente da produção capitalista", escreveu a colaboradora do Times, Ligaya Mishan, "tratamos a comida como uma mercadoria e não como uma necessidade", que "é aceitar que sempre haverá pessoas que não podem pagar e devem passar fome".[44] Isso seria uma atrocidade moral se fosse verdade. Felizmente, não é.

Após o triunfo global do capitalismo após o colapso da União Soviética em 1991 (apesar de redutos ocultos em lugares como Cuba e Coreia do Norte), a desnutrição caiu em todo o mundo de 19 para 11%, segundo o Banco Mundial.[45] Essa condição feliz coincidiu com o surgimento de cerca de 1 bilhão de pessoas das profundezas da pobreza extrema (definida como sobreviver com menos de US$ 1,25 por dia) aproximadamente no mesmo período. Isso aconteceu por conta do estabelecimento, em 1991, do primeiro mercado global real desde o colapso, em 1914, com o início da Primeira Guerra Mundial.

O capitalismo contribuiu para o desenvolvimento de produtos e grãos de cereais mais saudáveis e resistentes a doenças. Nos Estados Unidos, a produção de grãos de cereais, soja, milho e outras culturas agregadas aumentou constantemente, enquanto o preço diminuiu.[46]

Essa tendência — rendimentos aumentados e custos reduzidos — é evidente em todo o mundo. A exceção a essa regra é a África Subsaariana, onde, como a *National Geographic* informou em 2020, o "uso de culturas [geneticamente modificadas] é menos comum".[47]

"Uma vez que as atitudes em relação a culturas GM tendem a se correlacionar com os níveis de educação e acesso à informação sobre a tecnologia, existe a preocupação de que os agricultores da África Subsaariana possam hesitar em adotar culturas GM", continuou o relatório. Não por coincidência, o progresso em direção a um planeta livre da fome não chegou a esta região, onde as colheitas não conseguiram acompanhar o ritmo do resto do mundo e a desnutrição infantil permanece persistentemente alta.

As desigualdades globais são menos uma preocupação para os ativistas descritos no *Times* do que seu foco principal: o "hedonismo do final do império" aparente no amor dos americanos pela comida.

"Não é coincidência que, à medida que os americanos se afastam cada vez mais das fontes de seus alimentos, e do trabalho, em grande parte invisível, necessário para produzi-los, a própria comida tenha se tornado uma obsessão nacional", continuou o perfil do *Times*, "de programas de culinária na televisão e do endeusamento dos chefs para o *#foodporn* no Instagram". Mishan lamenta como o "movimento gastronômico" moderno reuniu o público em direção ao ativismo progressivo com apelos a um "sentimento vagamente positivo" em vez de apelar às armas. Mas alguns ativistas estão tentando consertar isso através de, acredite ou não, a aplicação seletiva da discriminação racial.

Por exemplo, "uma barraca de comida em que clientes brancos pagam US$ 30 por um prato de comida que custa, aos clientes negros, apenas US$ 12, como forma de refletir a diferença na renda média entre as famílias brancas e negras de Nova Orleans, ou um salão de igreja em que o menu de um jantar temático de gentrificação lista meio frango por US$ 50.000 — novamente, apenas para os clientes brancos, os negros comem de graça".

O objetivo dos ativistas, observa Mishan, é promover uma compreensão mais ampla das disparidades raciais em várias áreas pouco examinadas da sociedade americana. Esse é um objetivo louvável, mas está sendo perseguido da maneira mais improdutiva que se possa imaginar. O efeito prático (e provavelmente desejado) desse tipo de ativismo é remover a possibilidade de você esquecer, mesmo que brevemente, o tormento da existência.

A ASCENSÃO DOS NOVOS PURITANOS

Acontece que existe um amplo mercado para esse tipo de tortura. Apesar da hostilidade de todos os ativistas progressistas em relação aos espíritos animais do capitalismo, eles não se importam de explorar essa oportunidade econômica. É ai que surge a organização "Race 2 Dinner".

"Nossa missão é simples", afirma a organização, "revelar a verdade nua e crua sobre o RACISMO na América e LIBERAR SEU PODER como mulheres brancas para desmantelá-lo". Como o grupo propõe fazer isso? Simples: convencendo benfeitores brancos ricos a desembolsar mais de dois mil e quinhentos dólares pelo privilégio de receber um sermão sobre seu racismo inconsciente.

"Se você fizesse isso em uma sala de reuniões, eles iriam embora", disse a cofundadora da *Race 2 Dinner*, Saira Rao, ao *The Guardian*. "Mas mulheres brancas ricas foram ensinadas a nunca deixar a mesa de jantar". Presumivelmente, o estereótipo étnico casual de Rao é do tipo esclarecido.

Como observou o *The Guardian*, é improvável que os clientes desse tipo de coisa sejam aqueles que mais se beneficiariam da experiência. São, em sua maioria, mulheres que votam nos democratas "intelectuais e bem-intencionadas", algumas das quais têm cônjuges de uma raça diferente ou até filhos adotivos negros. No entanto, a maioria não precisa de muito estímulo para "confessar" seus preconceitos raciais, reconhecer "erros" e estar "disposta a mudar".

"Antes de participar de um jantar ou seminário, há uma leitura obrigatória", observou o Today, na NBC. O gelo geralmente é quebrado pelos líderes da conversa, que trazem à tona "um tópico familiar", apenas para submetê-lo a um desmembramento crítico baseado na teoria racial até que ele não tenha mais seu passado racista. A yoga, por exemplo.

"[O jantar] começa, Saira diz algo sobre yoga e como yoga é apropriação cultural e os donos de yoga aqui nos EUA não contratam mulheres negras e pardas para as aulas", Regina Jackson, outra cofundadora da organização, lembrou de um sarau especialmente produtivo.[48] Dessa forma, os frequentadores do jantar conseguem reconhecer que são "cúmplices de um sistema que fere negros e pardos". Bom apetite!

O espírito de Jeremiah Burroughs está vivo e bem no ativismo que vemos em exibição entre a esquerda puritana. Somente compreendendo sua própria natureza imperfeita e pecaminosa você pode aprender a apreciar um nível gratuito de abnegação. Os prazeres e confortos de comer boa comida ao redor de uma mesa cercada por amigos podem ser gratificantes, mas não tanto quanto o êxtase espiritual encontrado ao arruinar essa experiência.

O que os ativistas progressistas ganham com tudo isso? Claro, a satisfação pessoal derivada da prática da autodisciplina, mas também a sensação de que eles estão contribuindo não apenas para sua própria salvação, mas para a redenção do mundo inteiro.

Eles se satisfazem fazendo o que têm certeza de que são as escolhas certas sobre o que você deve ter permissão para comer, ler, ver e ouvir, mas o trabalho não termina aí. Talvez nada seja tão importante para a promoção de uma sociedade virtuosa quanto aquilo de que você pode rir.

Seis anos se passaram desde que alguns dos maiores nomes do stand-up se afastaram do público universitário. Comediantes como Jerry Seinfeld, Larry the Cable Guy e Chris Rock desistiram sem discrição do público da graduação, deixando de ganhar muito dinheiro no processo. "Eles são tão PC", disse Seinfeld a Colin Cowherd, da ESPN, em 2015. "Eles só querem usar estas palavras: 'Isso é racista', 'isso é sexista', 'isso é preconceito'... Eles não sabem do que diabos estão falando".[49] Os comediantes que continuaram a se apresentar para esse público tiveram que aprender essa lição da maneira mais difícil.

Em um editorial de 2018 para o *The New York Times*, o comediante Nimesh Patel descreveu a piada que o tirou do palco no meio do ato:

Começo dizendo que moro em Hell's Kitchen, uma área diversificada de Nova York habitada, entre outros, por homens negros gays que não têm vergonha de me dizer que não aprovam o que estou vestindo. Eu tento aprender coisas com todos que encontro, e um dia eu percebo, ah, é assim que você sabe que ser gay não pode ser uma escolha — ninguém escolheria ser gay se já fosse negro. Ninguém quer dobrar as dificuldades. Então, eu digo, nenhum cara negro acorda e pensa que ser negro na América é muito fácil. Nenhum cara negro diz: "Vou colocar um top da Madonna e alguns Jordans e deixar um cara indiano muito desconfortável". Isso não é uma escolha.

A piada foi um fracasso. E talvez devesse mesmo, confessou Patel. Ele mesmo admite que ela é um pouco antiquada. Mas já havia funcionado em clubes e para diversos públicos antes, então por que não vender para um público cheio de estudantes universitários?

Embora ele sentisse na época como se todo o público se voltasse contra ele, Patel logo se convenceu de que sua provação foi imposta a ele apenas por alguns ativistas enérgicos. Além disso, alguns dos alunos que se opuseram aos seus maus-tratos se esforçaram para pedir desculpas a ele em um ambiente mais privado. Acontece que eles estavam com muito medo de falar quando aconteceu para que eles também não se tornassem alvos.

Patel encontrou consolo nisso, mas é um conforto frio.[50]

Grande parte do esforço para impor um teste de pureza à comédia depende da aplicação retroativa de padrões artísticos que não existiam, ou não eram rigidamente aplicados, no momento da composição de uma obra. Os comediantes são tão vulneráveis ao "reparo de arquivos" quanto qualquer outra pessoa.

Sarah Silverman, uma liberal franca em boa posição com seu movimento, se viu no lado errado de uma retroação representativa no final de 2019.

"Recentemente, eu ia fazer um filme, um ótimo papel", ela confessou durante uma aparição com o apresentador de podcast Bill Simmons. "Então, às onze da noite, na noite anterior, eles me demitiram porque viram uma foto minha fazendo blackface naquele episódio." O episódio a que ela se refere foi um segmento de 2007 do programa *The Sarah Silverman Show*, do *Comedy Central*, no qual a apresentadora pintou seu rosto com uma maquiagem exageradamente estereotipada para explorar satiricamente se era mais difícil ser negro ou judeu na América.

Silverman confessou que estava errada, mas sua intenção era ser engraçada. Uma piada é um empreendimento arriscado porque o empreendimento envolve criar e liberar tensão — muitas vezes em torno de tabus sociais. Gerar esse tipo de tensão produz ansiedade e traz conflito. No entanto, Silverman reconheceu seu erro. "Estou horrorizada com isso e não posso apagá-lo", disse ela sobre o quadro ofensivo. "Isso foi como uma bolha liberal, em que eu realmente pensei que estava lidando com o racismo, usando racismo".[51]

No entanto, Silverman sustentou que o esforço em impor consequências profissionais a ela por algo que não causou absolutamente nada na indústria na época destrói as regras do jogo. "Se você disser a coisa errada", disse Silverman, "todo mundo está, tipo, jogando a primeira pedra. É uma perversão".[52]

O comediante Shane Gillis enfrentou um conjunto semelhante de circunstâncias. Em setembro de 2019, o *Saturday Night Live* anunciou que Gillis era um dos três novos comediantes que se juntavam ao elenco para a temporada de 2020. Logo depois, jornalistas e ativistas passaram um pente fino no trabalho de Gillis.

Um desses ativistas, o escritor freelancer e repórter de comédia Seth Simons, descobriu que Gillis usou insultos ao descrever asiático--americanos em um episódio de 2018 de um podcast que ele coapresentou. Falando sobre a região de Chinatown, em Nova York, ele usou palavras consideradas insultos ao se referir aos moradores. Mais tarde, no podcast, ele fingiu um sotaque asiático exagerado enquanto descrevia suas interações com migrantes asiáticos. Demonstrando alguma consciência dos botões que ele estava pressionando deliberadamente, Gillis chamou a atenção para o preconceito em suas próprias observações. "Belo racismo", disse ele sobre si mesmo. "Ótimo racismo".[53]

Logo após esse ressurgimento inorgânico, um mecanismo de conteúdo familiar ganhou vida. "Tudo isso levanta a questão", perguntou Megh Wright, do *Vulture*, "o *Saturday Night Live* pesquisou sobre seus novos membros do elenco? É 2019, então, neste momento, não há desculpa para esse tipo de deslize". Tara Edwards, do *Refinery* 29, relatou que "muitas celebridades e comediantes reagiram aos clipes criticando Gillis e o SNL". Ela citou apenas um: ator, diretor e produtor Daniel Dae Kim.[54] Gillis rapidamente escreveu um pedido de desculpas. "Se você passar pelos meus dez anos de comédia, a maior parte ruim, você encontrará muitas falhas graves", escreveu ele. "Minha intenção nunca é machucar ninguém, mas estou tentando ser o melhor comediante que posso ser e às vezes isso exige riscos". Mas o pedido de desculpas só chamou mais atenção para a ofensa original, e o *Saturday Night Live* foi forçado a agir. "Depois de conversar com Shane Gillis, decidimos que ele não se juntará ao SNL", disse o criador do programa, Lorne Michaels, em um comunicado. "A linguagem que ele usou é ofensiva, dolorosa e inaceitável. Lamentamos não ter visto esses clipes antes e que nosso processo de verificação não estava de acordo com nosso padrão".

"Quando eu comecei", Gillis me disse, "você definitivamente podia falar qualquer coisa. Eu estava na Filadélfia em 2016; foi quando notei a grande mudança.

"O que começou como um grupo de pessoas que, tipo, éramos todos amigos, todo mundo se dava bem, logo se transformou, não quero dizer que foi do dia para noite, mas foi quase isso, porque de repente as pessoas se tornaram muito, muito políticas", ele continuou. "Toda cena local vem experimentando isso nos últimos cinco anos. Houve uma quebra em toda a comédia. Pessoas com quem eu costumava passar meu tempo — com quem eu ia a festas — começaram a dar entrevistas, assim que puderam, falando sobre como eu era uma pessoa ruim".

Gillis relembrou um episódio em que um ativista criou uma planilha de todos os programas de comédia locais para inventariar os gays, minorias ou mulheres que se apresentavam nas noites de microfone aberto na Filadélfia. Sem surpresa, ela descobriu que grande parte dos talentos nos palcos da Filadélfia era branco e masculino. Mas isso era, provavelmente, o resultado de autosseleção, não de preconceituosos evitando a diversidade na comédia. "As pessoas que participavam das noites de microfone aberto eram principalmente caras brancos estranhos", observou Gillis. No entanto, as sensibilidades do momento forçaram os comediantes a ter um olhar crítico sobre seus próprios preconceitos e se voltar contra aqueles que não o fizeram.

Gillis se desculpou repetidamente pela tentativa fracassada de humor que lhe custou seu emprego no SNL. Ele "entendeu por que algumas pessoas ficaram chateadas". E, no entanto, sobre a indignação dos ativistas, "também entendi que muitas pessoas estavam fingindo". Gillis sustenta que é preciso um certo esforço e competência intelectual para "desconsiderar a intenção" e "fingir" que o que estão ouvindo não é projetado para divertir, mas para fomentar o ódio e a divisão. "Eles não têm nenhum problema em desconsiderar o que é a verdade absoluta", ele insistiu, "e acho que muitos deles são inteligentes o suficiente para saber qual é a verdade".

Como tantos alvos dessa forma de ativismo, Gillis diz que suas afinidades políticas não são com a direita. "Quando fui cancelado, eu poderia ter ido a todos esses shows de direita e me tornado um cara de direita, o que não sou", ele comentou. "Eu poderia facilmente ter feito isso e conseguido uma enorme base de fãs". Mas isso seria, em sua opinião, abrir mão de suas convicções — tanto profissionais quanto políticas. "Você faz todas essas entrevistas em que as pessoas estão tentando fazer você dizer: 'Foda-se a cultura do cancelamento' e 'Desculpe, liberais. Isso foi gatilho?' E não vou fazer isso".

Gillis não está sozinho ao expressar a preocupação de que o esforço para impor padrões rígidos, mas evolutivos e imprevisíveis nas artes performáticas terá o efeito não intencional de diminuir o rebanho progressivo. Sarah Silverman expressou preocupação similar. "Sem um caminho para a redenção quando um tweet escrito há sete anos por alguém é encontrado ou quando surge algo dito anos atrás e a pessoa é exposta como alguém que não deveria mais existir", ela se preocupou. "Eles vão encontrar um lugar onde sejam aceitos, e não vai ser com os progressistas".[55]

"Falar em uma câmara de eco parece o oposto do que é o stand-up", Gillis insistiu durante nossa entrevista. "Eu odeio falar a sério sobre comédia, porque comédia é divertida".

Idealmente, sim. Mas nem todo mundo concorda. Muitos dos críticos mais severos da comédia afirmam que os roteiros de comédia e stand-up devem, como tudo na sociedade, não apenas ser engraçados, mas terem *valor político.* Caso contrário, a comédia torna-se uma mera frivolidade. Ou, pior, uma estrutura de permissão que permite que você se esquive de sua responsabilidade de contribuir para a construção de um mundo mais justo.

"O maior problema é que a intenção é retirada da equação", a comediante e autora Judy Gold me disse durante uma discussão sobre os impulsos de censura que estão tomando conta de sua indústria. "E é aí que tudo vai por água abaixo. Quando a intenção, o contexto e as nuances são retirados da equação, não é mais uma piada". Para um tipo particular de ativista, "intenção e contexto" são imateriais quando a promoção da clareza moral é o objetivo.

O novo puritanismo não é um movimento de "viver e deixar viver". Não é tolerante com o humor que pode não agradar seus membros, mas que tem seu próprio público. Este é um movimento que busca relacionar todas as coisas, mesmo prazeres simples como o riso, com seu projeto político central.

Em um artigo representativo sobre "os limites da comédia liberal" para o jornal de centro-esquerda *Current Affairs*, o ensaísta Will Sloan critica, dentre todas as pessoas, o ex-apresentador do *Daily Show,* Jon Stewart, por ser fraco. Sloan maravilhou-se com a "falsa equivalência" de Stewart em seus apelos à unidade nacional ao igualar "terroristas e racistas" a "stalinistas e teocratas" (estamos nos perguntando por qual desses Sloan presumivelmente iria lutar). Ele ficou maravilhado com o quão "sem noção" Stewart soa pelos padrões do "discurso de hoje sobre racismo estrutural e microagressões". Mas o cerne da acusação do autor é que Stewart, que passou grande parte de sua carreira na televisão atacando políticos republicanos, não é suficientemente selvagem porque falhou em distribuir consistentemente "humilhação pública" aos alvos certos.[56]

A crítica de Sloan a uma comédia que não seja politicamente útil não é sua exclusividade. Em 2014, Thomas Frank, crítico cultural e autor de *What's the Matter with Kansas*, mirou Harold Ramis. As comédias obscenas dos anos 1980 do falecido ator cômico e escritor tendiam a apresentar antagonistas "pudicos e severos". Esses pesos arrogantes eram rotineiramente desfeitos por um bando de ambiciosos corajosos, cujo desprezo pelas convenções da sociedade educada era apresentado como uma virtude.

Na narrativa de Frank, Ramis estava lançando as bases ideológicas para a irresponsabilidade social do pior tipo. Seu trabalho promoveu uma mudança paradigmática na qual o "idealismo" era considerado "estritamente para otários". Ele estabeleceu o pateta e misógino "garoto de fraternidade" como uma figura digna de veneração. O pior de tudo, afirma Frank seriamente, as escolhas estilísticas de Ramis contribuíram para o colapso do mercado hipotecário em 2008. "A piada de pinto nem sempre é o que parece ser", afirmou Frank. "A piada de pinto nem sempre é sua amiga".

"As piadas não são suas amigas", riu o veterano do National Lampoon e outro alvo da ira de Frank, o escritor de comédia P. J. O'Rourke, quando conversamos. "As piadas devem incomodar as pessoas". Estruturalmente, qualquer coisa que se assemelhe a uma piada deve "incomodar as pessoas por motivos morais ou costumeiros" porque "todas as piadas são uma forma de lógica suspensa. São silogismos ruins".

O ato involuntário do riso é o resultado de criar uma expectativa e surpreender o público com uma conclusão inesperada. A piada é "dois planos de significado em um ângulo inesperado", explicou O'Rourke. "Todas as piadas ofendem a mente em um grau ou outro, apenas com base na racionalidade".

Judy Gold ecoou os sentimentos de O'Rourke. "Você vai fazer uma piada sobre um tópico subversivo que é hilário, e muitas vezes o público vai rir e então se dar conta, e mudar para 'ooh'", observou ela. "É como se seus instintos fossem rir. E não tem nada de errado com isso". A risada é involuntária. O "ooh" é a mente consciente pondo fim a uma resposta inconsciente.

Mas padrões e gostos em evolução são uma característica da condição humana, e o stand-up não é exceção. Um estudante de humor durante grande parte de sua influente carreira, O'Rourke observou que, como todas as coisas, "o humor entra e sai de moda". Mas, assim como seria absurdo fazer com que todos os que usavam um casaco de pele em meados do século XX pagassem por sua crueldade hoje, é obtuso julgar obras de arte que são um produto de seu tempo pelos padrões atuais.

"O que é considerado divertido muda", ele continuou. "A visão da sociedade muda bastante sobre o que é considerado engraçado e aceitavelmente engraçado".

"Aceitavelmente engraçado". O'Rourke praticamente cuspiu a frase com merecido desprezo. Sempre houve repreensões para quem "esses desejos incontroláveis, essas respostas automáticas" são perigosos. E há poucos chamados mais importantes na vida do que evitar ser um deles.

"Pessoas sérias sempre se opuseram ao prazer em si", concluiu O'Rourke. "Você tem que estar orgulhoso de si mesmo por alguma coisa. E se você não está se divertindo, você tem que se orgulhar disso".

Em uma reviravolta "comovente" que o comediante Bill Burr comparou ao "Alerta Vermelho", até mesmo os comediantes em atividade começaram a policiar o conteúdo de seus colegas de stand-up para garantir que o que eles dizem não seja apenas engraçado, mas politicamente valioso.[57] Assim, a própria indústria começou a adotar e impor padrões impostos a ela por seus críticos, e tudo com o objetivo singular de garantir que haja valor para além do "riso pelo riso".

Assim como os novos puritanos se preocupam mais em saborear a justiça do que boa comida, eles preferem aplaudir os comediantes do que rir com eles. Seth Simons, o freelancer cuja reportagem sobre Gillis levou o SNL a terminar seu relacionamento, escreveu um dos exemplos mais ilustrativos dessa linha de pensamento. Como alguém que dedicou sua carreira a cobrir a "desigualdade e o extremismo" que prospera na "ponta transgressiva da cena stand-up", Simons escreveu em um ensaio para *The New Republic*, ele tem insights únicos sobre a "política de direita" da comédia.

O foco particular do escritor é uma forma de arte que se tornou popular no início dos anos 2000, e que fãs e praticantes coloquialmente consideravam "incômoda". Transgressivo é a palavra certa para isso. O humor "incômodo" aproveita o antagonismo racial, o sexismo, eventos trágicos indescritíveis e até mesmo atividades criminosas para o valor do humor. Ao ler esta descrição clínica do humor negro, qualquer um poderia ser perdoado por supor que as pessoas que gostam de tais piadas, e principalmente as que as contam, devem ser seres humanos bem horríveis. E, no entanto, essa é a essência de muita comédia em um grau ou outro — satirizar o terrível, sondar as profundezas mais sombrias da existência em busca de leviandade e rir até os degraus da forca.

"A extrema-direita não nasceu por acaso. As pessoas a moldaram", afirmou Simons. E muitas dessas pessoas, ele insiste, eram humoristas que não sabiam com que tipo de fogo estavam brincando. "Eles ofereceram permissão para se deleitar com racismo e sexismo, homofobia e transfobia, e ganharam seguidores dedicados em troca", concluiu.

O que Simons discorda não é desse estilo de humor, mas de sua falta de valor para os engenheiros da sociedade virtuosa. Ninguém espera que qualquer algum dos stand-ups que ele critica represente os comportamentos antissociais que eles satirizam no palco. Simons tem medo de que *você* possa, idiota impressionável que você é.

Esse sentimento é semelhante ao que uma geração anterior de americanos de inclinação puritana disse sobre comediantes como Lenny Bruce, George Carlin e Richard Pryor. Bruce foi preso por violar o código penal do Estado de Nova York que proíbe a "corrupção da moral da juventude e de outros".[58] A transmissão da rotina de "sete palavrões" de Carlin resultou em uma denúncia de um grupo chamado "Moralidade na Mídia", que chegou ao Supremo Tribunal.[59] O programa homônimo de Pryor, de 1977, na NBC foi rotineiramente cortado, e censurado pela rede até ser cancelado após apenas quatro episódios, em parte por causa de sua atitude irreverente em relação à dinâmica racial nos Estados Unidos.[60]

O que une esses comediantes ao longo de várias gerações é a sua disposição de testar e quebrar tabus e fazê-lo por uma perspectiva que ofenda as sensibilidades aristocráticas. "É por isso que, como Constance Rourke apontou, toda a tradição cômica americana tem sido de crítica social", dizia o perfil de James McPherson no *New York Times*, em 1975, sobre Pryor e seus críticos. "E humoristas vernaculares, de Mark

A ASCENSÃO DOS NOVOS PURITANOS

Twain e os grandes cartunistas políticos aos melhores quadrinhos de stand-up, dependeram de um nível terreno de linguagem para dar ressonância às suas críticas".[61] Essa "linguagem terrena" ainda ofende aqueles para quem os desafios às convenções sociais são vistos como ataques às suas próprias identidades.

Não importa quão valiosos possam ser — e a maioria das convenções que desencorajam o comportamento antissocial são, de fato, valiosas — os estigmas convidam os iconoclastas a desafiá-los. Esse é o custo de vida em uma sociedade livre, e é um preço baixo a pagar.

Comediantes que têm como objetivo chocar, ofender ou confundir são tão antigos quanto o próprio stand-up. Mas o Novo Puritano não vê todas as formas experimentais de comédia como uma ameaça ao bom funcionamento de uma sociedade saudável. Pelo menos, não enquanto essa experimentação estiver de acordo com as novas virtudes progressivas. Uma mente cômica que se tornou uma figura de veneração entre o grupo ativista progressista é a anticômica australiana Hannah Gadsby.

O público americano em geral teve seu primeiro gosto do ato de Gadsby quando seu sucesso especial da Netflix, Nanette, explodiu no zeitgeist cultural na primavera de 2018. A maior parte de seu ato é inovador e hilário. Pelo menos, quando ela quer fazer você rir. Mas seus fãs mais fervorosos prestam um desserviço a Gadsby. O que eles amam especialmente em Nanette é quando ela é conscientemente, explicitamente e agressivamente sem graça.

O estilo de Gadsby é único. Ela faz você rir, sim, mas ocasionalmente volta para a piada que ela contou cinco minutos atrás para dissecá-la, forçando você a examinar criticamente seu próprio senso de humor. Ela criticará sua própria estrutura de piadas para fazer você se perguntar se o trauma que ela experimentou é realmente engraçado. E, ocasionalmente, ela criará uma tensão que, de outra forma, levaria você a rir, mas vai se recusar ostensivamente a permitir que você o faça.

"Transformei minha história em uma piada", diz Gadsby em um ponto particularmente difícil de seu ato. "E eu só posso fingir que não estou falando sério até certo ponto." Isso, não o riso, é o que anima tanto o estilista puritano para quem o valor do humor é uma diversão trivial que não podemos nos dar.

Cassie da Costa, do *The New Yorker*, elogiou a comediante por abandonar o "pacote tradicional de piadas" e substituí-lo por "sua humildade e sua raiva". Gadsby ataca o público com a "revelação de que a dor precisa ser extraída, manipulada e despojada de contexto para fazer uma boa piada".[62] O mesmo pode ser dito do humor "incômodo", cujo assunto não é nada engraçado à primeira vista. A principal distinção entre essas duas abordagens é que, embora elas construam a mesma tensão, os humoristas "incômodos" permitem que você ria no final.

"Gadsby usa seu ofício como uma arma, lancetando o trauma e nos forçando a olhar para ele", escreveu Jane Howard, do *The Guardian*, no que parece mais uma ameaça do que uma crítica de um especial de comédia. "Ela olha para um mundo de pessoas mascarando seu trauma e dá permissão para que ele seja visto".[63]

Ao longo da performance, a comediante nos "confronta", nos "desafia" e força o público a "interrogar seu desconforto" com "sua própria humanidade", observou Aja Romano, do *Vox*.[64] Isso é um pouco exagerado, mas dá uma ideia do que o progressista puritano gosta quando se trata de comédia. Não é a risada; é o trabalho. E o ato de Gadsby é trabalhoso por princípio.

Ao contrário do que se acredita, a anticomédia de Gadsby e a anticomédia dos humoristas "incômodos" são mais parecidas em seu desprezo pelas convenções sociais. A principal distinção entre eles é que os fãs da antiga forma de arte são obrigados a um integralismo completo que não permite a existência de mais nada.

"Acho que o que Gadsby está conseguindo aqui é uma fidelidade geral à ideia da piada, de sua construção; uma ideologia tradicional do stand-up, por assim dizer, que valoriza ritmos familiares e tranquilizadores aos quais ela não é mais leal", conjecturou o escritor de entretenimento Matt Zoller Seitz. "Como contamos piadas e histórias, e se decidimos contar uma piada ou uma história, expressa quem somos e no que acreditamos". Assim, o ato do stand-up não é um ato. É um reflexo do seu verdadeiro eu, e podemos julgá-lo assim como podemos julgar você.

Por outro lado, Zoller Seitz considerou o especial lançado na mesma época pelo apresentador e comediante da HBO, Bill Maher, "resmungão apático e com sabor de comédia", em parte porque lida de forma cáustica com o pedantismo que os fãs de Gadsby abraçam. É particularmente interessante que Zoller Seitz pareça pensar que está destacando as forças da conformidade social para a crítica, em vez de impor a conformidade social ele mesmo.

"O material de Maher é reacionário no sentido literal da palavra", ele insiste, "opondo-se à liberalização ou reforma política ou social, ou pelo menos sinalizando dramaticamente seu aborrecimento com a ideia de que pode haver outra maneira de viver e pensar além daquela com que ele se sente confortável. É difícil conciliar essa afirmação com a crítica de Zoller Seitz à "postura libertária" de Maher ou seu desgosto palpável pela política "confusa" (mais precisamente, não-dogmática) de Dave Chappelle, e sua afirmação de que "Maher é o passado" e "Gadsby é o futuro".[65]

Estamos falando sobre gosto, que é algo pessoal. Não há maneira errada de agradar a um gosto individual, assim como também não há maneira certa de agradar a todos os gostos simultaneamente. Somente através da eliminação total do gosto podemos nos aproximar do tipo de homogeneidade cultural que o Novo Puritano considera tão reconfortante. E nisso encontramos uma curiosa contradição.

O moralista progressista moderno se orgulha da adoção da diversidade em todas as coisas, menos no pensamento. Ela se esforça muito para acomodar todas as formas de autoexpressão, desde que nos levem a um consenso plácido e governável. Eles desprezam o monoculturalismo ao mesmo tempo que dedicam todos os seus momentos para tornar isso uma realidade.

O que esse ataque ao humor imprudente significa é uma agressão ao sistema imunológico do nosso corpo político. A sátira nos força a confrontar nossos preconceitos, mas o faz de uma maneira que não seja tão conflituosa para que suas defesas não sejam imediatamente levantadas. É o antígeno que estimula uma resposta intelectual essencial e fortalecedora. Estaríamos cerebralmente enfermos sem ele.

Em última análise — e pode ser inevitável agora —, as pressões do mercado que essas tendências estão causando darão lugar a uma cultura atomizada na qual os artistas prosperam não no apelo de massa, mas em audiências pequenas e comprometidas. Essa condição tem seus próprios benefícios, principalmente o fato de que um grupo devotado de apoiadores que estão em dívida com um artista — não com uma instituição — torna esse artista "incancelável". Mas essa não é uma condição totalmente desejada.

Assim como na estigmatização da literatura, ela se torna mais difícil de policiar. As proibições de impropriedade e os tabus que tornam os comportamentos antissociais indelicados prosperam em ambientes dominados por mentes semelhantes. A ampla exposição a diversos públicos tem um efeito moderador no conteúdo. E se essa moderação é o que os aspirantes a censores querem, suas ações estão tornando esse resultado menos provável.

Não há dúvida de que os padrões sociais relacionados à comédia mudaram, mas isso é resultado de atitudes culturais acordadas. Os americanos não estão mais paralisados como estavam na virada do século XX por shows de menestréis. Não seria mais aceitável produzir um quadro cujo único valor de humor seja encontrado em estereótipos étnicos satíricos (como o famoso antissemita *"Cohen on the Telephone"*, de 1913, que, aliás, foi o primeiro disco a vender mais de um milhão de cópias).[66] Mesmo cenário absurdo adotado pela maioria do público há quarenta anos, com seus protagonistas intimidadores e heroínas objetificadas, só se sustenta hoje na medida em que são artefatos clássicos. Nossos padrões culturais compartilhados em evolução geram um conjunto mais universal de valores.

Mas os padrões culturais comuns exigem uma cultura comum, que dá lugar a uma compreensão intuitiva sobre qual é a intenção de um artista. Sem essa semelhança, os comportamentos antissociais que a classe ativista quer estigmatizar encontrarão um espaço quente e escuro no qual podem prosperar logo abaixo da superfície da sociedade educada. E enquanto os Novos Puritanos estão se parabenizando pelo bom trabalho que fizeram ao higienizar a cultura, seus piores medos serão metástases fora de vista e muito além de seu alcance.

"Nem a direita nem a esquerda tinham um gatilho tão forte nos velhos tempos", disse-me Noam Dworman, proprietário do *Comedy Cellar* de Nova York. "Também era melhor porque toda a autocensura que está acontecendo agora significa que teremos conclusões inferiores tiradas em praça pública. Lixo para dentro, lixo para fora". Judy Gold concordou. "Quando você silencia as pessoas, não há discurso; não há evolução. Sem discurso, você não evolui", disse ela. "Você regride".

O humor, como a comida, provoca respostas involuntárias. E assim como não podemos avaliar essas reações instintivas sem entender que nossos impulsos são inatos, não podemos nos treinar para ter uma reação espontânea a estímulos chatos. Não se formos honestos com nós mesmos. Porque o riso é muitas coisas, mas não é um exercício intelectual.

E para o Novo Puritano, talvez isso não seja uma perda. Estes são tempos sérios, afinal. Não há nada de engraçado nisso.

4

AUSTERIDADE

UMA VIDA SEM ADORNOS

Rei Charles I dedicou grande parte de seu reinado de 26 anos para impedir que as paixões inebriantes da Reforma Protestante destruíssem seu reino. Ele falhou. Mas não antes de mostrar aos seus súditos de ingleses algo que eles estavam perdendo: diversão.

Desde o início de seu reinado em 1626, Charles foi perseguido pelo parlamento liderado pelos puritanos, que se ressentiu de sua crença no direito divino dos reis de governar seus súditos como bem entendessem. Embora vivesse uma vida de probidade pública e esperasse o mesmo de seus cortesãos e nobres, o antagonismo declarado de Charles em relação ao zelo religioso puritano que dominava seu país contribuiu para as tensões que culminaram na Guerra Civil Inglesa.

Em 1642, após uma série de confrontos prolongados com o Parlamento, Charles juntou-se a um grupo de soldados e buscou pessoalmente a prisão de cinco dos membros mais impertinentes da assembleia. Os alvos de Charles escaparam, mas o ataque à soberania do Parlamento catalisou a formação de um exército antimonarquista leal à legislatura. O resto da vida de Charles consistiu em guerra brutal, rendição ignominiosa, prisão, exílio e, finalmente, execução por alta traição em 1649. Mas a litania de ofensas contra o puritanismo de que Charles foi acusado começou muito antes de os adeptos da fé empunharem aquele machado fatal.

Charles rejeitou visivelmente a fervorosa antipatia religiosa do puritanismo em relação às artes cênicas. Essa rejeição levou o pobre William Prynne a escrever seu livro insurgente contra o teatro, custando ao advogado puritano sua liberdade, suas orelhas e cinco mil libras. Charles procurou restaurar a hegemonia da monarquia sobre a Igreja Anglicana, proibindo os bispos de residir em qualquer lugar fora de sua diocese. Cobrar impostos sem o consentimento parlamentar e fazer de uma princesa Bourbon católica sua esposa enfureceu o público e a Câmara dos Comuns. E quando os legisladores se opuseram a tudo isso, Charles dissolveu o Parlamento, popularizando o caso contra seu governo.

O rei Charles parecia saber que fazer inimigos de tantos súditos era uma proposta arriscada para qualquer monarca. Ele precisava de algum eleitorado a favor. Então, com esse objetivo, ele resolveu devolver a seus súditos o que o puritanismo havia roubado deles. Especificamente, suas distrações.

Em 1633, Charles reeditou uma declaração originalmente adotada pelo rei James I, um Stuart, apelidada de Livro dos Esportes. Para horror dos puritanos, Charles nacionalizou o decreto que, inicialmente, era aplicado em apenas uma cidade. O documento proclamava que jogos e danças, que eram estritamente proibidos no sábado, agora seriam legais assim que os cultos da igreja fossem concluídos.[1]

Os esportes na Inglaterra da era Caroline, não eram exatamente o que reconheceríamos como atletismo profissional hoje. Mas o que os puritanos acharam ofensivo neles ainda é reconhecível para nós. Bruce Daniels observou que a competição atlética neste período "envolvia a violência que produz lesões como parte inerente da atividade e gerava comportamento desordeiro entre os participantes e espectadores". Isso é quase um eufemismo. "Às vezes seus pescoços são quebrados", escreveu Philip Stubbes em *The Anatomy of Abuses*, de 1583 refletindo sobre o futebol Tudor, "às vezes suas colunas, às vezes suas pernas, às vezes seus braços, às vezes as articulações saem do lugar, às vezes os narizes jorram sangue". O clero inglês dos séculos XVI e XVII sempre investia contra o "jogo do mal", com sua "fúria bestial e violência extrema".[2]

A ASCENSÃO DOS NOVOS PURITANOS

Em sua época, Charles era representante de uma classe nobre populista que derivava poder político do hedonismo espalhafatoso que ofendia as sensibilidades dos patrícios. Esta foi uma receita para o sucesso político; o público em geral simplesmente não estava inclinado ao tipo de simplicidade austera preferida por uma minoria vocal de moralizadores hipócritas. Hoje, esse mesmo fenômeno é aparente nas elites que reviram os olhos para as diversões pouco sofisticadas desfrutadas pela ralé.

Em uma edição de fevereiro de 2013 da *The New Republic*, o então presidente Barack Obama foi pressionado a avaliar as muitas maneiras pelas quais o futebol americano pecou contra o pacto americano idealizado. O presidente disse que o jogo era tão violento que, se tivesse um filho, Obama não o deixaria entrar em campo. Ele passou a apoiar mudanças no jogo que podem torná-lo "um pouco menos emocionante", mas ainda assim mais seguro.[3]

Enquanto alguns juízes culturais culparam a Liga Nacional de Futebol Americano e seus proprietários pela violência exibida, outros culparam os torcedores. Afinal, foram seus gostos bárbaros que transformaram o futebol no espetáculo sangrento que se tornou. Como Andrew Miller, do *Bleacher Report*, escreveu três anos antes, são os fãs que exigem atletas cada vez maiores, jogadas mais emocionantes e perigosas e, como consequência, colisões mais catastróficas entre jogadores. "Chame isso de desejo de ver um esporte sangrento, um tipo estranho de emoção indireta", escreveu ele.

A controvérsia em que Obama se inseriu não surgiu do nada. Em 2012, milhares de ex-jogadores entraram com uma ação coletiva contra a liga, pedindo indenização pelas graves condições médicas associadas aos traumas sofridos em campo.[4] Em 2014, a liga fez um acordo para encerrar o processo no valor de US$ 765 milhões — sem admissão de culpa, é claro, mas foi certamente um reconhecimento às alegações dos ex-atletas. Nos anos que se seguiram, a NFL introduziu protocolos de concussão que prescrevem medidas destinadas a evitar que jogadores potencialmente lesionados voltassem ao campo.[5]

No final, os progressistas conseguiram; eles e seus aliados apresentaram argumentos convincentes, persuadiram céticos, buscaram reformas e as garantiram. Você pensaria que eles ficariam felizes com a vitória. Mas uma reforma marginal como essa não poderia satisfazer os oponentes mais vocais do jogo.

Em entrevista à *Bloomberg News*, o autor best-seller e colunista da *New Yorker*, Malcolm Gladwell, chamou o esporte de "abominação moral" sem "nenhuma conexão real com a sociedade americana". A NFL está "socializando os jovens em uma cultura de violência", continuou ele. Gladwell previu que a evolução natural da ética pública americana levaria o futebol à extinção. "Eu não vejo como isso não aconteça", ele especulou. "Vai começar a encolher nos níveis de ensino médio e universitário e, em seguida, acho que o jogo profissional acabará morrendo na praia".[6]

Gladwell não foi o primeiro a acusar o futebol por motivos morais. "Considerando todos os aspectos moralmente problemáticos em torno do futebol, vale a pena perguntar", escreveram o professor da *Penn State*, Francisco Javier López Frías, e da *State University of New York*, Brockport, professor Cesar R. Torres, em um editorial conjunto de 2018. "É este o tipo de prática social em torno da qual os americanos devem imaginar e construir sua identidade nacional?"[7] Não é apenas sobre como o esporte é prejudicial aos jovens que o praticam voluntariamente, ou como a liga não se comportou com a responsabilidade que deveria. O problema é que o esporte contribui para a degradação de uma sociedade virtuosa.

Por que esse jogo assumiu um lugar tão grande nas mentes desses reformadores? Além de seus prazeres violentos, os progressistas ficaram frustrados com o facciosismo, o jingoísmo e o consumismo que o futebol incentiva. É uma demonstração pomposa de orgulho. Rejeita a humildade e a simplicidade. Expõe nossa decadência ultrajante — uma manifestação de nossa corrupção e egoísmo inatos. Talvez, resistindo a esse passatempo depravado, também possamos manter nossos próprios apetites sob controle.

O esforço relutante do futebol para conter a violência gratuita em campo seria apenas a primeira de muitas concessões que faria aos seus críticos, alguns dos quais parecem hostis à própria existência do jogo.

A ASCENSÃO DOS NOVOS PURITANOS

Eventualmente, o esporte seria sugado para o vórtice progressivo em que o Novo Puritano acredita que toda a sociedade deve ser consumida.

Os reformadores progressistas não familiarizados com a história de sua própria ideologia podem se surpreender ao saber como canalizaram diretamente o desgosto de seus ancestrais puritanos por exibições atléticas brutais.

Hipoteticamente, pelo menos, os puritanos podiam admitir que o exercício e o atletismo eram atividades relativamente saudáveis que quebravam a mundanidade da vida cotidiana. "Quando me abstive por algum tempo de prazeres mundanos que meu coração mais desejava, fiquei melancólico e desconfortável", escreveu o governador da Colônia da Baía de Massachusetts, John Winthrop, melancólico. "Tornei-me entediado e descontente: e ao me dar conta disso, examinei meu coração e descobri ser necessário distrair minha mente com alguma recreação externa, cedi a ela e, depois do exercício moderado, senti-me revigorado".[8]

Como tantas outras diversões agradáveis, no entanto, a mente puritana discordava de quase todos os aspectos do atletismo que não eram uma abstração.

"Os magistrados", observou a estudiosa Nancy Struna, "restringiam o esporte, ou mais precisamente a ocasião do esporte, quando isso desviava o sucesso econômico da colônia e da ordem social".[9] Os zelosos reformadores protestantes desta época se opuseram (e, na Nova Inglaterra, proibiram) "esportes sangrentos" envolvendo animais.[10] Eles desconfiavam de esportes como o futebol, em parte porque eram jogados em dias de observância religiosa e envolviam equipes, o que "incentivava a ociosidade" e "criava rivalidades amargas".

A prática de assistir muitas vezes levava os entusiastas a se perderem em celebrações, envolverem-se em rituais e se vestirem com fantasias — um costume odiosamente semelhante à atuação. "Outros jogos", continua Bruce Daniels, "como o tênis e o handebol tinham sido reservados à elite inglesa e os puritanos os desprezavam por causa de sua associação com a Igreja e a nobreza ociosa".[11] Frequentemente, os esportes eram (e ainda são) acompanhados por todo tipo de tentação degenerada: jogos de azar, embriaguez, brincadeiras, obscenidades e gastos excessivos em atividades triviais.

Os puritanos favoreceram alguns esportes competitivos fisicamente intensivos, como arco e flecha, pontaria, corrida e luta livre. Mas tudo isso tinha uma dimensão marcial e geralmente era praticado dentro das milícias. Os esportes não podiam ser praticados apenas por diversão; eles tinham que ser *úteis*.

Mais uma vez surge um tema: embora a mente puritana estivesse aberta ao atletismo *em teoria*, eles sentiam repulsa por sua prática. Uma visão muito mais atraente, tanto para antigos quanto para novos puritanos, seria alguma devoção performática para minar a arrogância inerente às demonstrações de proeza atlética.

"Não vou me levantar para mostrar orgulho por uma bandeira de um país que oprime negros e negros", declarou o *ex-quarterback* do *San Francisco 49ers*, Colin Kaepernick, em 2016. "Se eles tirarem o futebol e meus patrocínios de mim, eu sei que defendi o que é certo".[12]

As queixas de Kaepernick com o *status quo* americano eram unidimensionais. Ele estava se rebelando contra a cultura americana de violência policial contra negros americanos. Ele estava furioso contra os dois partidos políticos do país, que naquele ano produziram um candidato presidencial republicano que era "abertamente racista" e um candidato democrata que "chamou adolescentes negros ou crianças negras de superpredadores". Ele estava zangado por viver em uma nação construída sobre uma "base da escravidão" e manchada pelo "genocídio de nativos americanos". E ele discordava da cultura americana de "encarceramento em massa", que Kaepernick disse contrastar desfavoravelmente com a alternativa moralmente superior oferecida pela Cuba comunista.[13]

A posição de Kaepernick foi ajoelhada — um ato de protesto que ele realizou durante a execução do hino nacional americano. O protesto se tornou uma fonte de controvérsia para sua equipe e para a Liga Nacional de Futebol. Embora a maioria de seus companheiros de equipe não tenha seguido a liderança de Kaepernick, apenas alguns criticaram abertamente sua decisão. O mesmo não poderia ser dito dos fãs da NFL. Quando Kaepernick repetiu seu ato de protesto na semana seguinte, ele foi "vaiado durante todo o jogo". Enquanto a amplitude dos ressentimentos de Kaepernick — e a natureza reverenciada da bandeira que ele rejeitou — provavelmente significava que as motivações dos fãs para vaias eram muito variadas, o colaborador da *Rolling Stone Kenneth*, Arthur, explicou simplesmente que a "reação dos fãs" ao posicionamento de Kaepernick era "sobre racismo, não patriotismo."[14]

Essa sequência de eventos — ajoelhar-se, vaias e condenação da elite da torcida do futebol — se repetiu ao longo da temporada de 2016.[15] "Kaepernick não teria que se ajoelhar se os americanos ouvissem os atletas negros antes dele", dizia o subtítulo de um artigo da *Vox* que repreendia os fãs de esportes por falharem consistentemente em "reconhecer o racismo", mesmo nas diversões em que participam para escapar de conflitos sociais.[16]

A NFL acabou se opondo aos protestos ajoelhados e se posicionou contra eles, embora timidamente e sem punir os manifestantes. A liga foi sumariamente atacada por progressistas por tentar envolver sua base de fãs em um cobertor de mentiras vermelho, branco e azul. Mas isso não era caridoso. A NFL tem um histórico de evitar completamente questões políticas, mesmo aquelas que apelavam para a direita americana.

Em julho de 2016, um atirador solitário emboscou um grupo de policiais de Dallas, Texas, matando cinco. Para honrar seu sacrifício, o *Dallas Cowboys* pediu à liga que permitisse que seus jogadores usassem adesivos fazendo referência aos mortos e prestassem homenagem à polícia local. O pedido foi negado. A negação tornou-se uma causa célebre entre os conservadores sociais, que detectaram uma situação de "dois pesos e duas medidas." Isso foi injusto. Mais tarde naquele ano, a liga negaria pedidos de jogadores que queriam usar roupas que chamassem a atenção para o câncer de mama e multou o receptor do *Denver Broncos*, Brandon Marshall, em dez mil dólares quando ele usou sapatos verdes projetados para chamar a atenção para problemas de saúde mental.[17] Por um tempo, o padrão de "não protestar em campo" permaneceu.

Os comissários de futebol tentavam preservar o jogo como fonte de escapismo. Mas à medida que a pressão sobre a liga aumentava, seu compromisso com a consistência não duraria.

No final de 2016, grande parte da temporada havia sido ofuscada pela política de Kaepernick — mesmo às custas de seu recorde em campo. Em março de 2017, após um ano em que levou seu time a um recorde de 2-14, apesar de ter sido titular em onze jogos naquela temporada, Kaepernick optou por rescindir seu contrato, na esperança de receber um melhor em outro lugar. Mas, apesar dos esforços da liga para mostrar os talentos de Kaepernick, não haveria um novo contrato.[18]

Em 2018, o desgosto geral da NFL pelos protestos ajoelhados se transformou em hostilidade total. Naquela primavera, os proprietários adotaram uma regra que penalizava os jogadores que protestavam contra o hino nacional. Os atletas que quisessem protestar agora teriam que permanecer em seus vestiários durante a música. Mas os protestos continuaram, desafiando a regra. E em 2020, a resistência da liga ruiu completamente.

Apenas uma semana depois que os protestos contra a violência policial eclodiram em todo o país naquele verão, a NFL se inverteu. "Estávamos errados por não ouvir os jogadores da NFL antes e encorajamos todos a falar e protestar pacificamente", lamentou o comissário da NFL, Roger Goodell. "Os protestos em todo o país são emblemáticos dos séculos de silêncio, desigualdade e opressão de jogadores, treinadores, torcedores e funcionários negros".[19]

Praticamente da noite para o dia, ajoelhar-se passou de um ato de protesto de nicho para um instrumento de higiene política essencial, e havia pouco espaço para dissidência.

Alguns, como o *quarterback* do *New Orleans Saints*, Drew Brees (que foi um dos poucos jogadores a criticar abertamente Kaepernick, em 2016) reiteraram seu desgosto por "qualquer um que desrespeitasse a bandeira dos Estados Unidos da América". Mas a reação contra seus comentários foi rápida, assim como o pedido de desculpas subsequente de Brees.

A ASCENSÃO DOS NOVOS PURITANOS

"Reconheço que nós, americanos, inclusive eu, não fizemos o suficiente para lutar por essa igualdade ou para realmente entender as lutas e a situação da comunidade negra", dizia a declaração do quarterback. Não foi o suficiente, de acordo com a apresentadora da *Fox Sports*, Shannon Sharpe. O pedido de desculpas de Brees foi "sem sentido porque os caras sabem que ele falou o que pensava desde a primeira vez", afirmou Sharpe. "Eu não sei o que Drew vai fazer, mas ele provavelmente deveria ir em frente e se aposentar agora".[20]

A NFL tornou-se tão dedicada a cortejar seus críticos que adotou dois hinos nacionais — o hino nacional americano e um "hino nacional negro", o hino dos direitos civis do início do século XX, *"Lift Every Voice and Sing"*. Mais uma vez, os torcedores da liga não apreciaram esse "momento de união" habilmente disfarçado como um ato de separatismo racial e vaiaram.[21] E mais uma vez, os fãs foram fortemente advertidos pelo mundo dos comentários esportivos.

"O que eles provavelmente não gostam é de pensar em algo que desafie seu sistema de crenças", escreveu Michael Rand, do *Minneapolis Star Tribune*, sobre os espectadores do jogo.[22] "O que diabos os torcedores que vaiaram estavam pensando?" perguntou o colunista do *Kansas City Star*, Michael Ryan. "Que a questão de vida ou morte da desigualdade racial e desvantagem geracional e negligência não poderia atrapalhar nosso entretenimento?"[23]

O esporte não podia ser praticado apenas por diversão; ele tinha que ser *útil*. Em setembro do demoníaco ano de 2020, o esporte profissional se encontrava no lado errado da opinião pública. Pesquisadores *Gallup* determinaram que o esporte profissional foi uma das três instituições, junto com a indústria farmacêutica e o governo federal, que tiveram sua imagem vertiginosamente prejudicada quando comparada com a do ano anterior. Mas a reputação dos esportes profissionais sofreu a maior queda de longe, caindo 15 pontos, passando de 45 para apenas 30% de aprovação.[24] E embora as surras continuassem, a moral não melhorou.

Em um ano em que a maioria das pessoas não tinha nada melhor para fazer do que ficar em casa e assistir a esportes, milhões de americanos que, de outra forma, teriam feito exatamente isso optaram por se desligar.

Enquanto o futebol estava sendo esvaziado de valor de entretenimento para fins políticos, o mesmo acontecia com a ESPN.

Como tantos outros locais de entretenimento, a ESPN se dedicou em 2020 à nobre busca da igualdade racial, eliminando os resquícios da discriminação institucionalizada de dentro de suas fileiras. E como tantos outros espaços de entretenimento, esse projeto muitas vezes assumiu a forma de intimidar seu público sobre suas falhas morais.

"Isso é o que significa", disse o escritor colaborador da ESPN, Tom Junod, em um vídeo representativo explorando as "muitas formas" que o privilégio branco pode assumir. "Significa nunca ter que reconhecer seu poder enquanto sempre é capaz de usá-lo. Significa dizer a si mesmo que Colin Kaepernick fez uma escolha e trinta e dois donos da NFL tomaram uma decisão de negócios.

Isso significa que seu poder é ainda mais potente por ser invisível para você", continuou Junod. "Significa nunca ter que pensar em si mesmo como branco enquanto sempre vê negro. Significa pensar 'eles não estão falando sobre mim'... Significa pensar que o ideal americano é não vê cores e o 'nós' americano é universal... Significa confundir manifestantes e desordeiros, mantenedores da paz e instigadores, os legais e os fora da lei. Significa ouvir 'todas as vidas importam' como um ditado idealista em vez de uma réplica brutal. Significa perguntar a si mesmo qualquer coisa, menos o que você vai desistir".[25]

Significa não perguntar o que isso tem a ver com o jogo da noite passada.

Esta palestra foi típica dos acontecimentos de 2020. Tanto que, de fato, os telespectadores da ESPN poderiam ser perdoados por concluir que colocar a política racial na cobertura esportiva se tornou tão ou mais obrigatório quanto a própria cobertura esportiva.

Quando o *Brooklyn Nets* contratou o armador do hall da fama, Steve Nash, como treinador principal, o apresentador da ESPN, Stephen A. Smith, determinou que a decisão era inteiramente atribuível ao "privilégio branco". Não importava para ele que o armador do *Nets*, Kyrie Irving, e o atacante Kevin Durant, ambos negros, "aprovassem" e "apoiassem" a contratação. Talvez eles não tivessem internalizado completamente o funcionamento insidioso do privilégio branco?[26]

"Vá conversar com seus amigos brancos, suas famílias brancas e seus colegas de trabalho brancos", disse o colunista Clayton Yates em um anúncio promocional para *The Undefeated*, um empreendimento on-line da ESPN dedicado a explorar as "interseções de raça, esportes, cultura" e mais. Quando os brancos não são forçados a confrontar sua raça nos aspectos cotidianos da vida moderna, continuou Yates, "é que surge o privilégio, e é por isso que ele existe".[27] Assim, mesmo sucumbir ao desejo de entretenimento escapista é considerado um ato de hostilidade racial.

"O técnico do Kentucky, John Calipari, disse que o privilégio branco o ajudou ao longo de sua vida e carreira", dizia uma reportagem da ESPN de agosto de 2020. "Eu ainda era branco, o que significa que tinha uma vantagem", confessou o treinador dos Wildcats. "Eu tinha um par de tênis. Mas isso não importava".[28]

"A melhor analogia que ouvi para explicar o privilégio branco é que é como uma mochila invisível que todo branco usa", escreveu Kyle Kuzma, atacante do *Los Angeles Lakers*, em um editorial para o *The Player's Tribune*, que foi fortemente promovido pelos âncoras e comentaristas da ESPN. "Se você é branco e está em uma situação em que pode precisar de ajuda, pode tirar essa mochila, abri-la e tirar todo tipo de merda. Um cartão de "Saída Livre da Prisão". Oportunidades de trabalho. Benefícios de saúde. Empréstimos imobiliários. Não me entenda mal. Os negros também podem conseguir essas coisas, mas é muito mais difícil".[29]

"O que estou percebendo é que, não importa o quão apaixonadamente eu me comprometa a ser um aliado, e não importa quão inabalável seja meu apoio aos jogadores negros da NBA e da WNBA", escreveu o ala do *Utah Jazz*, Kyle Korver, em outro artigo para o *Tribune* que recebeu grande cobertura na rede, "ainda estou nesta conversa da perspectiva privilegiada de optar por ela".[30]

O compromisso da ESPN com a ideia de que os fãs de esportes odeiam confrontar sua própria brancura foi tão grande, que eles não pareciam perceber quanto tempo de programação dedicavam ao assunto.

Dadas as horas que a ESPN passou submetendo os espectadores a uma auditoria crítica de seus próprios preconceitos, uma estratégia de programação precisava informar a tendência. Deveria haver *algum* público para esse tipo de coisa. E lá estavam: os funcionários da ESPN.

"A ESPN está longe de ser imune à febre política que afligiu grande parte do país no ano passado", escreveu o editor público e *ombudsman* da empresa, Jim Brady, em novembro de 2016. "Internamente, há um sentimento entre muitos funcionários — tanto liberais quanto conservadores — de que o movimento claro da empresa para a esquerda teve um efeito sufocante no seu discurso interno que afetou seus produtos voltados para o público. Os consumidores perceberam esse movimento, que acabou alienando alguns".

Para seu crédito, Brady incluiu uma contranarrativa em seu despacho sobre o desconforto silencioso compartilhado pelos funcionários da rede com quem falou. Após seu relato sobre a autocensura que a equipe da ESPN sentiu que tinha que aceitar, Brady citou Jemele Hill, que na época era coapresentadora do programa *His & Hers*, na ESPN 2. Hill disse essencialmente que sua angústia era uma manifestação de sua própria culpa racial bem merecida. "Eu desafiaria as pessoas que se sentissem reprimidas", disse ela. "Você tem medo da reação ou tem medo do certo e do errado?"[31]

Apesar da autoconfiança de Hill, a questão diante da ESPN não era a retidão histórica da ideologia com a qual os apresentadores e executivos da rede se comprometeram. Era se essas posições políticas estavam indo ao ar, expandindo assim a declaração de missão da rede além de sua posição como local de entretenimento.

Hill nunca se esquivou de lidar com controvérsias políticas como repórter de atletismo, e seu empregador acabou sendo arrastado para uma dessas controvérsias. Em setembro de 2017, Hill *twittou* que o então presidente Donald Trump era "um supremacista branco que se cercou, em grande parte, [de] outros supremacistas brancos". A empresa inicialmente apoiou sua apresentadora em apuros, mesmo quando a Casa Branca usou os comentários de Hill para tanta publicidade quanto puderam — colocando assim um rosto humano na disputa em andamento do governo Trump com "a mídia".[32]

Apesar dos esforços da ESPN para proteger sua funcionária (incluindo uma declaração do apoio da rede e uma defesa prolongada de suas visões de ninguém menos do que o CEO da Disney, Bob Iger), Hill continuou a produzir comentários políticos e, em seguida, tornou-se um para-raios de controvérsias. No final de 2018, a rede comprou o restante do contrato de Hill por US$ 5 milhões, e ela passou a escrever sobre política como colaboradora de um local mais abertamente político, o *The Atlantic*.[33] No entanto, para alguns funcionários proeminentes da ESPN, a recusa da rede em abraçar completamente a política de Hill representou um fracasso moral.

"Funcionários negros da ESPN repetidamente mencionaram a experiência de Hill", dizia uma reportagem do *New York Times* que alegava "racismo" generalizado dentro da organização. As alegações incluíam a falha conspícua da rede em promover funcionários negros a cargos executivos, "microagressões e palavras sutis" e um apresentador que foi interrompido durante uma teleconferência "por um locutor branco que aparentemente não percebeu que seu microfone não estava mudo". Ninguém discordava da ideia de que essa rede progressista era atormentada por preconceitos raciais, conscientes ou não. Todos, no entanto, insistiam que o coração da ESPN estava no lugar certo. "Eu realmente acredito que a ESPN quer estar do lado certo da história", disse a âncora do *SportsCenter*, Elle Duncan.[34]

Essas tensões internas já eram visíveis ao público há algum tempo. No verão de 2019, o presidente Trump foi o anfitrião de um comício-campanha em que mirou a representante democrata nascida na Somália, Ilhan Omar, que teve seus apoiadores cantando "mande-a de volta". Foi um espetáculo feio — um que poucos no mundo dos comentários políticos profissionais defenderam. A raiva e o desconforto que esse momento produziu naqueles que foram antagonizados por ele são inteiramente compreensíveis. Mas o apresentador de rádio da ESPN, Dan Le Batard, aproveitou a oportunidade para castigar não apenas Trump e a xenofobia a que apelaram os participantes deste comício, mas também seu empregador.

"Há uma divisão racial neste país que está sendo instigada pelo presidente, e nós aqui na ESPN não tivemos estômago para essa briga porque Jemele disse algumas coisas no Twitter", disse Le Batard. "E depois disso, por aqui, ninguém fala de política sobre nada, a menos que possamos usar uma dessas figuras do esporte como um escudo humano da maneira mais covarde possível".[35]

Essa falta de política na programação da ESPN foi, de fato, um desenvolvimento relativamente novo no verão de 2019. Foi uma escolha consciente, mesmo que tenha durado pouco. "Sob o mandato de John Skipper", relatou a *Variety*, "as personalidades da ESPN se sentiram mais capacitadas para abordar tópicos fora das linhas". Mas quando a presidência da rede mudou de mãos em 2018, o novo chefe da ESPN, Jimmy Pitaro, procurou conter o talento. "Não somos uma organização política", disse Pitaro. "Somos uma empresa de mídia esportiva. E nosso foco é atender os fãs de esportes".[36]

Como vimos em tantos setores da sociedade, a percepção de que uma vida significativa pode ser dedicada a algo tão insignificante quanto entreter um público não é bem aceita pela classe ativista progressista moderna. "Negros, pardos, mulheres. É deles que estamos indo atrás agora", continuou a acusação de Le Batard à ESPN. "Nós não falamos sobre o que está acontecendo a menos que haja algum tipo de ângulo esportivo fraco e covarde com o qual podemos trabalhar".

"É antitético ao que deveríamos ser", concluiu o apresentador de rádio. "Se você não está chamando isso de retórica abominável, obviamente racista e perigosa, você é um cúmplice". Ao ouvir seu apelo apaixonado, é difícil não simpatizar com as frustrações de Le Batard. Acontecimentos extraordinários às vezes obrigam homens e mulheres de princípios a se desviarem do roteiro. Mas servir não é um chamado menor do que falar o que pensa. E servir os fãs de esportes envolve cobrir esportes, mesmo às custas de uma ocasional dor de consciência.

O repórter esportivo do *Washington Post*, Ben Strauss, resumiu sucintamente as consequências deste episódio. "Para aqueles que se perguntam sobre os dados políticos da ESPN após os comentários de Le Batard", escreveu ele, "de acordo com a rede, a pesquisa de mercado diz que 74 [por cento] dos fãs não querem ouvir sobre política na ESPN". Esse número incluiu 85% dos "fãs ávidos", 84% dos autoproclamados republicanos e quase sete em cada dez autoidentificados democratas.[37]

Como no atletismo profissional, as classificações da ESPN caíram substancialmente em 2020.[38] E embora a rede esteja bem posicionada para ter sucesso como serviço de streaming, da mesma forma que sua controladora, a Disney, as condições que a forçam a se concentrar no mercado digital devem preocupar os acionistas da ESPN. Em uma nota aos clientes no verão de 2020, o analista do *Morgan Stanley*, Ben Swinburne, estimou que a receita operacional da ESPN diminuirá entre 10 e 15% ao ano até 2024. Isso "trouxe a rede e todo o ecossistema a este ponto", escreveu ele. "O risco de desagregar a ESPN pode finalmente valer a recompensa em potencial".[39]

"A ESPN também compartilhou um comentário anônimo que coletou de um grupo de foco que a rede acha que melhor ilustra uma visão comum: As pessoas assistem à ESPN para fazer uma pausa no ciclo de notícias políticas", relatou o *Sports Business Daily* posteriormente.

"Há muitos lugares para receber notícias sobre política, não preciso disso na ESPN", lamentou o participante do grupo focal, irritado. "Quando você introduz esse elemento de política, arruína a diversão".[40]

Para o Novo Puritano, arruinar sua diversão é o ponto principal. Recreações desnecessárias são um luxo que você não merece.

Se esses defensores do que deveria constituir virtude no mundo do atletismo parecem estar dançando em torno da posição que realmente querem tomar, é porque podem muito bem estar. O problema deles com os esportes é que eles simplesmente não são importantes. Não se compara com a urgência do projeto progressista.

"Com terrível regularidade, nosso pecado mais negligenciado continua ressurgindo nos esportes. Os homens maltratam as mulheres", escreveu Jerry Brewer, colunista esportivo do *Washington Post*, citando o número genuinamente desconcertante de casos em que organizações atléticas profissionais receberam membros acusados de objetificar ou abusar de mulheres. "O mundo dos esportes, muitas vezes uma ilustração caricatural da masculinidade estereotipada, promove um ciclo interminável de violência", continuou ele. "O confronto é uma necessidade do esporte, mas quando nós, como homens, vamos enfrentar esse problema?".[41]

Os esportes incentivam o tipo de "masculinidade tóxica" que torna o trabalho de construção de uma sociedade mais saudável muito mais difícil. E é isso que importa de verdade.

O atletismo não apenas apresenta valores errados aos homens. Eles também distraem os jovens impressionáveis de usos mais objetivamente importantes e gratificantes de seu tempo, como o estudo.

Por conta disso, a autora e colaboradora do *The Atlantic*, Amanda Ripley, determinou que deveríamos considerar a eliminação total do atletismo no ensino médio. Afinal, o objetivo do ensino médio é a erudição. Embora "os esportes possam ser uma isca para estudantes que, de outra forma, não se importariam com a escola", escreveu ela, "usar esportes para seduzir as crianças a obter educação parece perigosamente antiquado".[42]

"Imagine, por um momento, se os americanos transferissem nossa intensidade obsessiva sobre esportes do ensino médio — os rankings, os troféus, as cerimônias, o orgulho — para os estudos do ensino médio", continuou Ripley. A nossa sociedade não se assemelharia mais às sociedades do Leste Asiático, como Japão e Coreia do Sul? E isso não seria ótimo?

Por que parar no ensino médio? "Se as faculdades se livrassem dos esportes, quantos alunos mais poderiam financiar?", a pesquisadora sênior do Urban Institute, Erica Bloom, questionou. "Com base em várias suposições, calculo que as faculdades poderiam financiar pelo menos mais 200.000 bolsas de estudo". Abolir esportes universitários provavelmente eliminaria o fornecimento de bolsas de estudos para atletas e as experiências educacionais precárias associadas a elas.

Também ajudaria a abordar as "potenciais consequências de longo prazo do futebol para a saúde", bem como "aumento da incidência de agressão sexual no campus" ligadas à realização de "grandes eventos esportivos".[43]

Os esportes são uma distração, ou até mesmo um substituto, para a erudição silenciosa e o desempenho acadêmico. Eliminá-los também reduziria a incidência de lascívia e vulgaridade entre os jovens. E é isso que importa de verdade.

No fim das contas, até isso é insatisfatório. Se os alunos podem simplesmente atravessar o ensino fundamental, médio e o que vier depois e ainda continuar praticando esportes venenosos e cheios de conflitos profissionalmente, para que servem essas reformas? Obviamente, o objetivo da sociedade deve ser a dissolução total do esporte institucional.

"O esporte profissional prejudicou a saúde pública", escreveu Peter Bolton, colaborador do *Counter-Punch*. Os esportes compelem os americanos a gastar frivolamente, consumir grandes quantidades de *junk food* e se tornar cativos de corporações que vivem de "lixo consumista desnecessário". Mas "de todos os fatores negativos dos esportes profissionais", continua Bolton, "o mais prejudicial de todos deve ser o terrível tribalismo que ele gera". Parece familiar?

Para ilustrar seus pontos, Bolton cita Noam Chomsky, que certa vez escreveu sobre a confusão que sentia sobre por que deveria se importar se a equipe associada ao lugar que ele estudava ganhou ou perdeu a competição daquele fim de semana. Tanto Bolton quanto Chomsky chegam à mesma conclusão: os esportes profissionais existem como "treinamento para jingoísmo irracional" e uma distração de "coisas que são de real importância, como a organização política para mudanças sociais progressivas".

A própria existência do esporte não é compatível com o desenvolvimento de uma consciência proletária, organização e agitação por objetivos políticos de esquerda. E é isso que importa de verdade.

Ao forçar os fãs de esportes a marinar em sua própria vergonha pelo pecado de se entregar ao espetáculo decadente do esporte profissional, os ativistas progressistas de hoje procuram restaurar a virtude da simplicidade austera. Mas este não é apenas um exercício de autoajuda. Em meio a ambientes sem ostentação, somos livres para dedicar nossas mentes a atividades mais elevadas. Ao nos comprometermos com modéstia, humildade e comunitarismo, podemos nos dedicar a coisas mais importantes do que distrações divertidas.

Os puritanos reconheceriam todos esses argumentos contra os esportes coletivos. Embora os reformadores protestantes aderissem estritamente à crença de que os homens eram o sexo dominante, a violência doméstica era vista como um problema sério na sociedade puritana e era punida de acordo. Multas, chicotadas ou um tempo no pelourinho eram as penas aplicadas a homens acusados de se comportar cruelmente com suas esposas. Da mesma forma, os puritanos desprezavam as atividades que encorajavam o facciosismo e distraíam as mentes jovens impressionáveis de seus estudos.

Poucos dos comentaristas socialmente progressistas de hoje iriam tão longe a ponto de endossar a visão Bolton/Chomsky de que todo esporte organizado — profissional, semi ou escolar — deveria ser abolido.[44] Eles não acreditam que sociabilidade, coleguismo e esforço físico saudável sejam ruins para a sociedade. Mas até ai, os puritanos também não.

Na teoria, nossos antepassados puritanos eram a favor dos esportes. Da mesma forma, o Novo Puritano vê com a mesma afeição os esportes, mas principalmente no abstrato. Na prática de diversões atléticas do mundo real, tanto os antigos quanto os novos puritanos veem muita coisa de que não gostam.

A reação contra os esportes decadentes baseia-se no princípio da simplicidade — na verdade, austeridade —, mas a aplicação desse princípio não se limita aos jogos. Aqueles que aspiram levar uma vida moral evitam exibições extravagantes e orgulhosas em todas as coisas. É um princípio que se aplica tanto à estética quanto ao atletismo.

Para aqueles que aderem a essa teoria da organização social, a moda não é apenas uma escolha estilística. Deve ser uma contribuição produtiva para o projeto progressista. As roupas e acessórios que você usa devem comunicar sua postura ao mundo exterior. Suas roupas devem dizer quem você é e a quem você está subordinado.

Uma crença igualmente rigorosa no valor da utilidade prática encontrou seu caminho no mundo da moda. A prática desse princípio espartano transformou o vestuário em uma afirmação que expressa mais do que apenas suas escolhas de alfaiataria.

Dois terços dos consumidores em todo o mundo dizem que prefeririam comprar marcas que compartilham suas crenças políticas e adotam posições firmes em questões controversas, informou a consultoria *McKinsey and Company* em 2019. Essa tendência é particularmente pronunciada entre os consumidores mais jovens. Para a Geração Z e para os *millenials*, "vestir sua política" não é mais um eufemismo para valores políticos banais e superficiais. Usar um uniforme que reflita sua política é como se espera que você navegue na sociedade.

"As empresas de moda estão mostrando sinais de que estão 'acordando' (uma frase definida como 'ficando alertas para as injustiças sociais', popularizada nas mídias sociais), aconselhou a *McKinsey* com indiferença aos que atuam no espaço de moda de varejo.[45] A Nike, por exemplo, contratou o *ex-quarterback* dos *49ers*, Colin Kaepernick, como seu principal embaixador da marca em 2018, e esse relacionamento produziu uma ótima receita. Consumidores atraídos por ideais políticos transgressores correram para comprar sapatos com a marca Kaepernick, e a imprensa forneceu à Nike cerca de US$ 163 milhões em publicidade gratuita.

Mais tarde naquele ano, um anúncio com o *ex-quarterback* fez menção seus comentários controversos e deu a entender que ele havia sido cortado da liga por causa de suas crenças. "Acredite em algo, mesmo que isso signifique sacrificar tudo", dizia o slogan da Nike inspirado em Kaepernick. Em 2019, esse anúncio recebeu um prêmio Emmy.[46] No final do ano, as ações da Nike aumentaram 18%, elevando o valor das ações em US$ 146 bilhões e adicionando US$ 26 bilhões aos cofres da empresa.[47]

Em outra parte do setor de vestuário naquele ano, a produtora de jeans *Levi Strauss & Co.* se autodenominava como produtora das calças oficiais do movimento de controle de armas. "É inevitável que vamos alienar alguns consumidores, mas não podemos mais ficar de lado, calados sobre essa questão", disse o CEO da *Levi's*, Chip Bergh, ao *The Washington Post*.[48] Mas poucos pareciam inclinados a parar de comprar *Levi's* apenas por causa da política da empresa, que acabou atraindo uma variedade de novos consumidores. Em 2019, a receita líquida aumentou 3%.[49]

"O presidente roubou sua terra", informou a Patagonia, uma empresa de artigos ao ar livre aos consumidores, no final de 2017. Essa é uma maneira demagógica de descrever uma ordem executiva da era Trump que reduziu 2 milhões de acres de terras administradas pelo governo federal, aproximando-as dos limites designados pelo Congresso, que foram expandidos por uma série de traços de caneta presidencial ao longo das décadas.[50] Mas o que quer que faltasse em precisão nas afirmações da Patagonia, mais do que compensava em receita de vendas.

"Os CEOs não estão mais apenas levantando bandeiras", disse Lesli Gaines-Ros, estrategista-chefe de reputação da empresa de relações públicas *Weber Shandwick*. "Eles estão realmente agindo e pedindo a seus clientes que façam o mesmo".[51]

Esses exemplos ilustram um fenômeno de toda a indústria. Um estudo realizado pelo grupo de consultoria Kantar descobriu que marcas com um propósito político explícito viram suas avaliações aumentarem 175% nos últimos doze anos — muito além da taxa média de crescimento de apenas 86% no mesmo período. O marketing de uma linha de moda como "mercadoria moral" evoluiu de um aspecto focado em uma campanha promocional eficaz para uma premissa fundamental.

"O propósito da marca também cria a fidelidade do consumidor com base em valores compartilhados", informou a Vogue no início de 2020, "algo que o novo produto de um concorrente ou o preço mais baixo simplesmente não podem superar". Marcas que capitalizam em causas políticas famosas são recompensadas pelos consumidores, acrescentou a Vogue. A moda politizada também ressalta a crença fatalista entre os jovens de que "o sistema econômico não funciona para eles".[52]

Isso é algo muito triste de se escrever. O sistema econômico no qual esses jovens estão participando está trabalhando "para eles" de forma bastante direta. Está vendendo sua própria ansiedade fatalista de volta a um preço *premium*.

A *McKinsey* observou que atender ao consumismo "acordado" não estava isento de perigos. As marcas de moda correm o risco de serem rotuladas como hipócritas se os valores que pregam entrarem em conflito com as melhores práticas, particularmente o uso de mão de obra estrangeira barata, comum na indústria têxtil.

A varejista europeia *Primark* foi criticada quando apresentou uma peça de vestuário sobre o orgulho LGBT+ produzida na Turquia, uma nação com alguns dos estatutos antigay mais restritivos da Aliança Atlântica.

Da mesma forma, a Nike foi igualmente castigada por alguns consumidores mais consistentes. Ativistas de moda exigentes observaram que a empresa trabalhava com os dois lados da moeda porque apoiava os direitos das minorias nos Estados Unidos, enquanto contava com trabalhadores na China, um país envolvido no uso de trabalho forçado.[53] De fato, essa marca de calçados tão consciente dedicou tempo e capital para pressionar os legisladores americanos contra sancionar Pequim pela suposta limpeza étnica de suas regiões dominadas por muçulmanos, forçando os moradores a entrar em campos de reeducação onde suas convicções religiosas são deliberadamente violadas.[54]

Essas poucas vozes pensativas geralmente são abafadas por ativistas nas mídias sociais, cuja familiaridade com as causas políticas que defendem exibe toda a profundidade de um lago de carpas.

Os Novos Puritanos se enxergam como a vanguarda de uma nova e excitante concepção da forma como devemos expressar externamente nosso compromisso com a responsabilidade social. Na verdade, eles apenas redescobriram um código muito antigo de conduta comunitária.

Hannah Lyman, de dezesseis anos, não estava arrependida quando foi levada diante de um tribunal de Massachusetts em 1676 junto com outras trinta e oito mulheres. Ela e suas colegas rés "vestidas de forma exagerada" haviam violado o código de vestimenta oficial puritano — especificamente, de acordo com o tribunal, "usando seda ostensivamente, de maneira ofensiva". Em um raro ato de desobediência civil, Lyman apareceu diante do juiz usando o mesmo capuz de seda que a levou ao tribunal.[55]

Os códigos de vestimenta puritanos não eram o resultado de um pacto social tácito que apenas aqueles imersos nessa cultura poderiam intuir. Eles eram codificados em lei.

Em 1639, o Tribunal Geral de Massachusetts, o órgão que serviu como uma legislatura colonial precoce, expressou seu "completo ódio e antipatia" por declarações de moda que tradicionalmente não acompanhavam — na verdade, simbolizam — a posição em que um indivíduo nasceu. "Calças grandes imoderadas, nós de fita, rosas de seda, babados duplos e capas" eram apenas algumas das muitas escolhas estilísticas que eram negadas aos nascidos pobres.

Indiscutivelmente, o desgosto do puritanismo por qualquer coisa além de trajes ascéticos se origina na desconfiança dos reformadores protestantes do século XVI em relação às tradições católicas. Em particular, nas vestimentas ornamentadas usadas pelo clero. Esse desgosto só foi reforçado pelos oponentes do puritanismo, que forçaram os ministros reformistas a usar a sobrepeliz ornamental como demonstração de obediência. Os princípios austeros dos puritanos evoluiriam para uma doutrina que se aplicava, e tendia a proibir, a última tendência. Como tantas outras coisas na vida puritana, o vestuário tinha que servir a uma função social maior.

A moda estava geralmente associada à posição social. Isso era particularmente verdade quando se tratava de mulheres de classe baixa, para quem "novas modas, ou cabelos compridos, ou qualquer coisa semelhante" eram estritamente proibidos. As mulheres eram percebidas como mais propensas à vaidade — um pecado capital e um legado da queda do homem à qual Eva havia Condenado a humanidade no Jardim do Éden. Como Cotton Mather pregou, o orgulho de uma mulher de sua própria aparência representava uma peculiar "armadilha de sua alma".[56]

As mulheres de status comum eram proibidas de usar os capuzes de seda ou lenços que Lyman exibia tão ostensivamente. Tampouco lhes eram permitidos vestidos de manga curta, "pelos quais a nudez dos braços pode ser descoberta". Essas tendências foram reservadas para as classes altas.[57] Em meados de 1600, enfeites de ouro e prata, joelheiras, botas grandes e outros acessórios majestosos só podiam ser usados por aqueles vindos de propriedades com riqueza comprovada superior a duzentas libras.

"Além da preocupação em desperdiçar dinheiro e gerar ciúmes, as leis suntuárias tinham como objetivo auxiliar na manutenção da virtude", escreveu a autora e historiadora Dorothy Mays. "Um vestido decotado, cheio de rendas caras, era um sinal de vaidade, orgulho e atenção indevida aos bens materiais".

As leis suntuárias dificilmente eram inovadoras quando aplicadas à Nova Inglaterra. Historicamente, essas leis foram projetadas para preservar marcas de riqueza e status de adulteração pelas classes mais baixas. Em contraste, as proibições puritanas contra certas escolhas de moda assumiram uma dimensão moral.

Os rigores dos códigos de vestimenta puritanos eram tanto um esforço para obedecer aos ditames das Escrituras quanto uma consequência da crença de que o esplêndido isolamento da Nova Inglaterra das influências degeneradas da Europa estava em risco. "O aumento do comércio com a Europa estava trazendo prosperidade" no final do século XVII, observou George McKenna, "e com ele um novo gosto por bens de consumo e modas — primeiros sinais, temia-se, de mundanismo e luxo".[58]

Em 1679, em resposta a um surto de penteados extravagantes entre as mulheres mais imodestas da colônia, o Tribunal Geral de Massachusetts foi forçado a atualizar as regras que regiam os gostos de moda aceitáveis. "Considerando que há um orgulho manifesto aparecendo abertamente entre nós por algumas mulheres usando bordas de cabelo e cortando, enrolando e arrumando o cabelo imodesto", a legislatura aconselhou as senhoras da colônia a manter as coisas simples.[59] Hannah Lyman não fez isso. Embora os registros não indiquem que punições criminais por violar as leis suntuárias coloniais fossem comuns, o estigma associado a ser arrastado perante um tribunal tinha suas consequências sociais. "Os puritanos não rejeitaram sumariamente o conceito de beleza", observou Mays. "De fato, eles acreditavam que a beleza externa muitas vezes expressava a virtude interna. O vestuário modesto da América puritana do século XVII permitia roupas justas e lisonjeiras, como evidenciado por retratos de mulheres incrivelmente vestidas. As roupas eram consideradas imodestas apenas quando exibiam muito brilho, muita riqueza ou qualquer coisa que borrasse as linhas de gênero".[60]

"A função mais comum do vestuário tem sido declarar status", observou Claudia Kidwell, curadora da Divisão de Trajes da *Smithsonian Institution*.[61] Isso era verdadeiro na América colonial da mesma forma que foi na Grécia antiga. E foi verdade nos Estados Unidos, apesar do igualitarismo que está embutido no pacto cívico americano. Mas na virada do século XX, a moda estava se democratizando.

Na América pós-industrial, o vestuário não era mais estritamente feito sob encomenda. A produção em massa de roupas tornou o estilo algo universalmente acessível, assim como a popularização de catálogos de venda pelo correio como *Aaron Montgomery Ward* e *Sears, Roebuck and Co.* Às vésperas da Grande Depressão, a indústria de vestuário nos Estados Unidos havia saído das pequenas oficinas que salpicavam a paisagem urbana para fábricas. Ricos formadores de opinião e estrelas do palco e das telas determinavam as tendências da moda, que podiam ser imitadas pelos consumidores médios por um preço acessível.

"A moda, como a conhecemos, está morta", disse o designer americano Rudi Gernreich em 1971. "A moda de status se foi".[62] A vestimenta do futuro, ele previu, seria "apenas um instrumento para a própria mensagem corporal do indivíduo". A libertação das restrições que os fashionistas ambiciosos impõem a si mesmos "nos libertaria para pensar em coisas mais importantes".[63]

"As roupas não são tão importantes", disse Gernreich pouco antes de sua morte em 1985. "Elas não são mais símbolos de status. São para diversão".[64] Gernreich estava errado. A moda ainda é um reflexo de status. Além disso, está mais uma vez sendo submetida aos julgamentos morais de um grupo jovem com vícios descolados cujos membros parecem acreditar que as roupas que você veste devem refletir sua posição na vida.

Os proponentes modernos da moda como extensão do status recorreram a argumentos que soariam verdadeiros para seus antepassados puritanos. A principal diferença entre os antigos e os novos puritanos é que a polícia da moda de hoje acredita que as suas escolhas de estilo *deveriam* refletir a etnia e não a posição econômica.

"Não quero que as mulheres brancas me perguntem se podem ou não usar o cabelo em tranças ou *bantu knots*", a escritora da Teen Vogue, Antonia Opiah, abriu um ensaio de 2017. "A apropriação cultural seria o *intercâmbio* cultural que todos desejam e amam SE ocorresse em igualdade de condições, mas não é". O que quer dizer que a valorização cultural através das divisões étnicas simplesmente não é possível em um mundo onde a discriminação e a desigualdade são fatos da vida. Assim, todas as tendências transculturais são funcionalmente opressivas, e você é obrigado a evitar aplicar qualquer discrição ao avaliá-las em seus méritos individuais.

A própria Opiah ilustra a estranheza dessa advertência quando mais tarde ela se engaja na mesma discrição racional que acabara de chamar de insensível. "Modelos brancos que usam dreads não estão errados por si só", admite a autora. "Mas quando isso acontece em um cenário de falta de diversidade na indústria de modelos, ou em que maquiadores e cabeleireiros da indústria não são equipados para pentear o cabelo de uma modelo negra ou aplicar sua maquiagem, e quando a apropriação ocorre sem crédito, respeito ou empatia, as coisas começam a parecer erradas". Opiah confessou mais tarde que não se opõe a um intercâmbio cultural genuíno, mas que quer ver vozes mais responsáveis na indústria da moda "perguntando-me o que todos podemos fazer para tornar as coisas mais justas".[65]

Se presumirmos que Opiah não quer dizer que sua caixa de entrada deva ser inundada com milhões de pedidos de mulheres brancas para serem liberadas para pentear seus cabelos como bem entenderem, mas sim que a definição do que constitui apropriação deve ser o produto de um diálogo aberto, seu argumento é inquestionável. O problema, porém, é que seus compatriotas são tão hostis à troca aberta de ideias quanto à troca de cultura e tradição.

Em 2018, o site *Fashionista* tentou definir a diferença entre apropriação e valorização. O cabeleireiro e empresário Vernon François, que trabalhou com várias celebridades negras proeminentes, sugeriu que uma maneira fácil de evitar críticas é ser aberto e franco sobre suas intenções. "Não [use tranças] por diversão ou porque seu namorado ou namorada afro-americana as tem", aconselhou. "Aprenda sobre a história, encontre inspiração e dê crédito onde o crédito é devido, explicando quem ou o que o inspirou, como nas mídias sociais".[66] Você não ficará surpreso ao saber que o público para esse tipo de coisa nas mídias sociais não é tão perspicaz quanto François supôs.

Pouco menos de um ano depois, a modelo Nikita Dragun se juntou a nomes como Kim Kardashian, Kylie Jenner e Jesy Nelson, do grupo pop britânico *Little Mix*, no banco dos réus por se apropriar de penteados negros. Mas Dragun seguira as recomendações de François quase que ao pé da letra. Depois que a modelo da passarela enfrentou críticas por aparecer na Semana de Moda de Nova York com o cabelo trançado, ela usou as redes sociais para descrever quem eram suas inspirações e explicar que adotou o estilo "para mostrar meu amor e apreço por todas as lindas mulheres negras da minha vida". Mas a resposta da internet ficou ainda pior depois que ela fez esses apelos solidários.[67]

Isso não quer dizer que a bagagem racial e histórica associada aos penteados africanos não exista, ou que os brancos possam não estar familiarizados com essa história. Da despesa muitas vezes exorbitante associada aos cuidados com os cabelos negros hoje, ao "teste do lápis" aplicado em lugares como o apartheid na África do Sul, em que o instrumento de escrita era inserido na cabeça do cabelo para avaliar sua resistência à tração, o penteado étnico foi politizado muito antes dos blogueiros de moda assumirem esse papel.

Educar os consumidores sobre essas questões não é controverso. A controvérsia surge quando a conversa muda de informativa para acusatória e separatista, e quando a linha entre apropriação e apreciação é deliberadamente obscurecida para preservar, em vez de resolver, o conflito social.

Assim como acontece com a apropriação na culinária, as distinções entre apreciação e exploração não são tão difíceis de fazer. Como por exemplo, uma tentativa, em janeiro de 2020, da marca de moda japonesa *Comme des Garçons* de aprimorar sua marca adornando seus modelos masculinos com o visual do "príncipe egípcio". O resultado foi uma confusão impensada de jovens brancos desfilando pela passarela vestidos com blazers de cores vivas e perucas loiras descoloridas.[68] Assim como a pornografia, você a reconhece quando a vê.

Os penteados estão longe de ser o único aspecto da moda que é policiado agressivamente pelos ditadores culturais de hoje. Uma variedade de outros aspectos do estilo, muito mais controversos, são policiados com entusiasmo semelhante, mas com muito menos justificativas históricas.

"Argolas existem em muitos grupos minoritários como símbolos de resistência, força e identidade", escreveu a vice colunista Ruby Pivet sobre um estilo de brincos que ela acredita ser reservado apenas para mulheres de herança latina. Como evidência da tendência, Pivet cita um episódio do programa de televisão *Broad City*, em que uma das personagens brancas é repreendida por usar brincos de argola. "É quase como se você estivesse roubando a identidade de pessoas que lutaram muito contra as estruturas coloniais", diz o personagem. "Então, de certa forma, é como se fosse uma colonizadora".[69]

A coluna de Pivet decolou. O mundo dos blogs de moda começou a condenar amargamente qualquer um que não aceitasse que "grandes brincos dourados de argola" haviam sido "apropriados culturalmente de latinas que foram informadas de que eram 'gueto demais' quando os usavam".[70]

"Meninas brancas, tirem suas argolas", dizia um mural pintado com spray no "muro da liberdade de expressão" da *Pritzer College*, na Califórnia. O grafite ganhou as manchetes nacionais, mas seus autores insistem que foi mal interpretado pela imprensa. O "mural não foi feito para policiar as mulheres brancas, mas servir como uma forma de educação", dizia um comunicado produzido pelos autores desta advertência.[71] Aparentemente, a declaração foi feita para ser mal interpretada. Quando questionada sobre sua intenção, a presidente da "União de Estudantes Latinxs" da faculdade informou a seus colegas que ela vê "nosso delineador, nossos lábios alinhados e grandes brincos de argola servindo como símbolos [e] como um ato cotidiano de resistência". Então, "por que as meninas brancas deveriam poder participar dessa cultura... e serem vistas como fofas/estéticas/étnicas? Os brancos realmente exploraram a cultura e a transformaram em moda".[72]

Muitas vezes, as ofensas que supostamente constituem apropriação são um produto da ignorância e não da malícia. A ignorância é a única explicação satisfatória para uma linha ofensiva de camisetas produzidas pelo gigante da moda on-line *Boohoo.com*, que apresentava "texto chinês" em seus designs. Só havia um problema: Os caracteres presentes nas camisetas eram, na verdade, japoneses.

"Embora isso possa parecer um 'erro simples' na superfície, na verdade tem suas raízes em um racismo muito sério e tem uma série de implicações racistas", argumentou Feiya Hu no *The Tab de Edimburgo*, "como a ideia de que todas as culturas asiáticas são iguais ou meramente intercambiáveis". Sua recusa em distinguir a malevolência da incompetência não é um ponto de vista esclarecido. É exatamente o contrário. É uma falácia lógica e uma rejeição de métodos mais sólidos para descartar explicações improváveis e, portanto, enganosas para o comportamento humano.

Agarrar-se à crença de que você foi deliberadamente insultado quando uma explicação mais provável (e mais inócua) é suficiente não é uma marca de sofisticação. É infantil.

Tradições étnicas distintas na moda não são a única avenida disponível para críticas conformistas. As mulheres que adotam jeans rasgados como uma declaração de moda podem estar se apropriando inconscientemente das escolhas de estilo duramente conquistadas da classe trabalhadora, assumindo para si as tendências de design que foram o resultado de "milhares de horas de trabalho executivo".[73] Até mesmo o "vestidinho preto", um item básico versátil tanto para o escritório quanto para os compromissos noturnos, foi roubado das "trabalhadoras e empregadas domésticas" do século XIX, para as quais o uniforme era obrigatório.[74]

Chegou ao ponto em que cronistas de tendências de moda apropriativas são tão inundados com ofensas que simplesmente levantam as mãos e declaram que todas as tradições culturais são proibidas para aqueles que não nasceram em uma determinada tribo. "Então, basicamente, evite usar itens de significado cultural se você não pertence a esse grupo", informou o *BuzzFeed* intrepidamente aos seus leitores. Essa é a única maneira de evitar entrar em conflito com os formadores de opinião dos Novos Puritanos. "Por que, honestamente", os autores do *BuzzFeed* continuaram, incomodados, "quem quer ser problemático?"[75]

"Acho que a moda foi e sempre será uma declaração de status. Relaciona onde estamos e quanto capital social temos no mundo, e sempre foi isso", disse Ali Tate-Cutler, a primeira modelo plus size da *Victoria Secret*, quando conversamos. "O que eu realmente acredito é que essas marcas estão tentando explorar a esquerda progressista porque, neste momento da história, isso é realmente visto como legal. É esse sentimento de 'isso é revolucionário, isso é rebelde, isso é subversivo'".

Não dá para discutir isso. Mas contra o que esses consumidores de moda "acordada" estão se rebelando? Em um nível superficial, eles provavelmente reafirmarão as premissas das marcas de moda de rua que estão patrocinando. Especificamente, eles estão declarando sua afinidade por escolhas estilísticas que se opõem ao conservadorismo abafado. Mas os ideais aos quais os novos puritanos são mais hostis não são convencionalmente conservadores, tanto quanto são convencionalmente liberais. A adoção de um uniforme que conota um status étnico ou socioeconômico específico é uma rebelião contra o esquerdismo contracultural do final dos anos 1960 e início dos anos 1970.

Para os profissionais da indústria da moda, há consequências associadas à violação dos princípios rígidos dessa ideologia. Na experiência de Tate-Cutler, "você precisa se tornar um ativista em alguma coisa. Você precisa falar sobre isso em suas mídias sociais e, se não for, você não conseguirá trabalhos como modelo". Mas não pode defender qualquer coisa. "Você tem que se tornar ativista por coisas associadas à esquerda progressista", disse ela. "Se não o fizer, você está acabada". Tate-Cutler é solidária com ativistas que querem identificar e estigmatizar tendências culturalmente apropriadas. Ela vê a escassez de modelos e criadores negros em uma indústria que prospera com a promoção de tendências nascidas da cultura negra como uma "incongruência" que "precisa ser abordada". Mas essa missão bem-intencionada produziu um campo minado que cada vez menos criadores estão dispostos a atravessar.

"Em toda cultura, especialmente com arte ou empreendimentos criativos, pegamos algo emprestado de outras culturas para criar novas ideias. Para criar nova arte. Para criar nova expressão. E, neste momento, o que estamos vendo é que muitas pessoas não querem mais correr esses riscos", continuou Tate-Cutler. "E eu diria que não é uma coisa boa para a arte quando sentimos que não podemos correr riscos".

Quando perguntei a Tate-Cutler se ela ainda achava divertida a profissão à qual dedicou sua vida, ela respondeu secamente e sem hesitação: "Não".

Tate-Cutler descreveu testemunhar a transformação de sua indústria de uma que se concentrava em apresentações discretas para uma maratona de 24 horas em que "a performance do eu" supera o trabalho de modelagem. E esse é um jogo que não pode ser vencido. "Quando falamos, é quase como se o que tenho a dizer agora on-line precisasse se tornar tecnicamente palatável para sete bilhões de pessoas", acrescentou. "Porque não há limite para quem pode ver isso. E fazer algo palatável para sete bilhões de pessoas é um esforço inútil. Não tem como fazer".

Se há uma reação se formando, é apenas porque essas tendências em direção a uma sensibilidade à moda conformista estão chegando ao ponto de retornos decrescentes. Literalmente.

Atender à "cultura da chamada de atenção" é interessante apenas quando não é a sua empresa que está sendo atacada. E quando isso acontece e o resultado final é prejudicado, as casas de moda são menos propensas a jogar o jogo. Sobre isso, a polêmica sobre a conta do Instagram *"Diet Prada"* é ilustrativa.

Armado com quase três milhões de seguidores no Instagram e uma arrogância, *Diet Prada* existe para repreender marcas de moda que ofendem ativistas antiapropriação e reforçar a noção de que o gosto deve ser a província da esquerda progressista.

Para esse fim, os proprietários da conta satirizaram a Gap depois que ela anunciou uma parceria de dez anos com o artista de hip-hop Kanye West, postando uma linha de camisetas e moletons satíricos com slogans obscenos como "A escravidão foi uma escolha", que zombava a atitude desdenhosa do rapper em relação ao legado da escravidão humana.[76] Os seguidores da conta se envolveram em um ataque impiedoso à *Gucci* depois que ela postou imagens de uma balaclava de gola alta com "lábios vermelhos recortados parecendo *blackface*".[77] Esse gigante da mídia social ganhou as manchetes internacionais quando acusou a Condé Nast de racismo. A *Diet Prada* justificou essa afirmação citando a capa de uma edição da Vogue fotografada por Annie Leibovitz, com a estrela da NBA Lebron James e a modelo Gisele Bündchen, comparando-a a um pôster de propaganda da época da Primeira Guerra Mundial retratando um soldado alemão como um macaco atacando brutalmente uma garota loira americana.[78] Veja bem, se você não olhou para aquela foto de glamour e imediatamente viu estereótipos étnicos centenários, você é o racista.

Esse tipo de maximalismo deliberadamente obtuso e injusto é perfeitamente calibrado para gerar engajamento nas mídias sociais. Mas esta conta do Instagram pode ter ido longe demais com suas críticas à *Dolce & Gabbana.*

Diet Prada foi fundamental nos eventos que levaram ao cancelamento de um desfile de moda 2018 da *Dolce & Gabbana* programado para acontecer em Xangai. O relato concentrava-se em uma série de anúncios em chinês para o programa apresentando uma modelo chinesa lutando para comer uma variedade de pratos italianos clássicos com pauzinhos. Claramente, esta foi uma tentativa de retratar com humor as loucuras associadas à mistura intercultural, como o desfile de moda italiano na China continental.

A *Diet Prada* não apenas destacou que os anúncios eram ofensivos, mas também postou uma conversa com um dos fundadores da casa de moda italiana, Stefano Gabbana, que "parece ter se envolvido em um ataque de xingamentos insultuosos (incluindo sugestões de que os chineses comem cachorros) com um crítico no Instagram", relatou o *New York Times*. "Mr. Gabbana disse que sua conta foi invadida".[79] A controvérsia que se seguiu afundou o show. Mas esse não foi o fim da história.

Em 2019, a *Dolce & Gabbana* entrou com uma ação na Itália contra os donos da conta *Diet Prada*, Tony Liu e Lindsey Schuyler, buscando uma quantia impressionante de 450 milhões (aproximadamente US$ 600 milhões) em danos para "restaurar a imagem da marca desde 2018". A casa de moda argumenta que as constantes denúncias de sua empresa pela conta do Instagram custaram à empresa valiosas parcerias com celebridades e busca recuperar a receita perdida tanto com o desfile de Xangai quanto com as vendas antecipadas no mercado asiático. Por sua parte, Stefano Gabbana entrou com uma ação separada de um milhão de euros alegando difamação.[80] Até o momento, a *Dolce & Gabbana* ainda não comentou publicamente sobre o processo, que só se tornou de conhecimento público depois que a *Diet Prada* solicitou doações ao seu fundo de defesa legal, em março de 2021. A tranquilidade dos designers e sua escolha do local — Itália, onde os padrões para provar a difamação são mais frouxos do que nos Estados Unidos — sugere que o processo pode ser mais um tiro nos arcos de seus críticos baseados na internet. No entanto, a disposição da empresa de montar um ataque a uma das cidadelas do discurso antiapropriação e cortejar todos os riscos que isso implica sugere que o jogo mudou.

Apesar de todos os perigos associados a ofender os próprios consumidores on-line do tipo de conteúdo fornecido por veículos como *Diet Prada*, a ameaça à reputação dessa empresa e, portanto, aos resultados financeiros, tornou-se ainda mais intolerável.

O que pode parecer, à primeira vista, uma empresa observando suas responsabilidades fiduciárias para com os acionistas pode, na verdade, anunciar uma reação mais séria contra a cultura de apelo intransigente que tomou conta da indústria da moda.

"As chances são de você ser derrubado pela reação de uma multidão enfurecida. E assim, as pessoas estão sentindo uma coisa em particular e dizendo outra publicamente", concluiu Tate-Cutler em nossa conversa. "E eu me incluiria nisso. Eu não falo abertamente sobre como me sinto com relação às pessoas que não escondem seus valores políticos".

Dedicar-se a um princípio austero que mantém as roupas que você veste também deve sobrecarregar você com a compreensão sempre presente de seu lugar no mundo e a gravidade esmagadora da história que o colocou lá é uma maneira sombria de viver. Esse é um fardo que qualquer um instintivamente descartaria se não fosse pela pressão social aplicada por essa nova classe de moralizadores.

Para o estilista novo puritano, há significado e dignidade em escolhas de moda politicamente ressonantes, e há uma emoção de autojustificação em impô-las aos outros. Nada disso é exclusivo deste momento histórico, nem é difícil ver onde tudo isso vai dar.

Durante a maior parte de sua existência, a frase "deixar claro a sua visão política" poderia ser um insulto, não uma proposta de valor. Não é irracional esperar que o estigma em torno de expressões banais e inseguras de fidelidade a conceitos políticos que você não compreende completamente volte um dia. Quanto dano esse movimento deixará em seu rastro, no entanto, permanece uma questão em aberto.

5

TEMOR A DEUS

O MAL NA BANALIDADE

Os comportamentos dos Novos Puritanos baseiam-se na ideia de que este mundo pode ser aperfeiçoado. Portanto, *deve* ser aperfeiçoado. Esse projeto exige clareza de visão e unidade de propósito não apenas deles, mas de todos os outros. O progressista puritano tem confiança de que entende a visão e sabe como alcançá-la;

A essa altura, podemos concluir com segurança que essa interpretação extrema da política progressista, que se manifesta na desconfiança de seus prazeres triviais, é resultado de um ego enlouquecido. Esses ativistas estão vivendo um psicodrama em suas cabeças. Mas por que eles estão obcecados com as sombras na parede? Por que eles estão tão convencidos de que só eles podem discernir as seduções malignas dentro de espaços aparentemente inocentes?

Além de acreditar honestamente que estão fazendo o trabalho do Senhor, os Novos Puritanos também devem achar gratificante pensar em si mesmos como excepcionalmente perceptivos. Se você é tão astuto que pode ver o funcionamento oculto e hediondo do mundo, você é membro de um clube exclusivo. E uma vez que você tenha um gostinho dessa visão abrangente — uma teoria de tudo que revela a você o segredo, o ventre decadente da sociedade — ela pode se tornar inebriante. Aqueles que são atraídos por essa orientação psicológica provavelmente descobrirão que suas aplicações são ilimitadas.

E quando eles aplicam essa estrutura a quase tudo, descobrem que quase tudo é um problema.

Essa crença — um anel decodificador místico que abre portas que permanecem fechadas para os não iniciados — cria um punhado de corolários. Motivados por uma paixão por descobrir pecados secretos, os Novos Puritanos devem se envolver em um intenso autoexame para garantir que pecados secretos também não existam dentro deles. Esta inquisição rejeita a ideia de pecado privado porque não existe vida privada. Os praticantes deste código rígido devem analisar constantemente os costumes e hábitos mais inofensivos na caça à subversão perigosa. Toda atividade, por mais banal que seja, deve ser examinada no microscópio.

Entre os ativistas mais observadores, poucas coisas são tão perigosas quanto seus hobbies triviais e divertidos, em parte porque você não sabe o quão perversos eles são. Você provavelmente nem está familiarizado com as origens pecaminosas de seus divertimentos felizes. No mínimo, você pensou que seu hobby não estava prejudicando ninguém. Felizmente, o Novo Puritano está aqui para lhe dizer o quanto você está errado.

Um estudo de julho de 2000 apropriadamente intitulado "Racismo, Racismo em Toda Parte" descobriu que o legado de segregação racial dos Estados Unidos manchou o ato de colecionar cartões de beisebol.[1] Estudos mais recentes invalidaram essas descobertas, observando que "o desempenho do jogador é o fator mais importante que afeta o valor de sua carta." Ainda assim, o estudo mais sensacional mantém seu domínio sobre a imaginação progressiva e é frequentemente citado.

"Um número crescente de homens está se dedicando à costura", relatou o *New York Times* em 2020, "não apenas para quebrar os estereótipos tradicionais de gênero, mas também para defender a aceitação do corpo, a justiça racial e estilos de vida mais sustentáveis".[2] Ficou sem resposta: Algum desses homens *gosta* de costurar? Quem sabe? Devemos assumir que existir como um outdoor ambulante para a justiça social é sua própria recompensa.

A ASCENSÃO DOS NOVOS PURITANOS

Talvez a decoração de interiores seja sua preferência? Bem, então sua preferência é racista, Pelo menos, se envolver fibra de algodão orgânico.

Em 2017, Randy Lowry, presidente da *Lipscomb University*, no Tennessee, convidou um grupo de estudantes afro-americanos para jantar em sua casa. O objetivo do caso era ter uma discussão franca sobre as preocupações do corpo discente negro da escola em um ambiente confortável e íntimo. Lowry logo se viu no centro de uma tempestade quando um de seus convidados publicou uma imagem nas redes sociais da mesa arrumada, que incluía um pote cheio de talos de algodão decorativos.

Um aluno que compareceu ao jantar relatou que os convidados de Lowry o confrontaram sobre suas escolhas decorativas. O reitor da universidade supostamente defendeu a peça central como "outonal", acrescentando que o algodão não pode ser "intrinsecamente ruim se todos o usamos". Mas isso só deixou os alunos ainda mais irritados.

O reitor da universidade foi acusado, no mínimo, de mau gosto por ignorar a história da escravidão americana e sua associação com as plantações de algodão. Ele logo emitiu um pedido de desculpas pelo descuido. "O conteúdo da decoração era ofensivo e eu poderia ter lidado com a situação com mais sensibilidade", escreveu Lowry.[3]

Em sua defesa, esses alunos não foram os primeiros a reagir com indignação à mera visão de talos de algodão. De alguma forma, tornou--se uma notícia nacional quando uma mulher do Texas postou um comentário na página do Facebook do varejista de artes e artesanato, *Hobby Lobby*, atacando sua decisão de vender folhas de algodão. O varejista, disse ela, estava "errado em muitos níveis" porque a merca-doria já foi "ganha às custas de escravos afro-americanos".

O site educacional *Learning for Justice* observou que quem descarta esses dois incidentes como inocentes ignora tanto a história do algo-dão quanto o fato inegável de que as bolas de algodão foram usadas em esforços genuinamente racistas para intimidar os negros.[4] Isso é verdade no sentido mais amplo, mas não é aplicável a nenhum desses dois casos. Mais uma vez, estamos sendo solicitados a subordinar a discrição elementar a um padrão ideológico que rejeita a consideração do contexto e da intencionalidade.

O algodão cru não é o único tecido proscrito no novo catecismo. Para alguns, o fio é igualmente censurável. Pelo menos, é quando é usado na prática conflitiva do tricô.

Tudo começou com uma postagem no blog de janeiro de 2019, no site de entusiastas de tricô, *Fringe Association*. Lá, a proprietária do blog, Karen Templer, teve a audácia de expressar sua empolgação com uma próxima viagem à Índia — um local tão estranho para ela que era "como receber um assento em um voo para Marte".[5] Nessa demonstração de entusiasmo, Templer falou sobre seu fascínio de infância pela literatura e história do subcontinente, o vestido fantasticamente colorido que é comum na Índia e sua amiga de infância de ascendência indiana cuja culinária da mãe ela se arrependia de não ter experimentado na juventude.

A internet passou a fazer o que faz de melhor: inventar a interpretação menos justa de seus comentários, atribuí-los ao mais odioso dos motivos imagináveis, transferir esses motivos ao blogueiro e exigir satisfação.

De acordo com seus críticos, Templer nutria ódios raciais em relação aos indianos que ela dizia admirar tanto. "Pelo que parecia, ela não queria ser racista", admitiu um de seus críticos mais graciosos. "No entanto, não há desculpa para o racismo".[6] A indignação foi grande o suficiente para que Templer se sentisse compelida a se desculpar. "A Índia não é um cenário ou um pano de fundo para os brancos", escreveu a blogueira devidamente reeducada em uma autodenúncia. "Estou indo para a Índia de um lugar de respeito pela relevância dos têxteis na libertação do país do domínio britânico". Ela inexplicavelmente acrescentou que seu comentário sobre "Marte" não pretendia transmitir a seus leitores a impressão de que os indianos eram o equivalente a extraterrestres. Aparentemente, alguma ofensa foi causada nesse sentido.

Mas o dano estava feito. "A comunidade de tricô é racista", escreveu um entusiasta do tricô, indignado em um comunicado no Instagram.

"Manter o tricô, ou qualquer outra coisa, longe de 'questões políticas' é um privilégio", acrescentou. O mundo do tricô recreativo ficou tão dilacerado pela controvérsia que acabou chegando a um ensaio de Jaya Saxena, do *Vox*.

Saxena observou que o post de Templer "era como um bingo para cada conversa que uma pessoa branca já teve comigo sobre sua 'fascinação' com o país natal do meu pai", na medida em que a Índia parecia existir como um local exótico "colorido, complexo e inspirador" — e apenas "para eles". Assim, Templer não era apenas culpada de "embranquecer" o tricô; ela também estava exotizando a Índia sem pensar. O que se seguiu foi um extenso ensaio sobre o nexo entre tricô, identidade étnica e racismo.

Eventualmente, Saxena chegou a um dos enigmas sociológicos mais urgentes do nosso tempo. "As redes sociais também tornam apontar o racismo mais fácil do que nunca", observou ela sem qualquer desaprovação discernível. De fato, parecia achar isso valioso. Os espaços de mídia social "permitiram que os tricotadores de cor mantivessem o controle sobre a conversa", observou ela, ao mesmo tempo em que aliviavam seus usuários da pressão de seguir "as normas sociais da 'conversa educada'".[7]

A observação de Saxena é inegavelmente correta. Se estamos melhor sem as normas associadas à "conversa educada" é, no entanto, discutível.

Se você é tão versado nas formas disfarçadas que o mal assume que pode reconhecê-lo onde os outros não, é provável que sinta uma sensação calorosa e confusa de exclusividade. Além da gratificação que os indivíduos derivam da noção de que só eles podem decifrar o mundo ao seu redor, subscrever uma ideia que abre a cortina que mascara os flagelos do mundo é útil da perspectiva de um organizador reformista.

Se os males que o projeto progressista procura extirpar são onipresentes, não pode haver fronteira separando a vida privada da pública. Esta é uma ideia que permite aos seus crentes abraçar o totalitarismo, por definição, porque os problemas que nos assolam são totais. Circunscrever nossa renúncia às obras do Diabo seria amarrar uma mão nas costas nesse conflito existencial. A moderação na eterna luta contra o vício não é virtude.

Os puritanos sabiam disso tão bem quanto qualquer um.

Quando pensamos em um puritano típico, nossas mentes provavelmente são atraídas por estereótipos. Um simples jogo de associação de palavras levaria a maioria dos americanos a equiparar o puritanismo a um moralista caricaturado: pudico, enclausurado, frio e dogmático. Muitos desses clichês são derivados de relatos ficcionais do período. Talvez a mais famosa, a peça As Bruxas de Salem, de Arthur Miller, de 1953, seja menos um relato histórico das condições que prevaleciam no século XVII e início do XVIII do que uma parábola política sobre o início dos anos 1950. A história segue três jovens que foram acusadas de praticar as artes das trevas. Elas foram perseguidas impiedosamente pelos magistrados encarregados de julgar tais acusações. Miller fez uma pesquisa considerável sobre o período antes de escrever As Bruxas de Salem, mas tomou algumas liberdades. Ele brincou com as idades de seus protagonistas para justificar um dispositivo central da trama: um caso entre John Proctor, um dos condenados, e sua acusadora desprezada, a suposta bruxa Abigail Williams. Isso foi necessário não apenas para tornar o protagonista simpático (na realidade, Abigail Williams ainda não tinha doze anos, e Proctor teria mais de sessenta), mas para estabelecer as perversidades do puritanismo.

Desprezada por seu ex-amante, Williams se volta contra Proctor no tribunal. Alegando que ele é o "homem do diabo", ela faz uma performance aterrorizante de possessão demoníaca, e o tribunal sela seu destino. O autor pretendia fazer do puritanismo o verdadeiro vilão da peça. A moral da história é que os princípios assassinos desse sistema paranoico de organização social podem ser resistidos pelos sábios e puros de coração.[8]

As Bruxas de Salem, de Miller, era menos um relato de como a cidade de Salem, Massachusetts, processou alegações de feitiçaria do que uma alegoria dos esforços do senador Joe McCarthy para expor americanos com supostas simpatias comunistas.

A concepção de pecado e livre-arbítrio de Miller atrai o leitor moderno, mas não reflete muito a ética puritana. A capacidade de Proctor de enxergar através das superstições de seus correligionários é irreal. "No século XVII, praticamente todos acreditavam em bruxas", escreveu George McKenna. "Os autos do julgamento não revelam ninguém, nem mesmo os réus, expressando qualquer dúvida a esse respeito".[9]

Além disso, como observa Michael Winship, os julgamentos por feitiçaria eram relativamente raros e o público em geral muitas vezes estava mais interessado em ver a justiça severa aplicada do que os magistrados, enquanto o veredito do júri tendia a ser informado pela fúria do "populismo religioso" que prevalecia na época, mentes mais judiciosas com poderes para anular esses veredictos não tinham vergonha de fazê-lo.[10]

Em última análise, o conto de Miller transmite ao leitor uma sensação geral de que o temor a Deus que consumia completamente o puritano médio era um fenômeno evitável. Bastaria ter coragem para enfrentar uma onda social que você sabe estar errada. O veredito desse júri era um pecado. E se os puritanos rejeitassem o pecado tão prontamente quanto alegavam, esse resultado deveria ter sido evitável. Na narrativa de Miller, é fácil para os virtuosos reconhecer a superstição se você aplicar apenas um pacote mental de valores e suposições contrabandeados do século XVII para o século XX. Mas os puritanos não simplesmente renegaram o pecado — o pecado estava no próprio ar que respiravam. Era penetrante e perceptível apenas para os praticantes mais devotos da fé.

Mesmo as vítimas da caça às bruxas acreditavam na onipresença do pecado e na existência de bruxas. É irreal acreditar que os puritanos praticantes possam ter reconhecido suas próprias paranoias. É igualmente improvável que os novos puritanos estejam cientes das pressões sociais que sua influência exerce ao seu redor.

No tratado inovador de McKenna, *The Puritan Origins of American Patriotism*, o autor postula cinco proposições a que os puritanos coloniais dos séculos XVII e XVIII geralmente subscreveram.

Eles variavam da crença na América como uma terra de providência, a proscrições contra a ociosidade, à noção de que o ativismo comunitário contribuía para a salvação pessoal. Mas a quinta proposição de McKenna merece atenção especial: o que ele chamou de orientação puritana em direção à "introspecção ansiosa".

"As obras do Diabo não são apenas externas", escreveu ele. "Em última análise, somos salvos ou condenados pelo que está dentro de nós".

"Nossas almas são constantemente ameaçadas pela corrupção, libertinagem moral, hipocrisia e, acima de tudo, orgulho", continuou McKenna. "Precisamos examinar constantemente nossos corações. Não existe pecado privado; cada pecado afeta adversamente a comunidade".[11]

Essa ideia — a noção de que não existe vida privada — animou o movimento puritano da mesma forma que influenciou o progressismo utópico para o qual evoluiu. Acaba com as distinções especiais entre o pecado, o pecador e o ambiente em que o pecado é cometido. Todos existem dentro do mesmo espaço; todos são inter-relacionados e interdependentes. Como o pregador protestante de meados do século XVIII, Jonathan Edwards, ensinou a seus discípulos, todos nós somos "pecadores nas mãos de um Deus irado".[12]

Ele "abomina você", pregou Edwards. "Você é dez mil vezes tão abominável aos Seus olhos, como a serpente mais odiosa e venenosa é aos nossos". Em nosso estado miserável, só nos tornamos dignos de redenção quando observamos obediência absoluta, e a subserviência infalível não pode ser, senão, o produto do medo.

O julgamento de Deus não é uma coisa caprichosa. É bem merecido, seja qual for o seu destino.

Na Massachusetts colonial, os reformadores políticos determinaram que a virtude não era uma condição subjetiva; era empiricamente observável — tanto no indivíduo quanto na sociedade, de forma mais ampla. Assim como era o vício. O que não era claramente um, era quase certamente o outro. Como tal, as práticas privadas que não foram explicitamente aprovadas eram suspeitas.

A ASCENSÃO DOS NOVOS PURITANOS

Em todo o mundo puritano, os magistrados proibiram fumar produtos de tabaco em público, forçaram as famílias a destruir dados e baralhos e obrigaram a observância do sábado por meio de um decreto, mesmo que apenas para preservar a aparência externa de propriedade.[13] Os tribunais puritanos multavam regularmente os acusados de sofrer da "doença do jogo". Apostar contra os resultados em jogos de azar foi estigmatizado e criminalizado, e por razões teologicamente sensatas. Pedir a Deus para intervir nas circunstâncias mais mesquinhas e apenas para ganho pecuniário era, no mínimo, um pouco *gauche*.[14]

Durante a Guerra Civil Inglesa e sob o Protetorado de Oliver Cromwell, os reformadores mais zelosos do protestantismo travaram uma campanha implacável contra as tendências que acreditavam serem uma porta de entrada para o pecado. O Parlamento aprovou leis fechando todos os teatros, banindo mastros e proibindo a celebração de feriados religiosos. As legislaturas introduziram multas por palavrões que aumentavam progressivamente com base na posição social do infrator e impuseram a pena de morte aos adúlteros. No sábado, era proibido viajar, dançar, cantar canções seculares, jogar, fazer comércio ou beber álcool. "Em 1657, o Parlamento foi reduzido a um longo e sério debate sobre se simplesmente sentar em um portão ou porta deveria ser adicionado à lista de comportamentos proibidos no domingo — não foi, por dois votos", escreveu o historiador Michael Winship.[15]

O puritanismo da Nova Inglaterra tendia a queimar ainda mais do que o de seus primos zelosos do Velho Mundo. O desgosto do puritano americano por feriados era particularmente instrutivo. À primeira vista, a proibição da celebração do Natal (e da Páscoa, e do Domingo e da festa de Pentecostes) era apenas mais um detalhe na guerra da fé contra as práticas católicas e suas origens pagãs. E, no entanto, clérigos puritanos e líderes de pensamento da época desistiram do jogo quando admitiram o que realmente esperavam alcançar ao proibir a celebração de feriados religiosos.

"Os homens desonram muito mais a Cristo nos doze dias do Natal do que em todos os outros doze meses", lamentou o pregador Hugh

Latimer. O famoso, e rigoroso, Cotton Mather também discordou da "festa de natividade de Cristo", que era "gasta em festas, jogos de dados e cartas, máscaras em toda a liberdade que vem da alegria descontrolada de comer demais, beber demais e jogar demais".[16]

Não era apenas que essas diversões distraíam os foliões da missão de Deus, embora isso fosse parte do problema. Esses divertimentos prejudiciais também poderiam torcer e desfigurar sua alma, e poderiam corromper aqueles ao seu redor. A influência do Diabo era contagiosa e deveria ser colocada em quarentena.

Lembre-se do capítulo 2, do pregador Benjamin Colman, cujo tratado sobre o que constitui a alegria adequada e saudável continua sendo o documento mais abrangente que estabelece as formas preferidas de recreação puritana. Colman pregava que "a alegria pode e geralmente degenera em pecado", e que o maior chamado da humanidade era imitar Jesus, que era, mais do que qualquer outra coisa, "um homem de tristeza".[17] Assim, as alegrias decadentes estavam entre as atividades mais pecaminosas.

"Os puritanos escreveram muito sobre a necessidade de recreação e lazer para ter um lado positivo", observou Bruce Daniels, "mas escreveram muito mais sobre o lado negativo sempre à espreita logo abaixo da superfície até da aparentemente mais inocente das atividades". Assim como os Novos Puritanos.

Para o velho puritano, não era o feriado em si que era a ameaça, mas sim a folia e os pensamentos ímpios que o feriado encorajava. Para o Novo Puritano, o problema é praticamente o mesmo.

O medo que assombra nossos moralistas modernos não é apenas que os feriados encorajem a alegria debochada. A preocupação deles é que essas festividades permitam que você pare de pensar no sofrimento do mundo e em suas contribuições para essa agonia. É o seu desrespeito irreverente pela "importância de fornecer lições de férias, recursos e conversas antirracistas culturalmente sustentáveis" que se tornou intolerável. É assim que o *Center for Racial Justice in Education* apresenta sua lista detalhada de recursos para instrutores antes da "temporada de férias de inverno" anual.[18]

A ASCENSÃO DOS NOVOS PURITANOS

Isso seria inquestionável se esta lista de recursos de ensino fosse projetada para ajudar educadores seculares a fornecer instruções inclusivas e não denominacionais durante a temporada de férias. Afinal, as origens culturais e religiosas das várias celebrações de inverno são distintas. Mas este exercício é menos sobre inclusão do que sobre exclusão.

Como um desses recursos — *Everyday Feminism* — observa: "Seu privilégio cristão concede a você folga do trabalho para seus feriados religiosos, um 'júri de seus pares' que provavelmente compartilharão sua fé no tribunal e preconceito em relação à sua religião em instituições educacionais". Não há problema em comemorar o Natal, este ensaio admite, embora a contragosto. Mas você provavelmente deve se sentir mal por suas contribuições tácitas para a "opressão sistêmica" associada ao "contexto da cultura dominante" quando o fizer.[19]

Os tormentos psicológicos que o cristianismo e seu feriado de solstício impuseram às minorias americanas são muitos, de acordo com o ativista de justiça social Paul Kivel. Suas admoestações vão desde o razoável — como o fato de que você provavelmente foi instruído, em algum momento, por uma figura de autoridade cristã, como um ministro ou conselheiro ou até mesmo uma organização cristã vestigial como a YMCA, o que não é a experiência da maioria dos não-cristãos — ao absurdo. Se você "já ouviu o céu e o bem descritos como luz ou branco e o inferno e o mal descritos como escuro ou preto", ou se você mede o tempo com base no calendário cristão, declara Kivel, você está contribuindo para a "cultura dominante".[20]

Escrevendo no *The Independent*, o escritor e ativista de esquerda Jordan Uhl declarou que os feriados são um desperdício se você não passar esses momentos preciosos com familiares próximos os intimidando por sua indiferença às injustiças da sociedade.

Você deve intimidar sua avó sobre "leis de supressão de eleitores" e lembrar seu tio que "terroristas brancos, não muçulmanos" mataram mais americanos do que radicais islâmicos. Não deixe sua família comer uma segunda fatia de torta de maçã culturalmente apropriada antes de apontar o abuso histórico dos nativos americanos pela América. "Antes de todos correrem para o sofá para assistir ao futebol ou cochilar após a refeição", acrescenta Uhl, certifique-se de "refutar as falsas narrativas de seus parentes sobre minorias que cometem a maioria dos crimes" recitando as estatísticas de crimes de ódio do FBI.[21] Parece muito divertido.

A esquerda transatlântica tem uma longa história de encorajar jovens ativistas a atacar seus anciãos incultos e informá-los de suas falhas morais e políticas. Essa tradição condescendente é tão antiga quanto o próprio progressismo, provavelmente começando com o "movimento de assentamento" do final do século XIX.

Em 1884, a instituição de caridade *Toynbee Hall* foi fundada para tratar da pobreza geracional no decadente *East End* de Londres. Lá, jovens e entusiastas "universitários" foram encorajados a "se estabelecer" em bairros da classe trabalhadora, onde fariam proselitismo de seus valores progressistas. O movimento ganhou força. Nos Estados Unidos, o *Neighborhood Guild* tinha uma missão semelhante à *Toynbee Hall*. Na Rússia, esse impulso se manifestou em jovens revolucionários socialistas que fugiram para o campo para apresentar a amarga consciência de classe aos camponeses. Em todas as suas formas, o movimento de assentamento tinha um forte cheiro de condescendência e ingenuidade.

Nos Estados Unidos, os argumentos da classe ativista progressista contra aproveitar impensadamente os feriados de dezembro soam como um secularismo clichê. Suas verdadeiras preocupações não são, no entanto, assuntos exclusivamente religiosos, mas sim as festividades e formas exclusivamente americanas com que são celebradas.

O *Halloween* — uma releitura norte-americana do que outras culturas celebram como Dia de Todos os Santos, Véspera de Todos os Santos, Dia de Finados ou Dia dos Mortos — tornou-se matéria-prima para o moinho de conteúdo na mídia de esquerda. A cada ano, a boca aberta insaciável das fazendas de cliques on-line exige que mais fantasias sejam sacrificadas no altar da apropriação cultural. Estamos muito além do ponto de observar as sensibilidades culturais. Transformamos a inclusão em algo mais parecido com o essencialismo racial, no qual vestir roupas originárias de qualquer nação, exceto aquela em que você nasceu, constitui um crime cultural.

Esse impulso beira o ridículo quando aplicado à ficção e ao folclore. De acordo com a revista digital de interesse feminino Bustle, vestir seu filho como um deus egípcio corre o risco de ofender as sensibilidades — principalmente se sua fantasia for acompanhada de um ankh. "Isso pode parecer uma fantasia bonita", eles alegaram, "mas é um símbolo de uma cultura que foi violentamente apropriada séculos atrás". Isso seria novidade para os hippies dos anos 1960 e 1970, para quem o ankh era um símbolo de afirmação da vida da sabedoria oriental que comunicava seu desgosto pelo materialismo consumista.

Além disso, continuou Bustle, os foliões do *Halloween* devem evitar se vestir como ninjas porque seria "essencialmente uma paródia dos ninjas da vida real que existiam no Japão". E, por favor, evite qualquer coisa que se assemelhe a roupas do Oriente Médio, porque essas fantasias "geralmente incorporam itens que implicam violência, reduzindo um grupo diversificado de pessoas a um único monólito estereotipado".[22] Aparentemente, é o cúmulo da sofisticação, agora, supor que qualquer homenagem à cultura do Oriente Médio equivale a comparar todos os habitantes do Oriente Médio a terroristas.

A personagem da Disney do filme homônimo Moana é outra fonte de apreensão. Escrevendo para o blog com o terrível nome *Raising Race Conscious Children* (Educando Crianças Racialmente Conscientes), a autora Sachi Feris descreve o processo de argumentar com sua filha sobre seu desejo de usar uma fantasia de Moana porque "a cultura de Moana não é a nossa cultura".[23] A Cosmopolitan confirmou a sabedoria desse neuroticismo. "Se seu filho usa uma fantasia racista", afirmou a revista em 2017, "você meio que está usando também".[24]

Como a professora da Faculdade de Direito da Universidade de Miami, Osamudia James, lembrou aos leitores do *Washington Post* no mesmo ano, "evitar ofensas no *Halloween* requer pensar não apenas em estereótipos ou discriminação, mas também na supremacia branca".[25]

Claro, a promoção de sensibilidades culturais — ou simplesmente não ser um idiota — é um exercício deliberado. Mas, assim como na moda e na comédia stand-up, agora estamos sendo solicitados a desconsiderar a intenção ao avaliar um ato potencialmente ofensivo. O que começou como um esforço bem-intencionado para tornar os jovens adultos mais conscientes dos sentimentos que podem estar ferindo com sua sátira insensível tornou-se uma campanha para roubar a inocência das crianças e impor-lhes as ansiedades raciais de seus pais.

Se o *Halloween* é um empreendimento tão cheio de problemas, você pergunta, por que não acabar com ele completamente? Eles estão muito à sua frente.

"O ato de pedir doces de porta em porta em Milwaukee reflete e consolida as profundas divisões raciais e econômicas da cidade", escreveu o ex-professor da Faculdade de Direito da Universidade de Harvard, John Muller, para o Político em 2018. É um feriado que "dá importância desmedida aos medos da violência e ao desconhecido", agrava as tensões culturais e intercomunitárias e exacerba as "desigualdades estruturais". Muller determinou que nem "os eventos de *Halloween* em toda a cidade nem as crianças pedindo doce de porta em porta podem resolver esse problema". Tire suas próprias conclusões.[26]

A quarta quinta-feira de novembro, em que os americanos celebram o Dia de Ação de Graças, é outra fonte de consternação para aqueles que permitem que os feriados os irritem.

Conceitualmente, não há muito sobre o Dia de Ação de Graças que progressistas de inclinação puritana olhariam com carinho. Ele celebra o estabelecimento do Pacto do Mayflower e da Colônia de Plymouth organizada em torno dele. Essa posição no Novo Mundo não teria sido possível sem a ajuda das tribos nativas americanas locais, que foram posteriormente deslocadas (embora com muita história de conflito, diplomacia e política intertribal). É o precursor da Black Friday e da Cyber Monday, dois eventos que celebram o consumismo puro. Foi formalmente estabelecido por Abraham Lincoln em 1863 para comemorar as poucas e distantes vitórias da União na Guerra Civil na época, unindo-o para sempre à reverência pela República e sua Constituição. Se você encontrar mais para criticar do que comemorar no que foi dito acima, provavelmente não verá o Dia de Ação de Graças como um bem absoluto.

"O Dia de Ação de Graças deveria ser conhecido como Dia Nacional do Roubo de Terras e do Genocídio Americano", escreveu a colaboradora do *Huffington Post*, Nicole Breedlove, alegremente. Ela argumentou que as raízes do feriado estão embebidas em solo encharcado com sangue Pequot. Somente após o massacre de uma das aldeias dessa tribo, em 1637, os colonos americanos começaram a pensar em providência ou gratidão, afirmou Breedlove. "Então, quando você se sentar para jantar este ano", ela concluiu, "pense nos inúmeros nativos americanos que perderam a vida para que você possa cortar um peru e obter as melhores ofertas na Black Friday".[27]

A história popular deste feriado que as crianças são (ou melhor, eram) ensinadas na escola primária é "socialmente irresponsável", aconselhou o recurso de professores *Learning for Justice*.[28] Eles recomendam que os educadores ensinem o Dia de Ação de Graças como um "Dia Nacional de Luto", citando uma recomendação em um discurso de 1970 do ativista nativo americano Wamsutta Frank James.[29] Os planejadores de aulas do *ArtsAndJustice.org* sugerem renomeá-lo como "Ação de Roubos".[30]

E se tudo isso for demais, você pode acabar com o feriado completamente. "Uma indicação de progresso moral nos Estados Unidos seria a substituição do Dia de Ação de Graças e sua festa familiar autoindulgente por um Dia Nacional da Reparação acompanhado por um jejum coletivo autorreflexivo", declarou Robert Jensen, professor da Universidade do Texas, em Austin.

Não parece muito divertido, mas então, se estamos nos dedicando à busca do "progresso moral", a diversão não é o objetivo

No início do século XIX, os remanescentes do puritanismo na América haviam perdido muito de seu caráter religioso. A progênie progressista dos puritanos estava mais empenhada em buscar um estado moralmente justo dentro de uma ordem liberal e secular do que em salvar almas. Seus objetivos não estavam mais confinados a uma igreja particular ou limitados a uma comunidade ou outra.[31] Sua aspiração continuava sendo a eliminação dos pecados sociais, mas a convicção religiosa era menos importante do que a adesão a um código moral.

E, no entanto, muitos dos velhos hábitos puritanos persistiram. Embora o objetivo dos reformadores sociais fosse melhorar e, eventualmente, aperfeiçoar suas condições externas, todas as reformas políticas no mundo não poderiam contribuir para uma aliança social mais perfeita se o mal ainda estivesse à espreita no coração dos homens. Como seus colegas do século XVII, os reformadores progressistas do século XIX acreditavam que atividades prejudiciais tinham o poder de despertar a natureza inerentemente má de uma pessoa e contribuir para a degeneração da sociedade.

Da mesma forma, os novos puritanos estão preocupados que as preocupações banais com as quais você se diverte estejam corrompendo você e contaminando tudo ao seu redor. A vida ao ar livre também está repleta de dramas e tensões que parecem atormentar todos os outros aspectos da sociedade.

Após o assassinato doentio de Ahmaud Arbery enquanto ele corria, em 2020, por três homens brancos da Geórgia, a historiadora e maratonista Dra. Natalia Mehlman Petrzela foi às páginas do *The New York Times* para alegar que esse caso extraordinário era apenas a expressão mais cruel de um fenômeno comum.

"Correr", ela afirmou, "tem sido um passatempo vendido principalmente para pessoas brancas desde que 'a febre da corrida' surgiu no mundo branco do atletismo do Oregon, no final dos anos 1960". Além disso, "os negros não foram apenas excluídos do esporte", insistiu Mehlman Petrzela, "eles também foram implacavelmente retratados como uma ameaça aos corredores legítimos e brancos". Para apoiar sua tese, a médica afirma que o cardio ao ar livre foi retratado na cultura popular do século XX — na verdade, todos os seus exemplos eram do século XX — como passatempo de pessoas brancas. No entanto, em sua opinião, o assassinato de Arbery é apenas o exemplo mais recente da "brancura gritante da corrida recreativa".[32]

A jardinagem é rotineiramente classificada como um dos passatempos mais populares da América e por bons motivos. Envolve trabalho físico pesado, embora você não sinta que está queimando calorias e fortalecendo seu coração enquanto faz isso. Ficar exposto aos raios do sol é uma boa maneira de obter vitamina D e a exposição a alérgenos fortalece seu sistema imunológico. Para coroar, as bactérias saudáveis abundantes no solo superficial têm propriedades físicas que literalmente fazem você feliz. Um famoso estudo publicado na revista acadêmica Neuroscience descobriu que a vida microbiana no solo ativa neurônios liberadores de serotonina no cérebro, que são os mesmos nervos estimulados pelo popular antidepressivo Prozac.[33]

É claro que toda essa felicidade deve estar aliada ao entendimento de que seu pequeno jardim é uma modesta contribuição para as desigualdades mais incômodas da sociedade.

No verão de 2020, o apresentador e botânico da BBC James Wong escreveu sobre os antagonismos raciais que ele enfrentou na indústria de jardinagem em um editorial para o *The Guardian*. Sua experiência com alguns vizinhos não esclarecidos na Inglaterra parece angustiante, e sua gentil advertência contra fazer as pessoas se sentirem indesejáveis em qualquer espaço era inquestionável.[34] O editorial teria atraído pouca atenção, exceto por uma aparição subsequente na BBC, na qual Wong elaborou os abusos sistêmicos que acompanham a jardinagem.

"Sem dúvida nenhuma", Wong confirmou quando pressionado, "a cultura da jardinagem britânica tem o racismo embutido em seu DNA". Ele acrescentou que o racismo era "tão integral" à experiência de jardinagem britânica que os dois fenômenos não eram separáveis. Esse fato é "resumido, por exemplo, pela fetichização (e uso indevido) de palavras como 'herança' e 'nativo'". Além disso, equívocos comuns sobre quais espécies de plantas são nativas e quais não expõem "ideias muitas vezes inconscientes sobre o que e quem 'pertence ou não' ao Reino Unido". Ser educado em convenções botânicas locais, concluiu Wong, é expor-se a ideias que se baseiam "em uma base [de] xenofobia e racismo".[35]

O passado sujo da jardinagem não é exclusivo do Reino Unido. A organização Green America observa que o movimento de jardinagem urbana deve suas origens à "jardinagem da vitória" promovida e amplamente adotada durante a Segunda Guerra Mundial. Mas esse movimento está manchado pelos crimes históricos hediondos da América. "Os pôsteres de jardinagem da vitória coloridos, otimistas e tomados por brancos não chegam nem perto de sugerir as mais de 6.100 fazendas que foram tomadas de nipo-americanos", lamentam os defensores. "Eles não fazem nada para mostrar o trabalho forçado de prisioneiros de guerra alemães e japoneses, e ignoram o fato de que o governo teve que importar milhares de trabalhadores mexicanos para manter estável o suprimento de alimentos dos Estados Unidos".[36]

Como a especialista em agricultura urbana Yolanda Gonzalez disse ao *Green-Biz*, a jardinagem em pequenos lotes pode fazer parte de nossas "políticas antirracistas de agricultura urbana e promover a soberania fundiária e alimentar para agricultores urbanos negros, indígenas e negros". Mas somente se você estiver devidamente triste quando fizer isso.

Até os pássaros são racistas. Bem, pelo menos a observação de pássaros está repleta de conotações racistas. Como afirma Darryl Fears, do *The Washington Post*, "racismo e colonialismo estão no DNA da ornitologia". John James Audubon era um proprietário de escravos — a sociedade homônima que ele fundou leva o nome de um "opressor". John Kirk Townsend, que deu o nome à *Toutinegra de Townsend e Paciência de Townsend*, era um praticante da teoria racista da frenologia. Os escritos do naturalista britânico Alfred Russel Wallace, responsável pela classificação das aves do paraíso *Semioptera wallacii*, estão repletos de epítetos raciais.

Não é apenas a observação de pássaros que é suspeita, mas a maioria das formas de naturalismo amador. "A conservação foi impulsionada pelo patriarcado branco", disse o professor e ornitólogo da *Clemson University*, Drew Lanham, ao *Fears*. Os pássaros, em geral, "são um lembrete de que esse campo em que trabalho foi desenvolvido e moldado principalmente por pessoas diferentes de mim, que provavelmente

A ASCENSÃO DOS NOVOS PURITANOS

me considerariam inferior", concordou a estudante de ornitologia da Universidade do Havaí, Olivia Wang. Como observou um ativista da ornitologia, "os brancos batizavam os pássaros com o nome de outros brancos". As sociedades ornitológicas estão ouvindo esses críticos. Eles prometeram que as espécies com nomes ofensivos logo terão nova nomenclatura. Enquanto isso, os observadores de pássaros podem e devem encontrar maneiras mais inócuas de passar o tempo livre.[37]

Você não encontrará nenhum descanso na solidão meditativa que já esteve disponível em passatempos simples, como *fly fishing* (em português, pesca com *fly* ou apenas *fly*). Não se a revista *Angling Trade* puder evitar.

Escrevendo para a revista no fatídico verão de 2020, o colaborador Joel R. Johnson observou que um dos maiores desenvolvimentos recentes para o esporte foi que a empresa de pesca, caça e artigos esportivos Orvis havia assinado com a "iniciativa *Brown Folks Fishing*". Essa campanha tem o objetivo louvável de construir relacionamentos com comunidades de cor e expandir o interesse e acesso a equipamentos, licenças e locais de pesca. Mas depois que ele escreveu sobre essa valiosa iniciativa, Johnson cometeu o erro de ler os comentários anônimos on-line do artigo. A seção de comentários normalmente provocativos o informou que a maioria dos entusiastas da pesca não estava feliz com esse desenvolvimento. Eles só foram provocados pela invasão da política em seu hobby.

"As reações variaram de 'eu vou pescar para fugir disso' a 'espero que seja uma piada, nunca vi racismo na pesca'", escreveu Johnson. Ele ficou horrorizado. Johnson, um homem negro, informou a seus leitores que havia vivido não apenas racismo na água, mas também violência. Essas são as manifestações mais evidentes do racismo. Ainda assim, a discriminação racial também assume a forma de leitores brancos que se incomodam com a exigência de que eles também enfrentem o racismo durante seu tempo de lazer. "Continua a trabalhar quando ninguém pensa que está trabalhando (assim como o Diabo)", escreveu Johnson. "Você pode não acreditar no diabo, mas o racismo acredita em você".[38]

Esse tipo de acontecimento poderia ser descartado como algo um pouco exagerado, mas um produto de uma experiência amarga e boas intenções. Esses entusiastas ávidos só querem promover a observância da decência humana básica em seus respectivos passatempos, o que seria não apenas inquestionável, mas louvável. Isso certamente descreve a peça reflexiva do colaborador da *DriveTribe*, Jesus Garcia, perguntando a si mesmo e a seus colegas *gearheads** se o sexismo se tornou uma característica lamentável da cultura automobilística.[39] Mas essa consideração se torna outra coisa quando questões sobre sexismo se transformam em diatribes sobre "masculinidade tóxica".

"A cultura automobilística não criou a masculinidade tóxica", admitiu Kea Wilson, colaboradora do *Streetsblog USA*. "Mas certamente usou seus piores tropos a seu favor desde o início". Ao justificar seu argumento com uma variedade de anúncios de carros de meados do século XX que usavam fantasias sexuais masculinas para vender automóveis, o argumento de Wilson parece correto. Mas ela não parou ai. "A retórica que levou à aprovação do *Federal Highway Act* foi profundamente infundida com tropos masculinos tóxicos como nacionalismo sem medir despesas e a importância de alcançar o domínio econômico sobre nossos rivais estrangeiros", continuou Wilson. A alegação de que um sistema rodoviário nacional para facilitar o movimento de meios militares rodoviários móveis durante a grande competição de poder dos Estados Unidos com a União Soviética representa uma expressão freudiana de misoginia é, para dizer o mínimo, um enorme exagero.

Wilson continua observando que o *lobby* da indústria automotiva por penalidades mais duras contra pedestres que andam fora das calçadas indica que os homens "dominam corporalmente" as mulheres. "Os veículos motorizados, por definição, são máquinas dominantes, violentas e destruidoras do meio ambiente", afirmou Wilson. Se queremos uma "masculinidade mais saudável", ela conclui, "talvez precisemos encontrar outra maneira de nos locomover".[40]

---

* Nota da tradução: Ao pé da letra, traduz-se como "cabeças de engrenagem", algo como "doidos por engrenagem" ou "fanáticos por engrenagem"

A cultura automobilística não é apenas machista. Automóveis, ao que parece, são fanáticos pela igualdade de oportunidades.

Em 2016, o professor de economia da Universidade de Harvard, Roland Freyer, publicou um estudo surpreendente que desfez uma narrativa preferida por ativistas antipolícia. A ideia de que os americanos negros são mais propensos a serem mortos a tiros pela polícia do que os brancos, ele descobriu, não tinha base empírica. O que Freyer descobriu foi que os afro-americanos eram mais propensos do que os brancos a serem tocados, empurrados, algemados ou intimidados durante encontros com policiais.[41] Muitas dessas interações são resultado de batidas policiais rotineiras por uma série de ofensas que desafiam a razão (antes do verão de 2021, por exemplo, o Departamento de Polícia de Minneapolis poderia parar você se você tivesse um objeto como um purificador de ar pendurado no espelho retrovisor).[42] Qual a solução? Bem, admitiu o editor sênior da revista Sierra, Paul Rauber, a sociedade poderia investir rios de dinheiro melhorando o treinamento da polícia, recrutando diversos policiais para a força e reduzindo as imunidades legais oferecidas à aplicação da lei. "Mas há outra maneira, talvez mais simples", ele propôs. Você nunca vai adivinhar. "A solução", disse o ativista da justiça racial da *Bay Area*, Darrell Owens, a Rauber, "é mais ciclovias, mais transporte público, menos carros. Essa é a solução que, em última análise, reduz as infrações de trânsito a zero".

Para alguns, o enigma associado às interações policiais que deram errado é uma função de muitas leis. Para outros, é uma questão de treinamento policial insuficiente. Para o Novo Puritano, o problema é a existência dos carros.

A tendência entre os puritanos inclinados a ver o mal à espreita no mundano e cotidiano complementa seu desejo de unir todas essas transgressões ocultas como parte de uma vasta conspiração. Mas ao rejeitar as nuances que caracterizam tanto a condição humana, esses ativistas negligenciaram o bom e enfatizaram o ruim. A compreensão deles não é a mais completa, mas sim a mais estreita das tradições e valores dos nossos passatempos.

Todos nós somos, em algum grau, suscetíveis a isso. É um traço profundamente humano buscar o simples e abrangente e renunciar ao complexo. O truque é ter autoconsciência suficiente para reconhecer essa predileção psicológica e se surpreender no ato de sucumbir a ela. Isso é muito mais fácil dizer do que fazer, especialmente quando implica contrariar as pressões sociais para adotar uma narrativa preferida que simultaneamente explica o mundo ao seu redor e o absolve de qualquer culpa por contribuir para seus problemas.

Na imaginação dos Novos Puritanos, nossos atrativos divertimentos que disfarçam o mal evoluíram para além de dançar ao redor do mastro e vagar descuidadamente no sábado para incluir até mesmo os hobbies mais benignos. E, no entanto, a lógica por trás do que, de outra forma, atribuiríamos à neurose é hoje a mesma de quatrocentos anos atrás: o medo da ociosidade. Ou, mais especificamente, um medo do que os ociosos são capazes. Existem poucas atividades que estimulam a preguiça e mantêm os ociosos cativos de estímulos perversos, tanto quanto os videogames. Sendo assim, os reformadores morais modernos em todo o espectro político passaram a considerar essa prática com uma mistura de hostilidade e pavor absoluto.

Em 1958, o físico e cientista do Projeto Manhattan, William Higinbotham, manipulou um visor de tubo de raios catódicos usado em sistemas de radar para que um pequeno ponto digital saltasse de uma extremidade da tela para a outra. Nesse dia, ele criou o que se acredita ter sido o primeiro videogame. Higinbotham chamou seu jogo de Tênis para Dois, e a tecnologia abriu o caminho para o primeiro videogame comercialmente bem-sucedido, Pong, em 1972.[43]

Os avanços tecnológicos nos quatorze anos que separaram Tênis para Dois e Pong não foram tão profundos. Mas o que mudou nos anos seguintes foram as atitudes da sociedade em relação a essa nova tecnologia.

Em 1976, a Exidy, fabricante de diversões operadas por moedas e desenvolvedora de jogos, lançou um jogo de arcade baseado no filme de ação de Paul Bartel de 1975, *"Death Race" 2000*, estrelado por David Carradine e Sylvester Stallone. O filme se passava em um futuro distópico em que os Estados Unidos eram palco de uma corrida de automóveis assassina de cross-country, na qual os competidores eram obrigados a atropelar pedestres para ganhar pontos.

Mas enquanto este clássico de ação apresentava muito sangue, a versão para videogame do filme era pouco mais do que uma série de bolhas em preto e branco quase irreconhecíveis que só podiam representar carros, e seus alvos humanoides (considerados "gremlins" pelos designers de jogos), se você apertasse os olhos o suficiente. No entanto, cientistas comportamentais, consultores de segurança e, claro, políticos determinaram que o jogo era um instrumento dedicado à incitação à violência no mundo real.[44] Foi o início de uma tendência que ainda não diminuiu, quase cinquenta anos depois.

Nas décadas que se seguiram, os videogames se tornariam um bode expiatório conveniente para explicar atos de violência sem sentido.

O jogo de luta de arena *Mortal Kombat*, do início dos anos 90, foi atacado pelos então senadores democratas Joe Lieberman e Herbert Kohl devido às suas representações realistas (para a época) de sangue. A popularidade do jogo inspirou a criação de um sistema de classificação para regular a comercialização de jogos com temas maduros.

Quando dois estudantes do ensino médio mataram doze de seus colegas de classe e um professor na *Columbine High School*, no Colorado, em 1999, algumas figuras públicas colocaram a culpa no popular jogo de tiro *Doom*. "Por uma geração, Hollywood e os jogos computadorizados minaram os valores centrais da civilidade e é hora de serem impedidos por uma sociedade que valoriza a liberdade de expressão o suficiente para protegê-la", disse o ex-presidente da Câmara Newt Gingrich, para aplausos dos legisladores federais a quem ele estava se dirigindo.[45]

Em sua campanha para o Senado dos Estados Unidos, no ano 2000, Hillary Clinton argumentou a favor de uma legislação que imporia penalidades aos varejistas que vendessem jogos adultos para menores de idade. A Califórnia seguiu seu exemplo, mas a Suprema Corte decidiu mais tarde que o estado não poderia restringir a venda de um produto de mídia legal sem violar a Primeira Emenda. Em 2012, após o massacre de alunos do ensino fundamental na *Sandy Hook Elementary School*, em Connecticut, o senador democrata, que depois se tornou independente, Lieberman disse que o atirador tinha um "envolvimento quase hipnótico" em "videogames particularmente violentos". O então presidente Barack Obama concordou. Mais tarde, ele pediu ao Congresso que financiasse pesquisas sobre os efeitos psicológicos dos videogames como parte de seu plano de buscar remédios sistêmicos para crimes com armas nos Estados Unidos.[46]

Recentemente, em 2019, legisladores como o vice-governador republicano do Texas, Dan Patrick, e o líder da minoria do Partido Republicano, Kevin McCarthy, culpavam os videogames que "desumanizaram indivíduos" como a série *Grand Theft Auto* por tiroteios em massa, mesmo que a série não tivesse lançado um jogo novo em seis anos na época das alegações.[47] "Devemos parar com a glorificação da violência em nossa sociedade", disse o então presidente Donald Trump após dois tiroteios em massa naquele ano. "Isso inclui os videogames horríveis e macabros que são comuns hoje em dia".

Já tivemos várias décadas para estudar as ligações entre jogos e violência, e os pesquisadores não conseguiram estabelecer uma conexão. "São escassas as evidências de que há qualquer conexão causal ou correlacional entre jogar videogames violentos e realmente cometer atividades violentas", dizia uma declaração de 2017 da divisão de psicologia de mídia da Associação Americana de Psicologia. "Esforços para 'vincular' crimes violentos a videogames violentos e outras mídias podem persistir devido a um fenômeno bem conhecido chamado 'viés de confirmação', ou a tendência de prestar atenção apenas a informações que confirmam crenças anteriores e ignorar o que não confirma".[48]

Em suma, a crença de que jogos violentos produzem pessoas violentas persiste porque as figuras que olham para esses jogos com desconfiança reforçam seus preconceitos preexistentes ao desconsiderar evidências que conflitam com seus antecedentes. Mas os dados simplesmente não batem. "Os dados sobre bananas que causam suicídio são tão conclusivos quanto", disse o professor de psicologia da

A ASCENSÃO DOS NOVOS PURITANOS

Universidade Stetson, Chris Ferguson, a um repórter. "Literalmente. Os números são praticamente os mesmos".[49]

Esse é um corretivo importante. Infelizmente, aqueles que estão mais inclinados a aceitar as conclusões desses pesquisadores acabam por substituir um viés por outro. Foi-se o apoio à ideia de que os jogos dão lugar à violência do mundo real. Mas ainda está conosco a noção igualmente subjetiva de que os videogames promovem a depravação — racismo, homofobia e misoginia.

"Os videogames têm um grande problema, mas não é a violência virtual estilizada", escreveu Seth Schiesel, colaborador do *New York Times*, em um editorial de 2018. "Em vez disso, é o fanatismo, o abuso social, o sexismo e outros comportamentos tóxicos aos quais os jogadores muitas vezes se sujeitam quando jogam juntos on-line".[50]

"Assim como os brancos devem lidar com seus próprios privilégios e cumplicidade no racismo sistêmico que prejudica os negros, os videogames também devem aceitar os danos que causaram", afirmou Jordan Minor, da PC Magazine, em 2020, citando os fóruns on-line não regulamentados, em que usuários anônimos transgridem as normas sociais expressando sentimentos preconceituosos.[51]

Uma investigação da PBS de 2020 revelou que o retrato de pessoas de cor nos jogos é muitas vezes baseado em estereótipos. Personagens negros estão "confinados ao gênero de luta", afirmou o relatório, e "personagens latinos são frequentemente retratados como bandidos e traficantes de drogas, como na franquia *Grand Theft Auto*".[52]

O problema dos estereótipos nos jogos não se limita à raça. As mulheres no mundo dos jogos são retratadas como "hipersexualizadas", afirmam os reformadores culturais, com formas corporais irreais e exibições excessivas de pele. Além disso, desenvolvedoras do sexo feminino reclamaram de ambientes de "trabalho tóxico" em seus setores de escolha. "Tornou-se inegável que as mulheres que trabalham em videogames são rotineiramente abusadas e prejudicadas no local de trabalho, bem como por trolls on-line", escreveu Keza MacDonald, do *The Guardian*.[53]

Essas reclamações levaram os designers de jogos a agir. Desenvolvedores formaram alianças no esforço de combater a "toxicidade" no ambiente on-line, melhorar a diversidade na contratação de programadores e melhorar a experiência de jogo como um todo. Os usuários agora têm a opção de denunciar jogadores abusivos ao utilizar as redes on-line oferecidas por produtores de consoles como Microsoft e Sony. Mas para alguns, essas medidas voluntárias não são suficientes. Para eles, as frustrantes proteções constitucionais concedidas aos americanos são o verdadeiro obstáculo para lidar com o ponto fraco dos jogos.

"As ambiguidades dentro do sistema legal dos EUA desempenharam um papel na restrição dos esforços da aplicação de leis durante a era dos jogos on-line", dizia um despacho do *Washington Post* de 2019.[54] Pior, "muitos dos títulos em que é mais comum encontrar jogadores tóxicos continuam sendo os mais populares da indústria", uma correlação que alguns veem como uma acusação à sociedade americana.

Nossos antepassados puritanos não tinham nada como videogames, mas eles tinham brinquedos como cartas e dados — e eles os desprezavam.

O governador da Colônia de Plymouth, William Bradford, considerou esses divertimentos aparentemente inofensivos como "tolices", e não apenas porque poderiam ser usados para apostar.[55] Na década de 1650, o autoritário Tribunal Geral de Massachusets aprovou uma variedade de leis proibindo o uso desses instrumentos de jogo no que Michael Winship descreveu como um esforço para "controlar o gosto dos jovens" por essas distrações insidiosas.[56]

Os moralistas puritanos do século XVII e início do século XVIII traçaram uma linha clara entre os jogos infantis e o que Increase Mather, pai de Cotton Mather, chamou de "esportes e passatempos pecaminosos" de um jovem adulto.[57] Assim, as tabernas eram proibidas de oferecer aos frequentadores acesso a atividades como boliche e *shuffleboard* porque contribuíam para a frivolidade e todas as inclinações perversas que surgem dessa condição.

É essencial que o puritano temente a Deus esteja atento ao grande projeto ao qual deve se dedicar. "Devemos constante e continuamente, em tudo e em todos os momentos, prestar serviço a Deus em todas as nossas ações e durante todo o nosso curso e conversação", o ministro congregacional John Downame pregou em Londres, antes de sua emigração para a Nova Inglaterra. "Nos deveres mais mesquinhos do chamado mais básico, sim, mesmo em nosso comer e beber, esportes e recreações legais, os praticamos com fé".[58]

Substitua o grande projeto do puritanismo pelo do progressismo, e as semelhanças gritantes são difíceis de ignorar

As cruzadas morais não terminam em vitória. Elas raramente terminam. A maldade não pode nunca ser derrotada. Sua influência apenas se transmuta em formas desconhecidas, quando a batalha começa de novo. E foi assim que os órgãos dedicados a estigmatizar a combustão dos produtos do tabaco voltaram sua atenção para um dispositivo que não contém tabaco e não envolve combustão: especificamente, o uso do cigarro eletrônico, ou vape. Os objetivos da campanha relacionados à saúde pública, seus antepassados moralizadores, são na melhor das hipóteses, uma consideração secundária. No início do século XVII, Londres era uma cidade do tabaco. A erva era fumada em toda parte, vendida em quantidades proporcionais e comentada como se fosse uma cura milagrosa para tudo, desde dores de dente até doenças venéreas.

Essa sabedoria convencional tinha seus dissidentes. Talvez o mais bem-sucedido entre eles tenha sido o autor anônimo de um panfleto de 1602, "Trabalho para Limpadores de Chaminés"; ou "Um Aviso aos Fumantes".

O panfleto alegava que fumar levava a uma variedade de doenças e zombava da noção de que o tabaco tinha qualquer valor medicinal. Mas os argumentos dentro do documento que apelavam para a sensibilidade dos reformadores protestantes sustentavam que os ingleses não deveriam fumar porque eram uma raça especial. Nativos americanos e marinheiros poderiam consumir tabaco por causa de suas constituições distintas e "humores corruptos". Os delicados e refinados habitantes das Ilhas Britânicas, nem tanto.

"O tabaco deriva do diabo e seus sacerdotes nas Américas", escreveu David Harley sobre as conclusões do panfleto para o *Bulletin of the History of Medicine.* Para os puritanos, o ataque à prática de fumar representava um caminho alternativo para atacar os aspectos da sociedade inglesa dos quais eles discordavam. "Tanto os puritanos moderados quanto os radicais poderiam se unir sob a bandeira da reforma dos costumes", acrescentou Harley, "e o tabaco tornou-se um novo tópico para variar a dieta tradicional de ataques a bordéis e cervejarias".[59]

As proscrições na sociedade puritana contra o fumo eram numerosas. Ele foi desfavorecido pelo manuseio descuidado do fogo que encorajou — uma ameaça sempre presente que levou a restrições contra a prática de fumar ao ar livre muito além das fronteiras da Nova Inglaterra puritana.[60] Suas mal compreendidas consequências para a saúde também eram uma preocupação. Cotton Mather, que foi um estudioso do pensamento puritano e um praticante das artes médicas, criticou o "sal cáustico da fumaça" que "podia lançar as bases para a doença em milhões de pessoas desavisadas".[61]

Mas uma das razões mais convincentes para proibir a prática de inalar fumaça de tabaco da perspectiva puritana foi a redução do "prazer hedonista". Fumar não foi formalmente proibido na colônia de Massachusetts até 1683, mas há evidências de que fumantes foram processados pelo crime antes da proibição. "*Goodwife Lambert*", dizia um relato de um relatório do tribunal de Ipswich datado de 17 de abril de 1662, "sendo apresentado por fumar na rua, confessou".[62]

A aversão saudável da sociedade americana pela moralização puritana apresentou um obstáculo à adoção de leis antifumo até o século XX, como atesta um relatório do *Surgeon General* de 2000, chamado "Redução do Uso do Tabaco". No final da década de 1930, "o temperamento puritano que havia alimentado a atividade anticigarro no início do século estava na defensiva", dizia o relatório. "A antipatia pelo moralismo puritano era forte o suficiente para enfraquecer a fé em qualquer pesquisa manchada por ele".[63]

Como a campanha antitabagismo "necessariamente procura alterar o comportamento pessoal, é considerada por alguns como um movimento de reforma moral". Após a descoberta de que fumar causava efeitos negativos "de segunda mão" à saúde das pessoas próximas a um fumante, o movimento absolutamente assumiu aspectos de uma cruzada moral.

Como Richard Klein escreveu em sua exploração da história do fumo de 1993, subversivamente intitulada *Cigarros são Sublimes,* o tempo em que ele viveu foi "um daqueles momentos periódicos de repressão em que a cultura, descendente dos puritanos, impõe suas visões histéricas e seus constrangimentos culposos na sociedade, legislando julgamentos morais sob o pretexto da saúde pública, ao mesmo tempo em que amplia o poder de vigilância e o alcance da censura para alcançar uma restrição geral da liberdade".[64]

Hoje, a batalha para banir o tabagismo da sociedade educada terminou, em grande parte, com vitória. A erva tornou-se tabu — pelo menos, entre as classes altas e na cultura popular. Mas os defensores da saúde pública, ativistas antitabaco e as instituições que controlam tornaram-se vítimas de seus próprios sucessos.

No final da primeira década deste século, os esforços para tornar o tabagismo um hábito vulgar e caro tinham feito o possível para reduzir o uso do tabaco. Em meados da década de 2000, as taxas de tabagismo que haviam diminuído constantemente desde a década de 1970 se estabilizaram. Então, em 2007, o primeiro aerossol de nicotina comercialmente bem-sucedido, "NJOY", entrou no mercado.

O vaporizador pessoal não era uma ideia nova. A primeira patente para tal dispositivo foi registrada na década de 1920. Mas foi só quando o farmacêutico e fumante atormentado chinês Hon Lik inventou um dispositivo recarregável que dispersava de forma confiável a nicotina em uma nuvem de propilenoglicol ou de glicerina vegetal, que o produto decolou. O dispositivo satisfez os fumantes na medida em que fornecia a substância química viciante que eles queriam e simulava a sensação de fumar. Logo, as taxas de tabagismo começaram a cair mais uma vez. Em 2010, os fumantes adultos de cigarros representavam 21% da população dos Estados Unidos. Em 2015, apenas 15% continuavam.

Não há correlação estabelecida entre o aumento do *vaping* e o declínio do uso do tabaco, mas um estudo do Reino Unido publicado no *The*

New England Journal of Medicine descobriu que "os cigarros eletrônicos proporcionaram maior satisfação e foram classificados como mais úteis para se abster de fumar do que produtos de substituição de nicotina". De forma promissora, "aqueles no grupo de cigarros eletrônicos tinham desejos menos intensos de fumar do que aqueles no grupo de substituição de nicotina". O grupo de *vaping* tossiu menos e produziu menos catarro no final de um ano, e seus membros tiveram menos desejos graves de fumar do que aqueles que usavam terapias tradicionais de reposição de nicotina (TRNs).[65]

Apenas boas notícias, certo? Não se você estiver no ramo antitabagismo — um conjunto composto de organizações sem fins lucrativos, grupos de defesa e a indústria farmacêutica, que detém as patentes de quase todas as TRNs reconhecidas.

Desde o início do *vaping*, ele sofreu um ataque devastador da indústria antifumo e de seus aliados no governo, pois muitos supunham que era simplesmente fumar de outra forma. Jonathan Winickoff, da *Harvard Medical School*, comparou o *vaping* ao "bioterrorismo". Matthew Myers, presidente da *Campaign for Tobacco-Free Kids*, afirmou que um estudo do CDC descobriu que "os cigarros eletrônicos podem ser uma porta de entrada para o vício em nicotina e o uso de outros produtos de tabaco", quando os pesquisadores chegaram à conclusão exatamente oposta.[66]

Quando os oponentes do *vaping* não conseguiram provar que o *vaping* era uma porta de entrada para o uso do tabaco, eles simplesmente consideraram que era. "Centenas de milhares desses jovens desenvolverão um vício em nicotina e, finalmente, mudarão para fumar cigarros regulares", informou o *Los Angeles Times* em 2020. O artigo citou um estudo que usou uma simulação de Monte Carlo — um algoritmo de probabilidade simples — para justificar a afirmação.[67]

Por fim, os esforços para restringir o acesso ao vape tiveram mais sucesso depois que um pânico explodiu após um surto de disfunção pulmonar não diagnosticada entre os *vapers* — o chamado "pulmão de pipoca". Mais tarde, foi determinado que a causa dessa epidemia repentina não eram os vapes de nicotina, mas os produtos de maconha produzidos e vendidos principalmente nas ruas. Esses dispositivos substituíam os agentes emulsificantes tradicionais, como glicol e glicerina, por acetato de vitamina E — uma forma sintética de vitamina E usada em cremes tópicos para a pele. Era isso que estava adoecendo as pessoas.

No entanto, a epidemia criou uma tempestade com os esforços preexistentes para tirar o produto das prateleiras americanas. Dentro de um ano, grupos *antivaping* baniram com sucesso produtos "com sabor" em muitos estados americanos e proibiram a venda de certos produtos *vaping* pelos fabricantes diretamente aos consumidores.

O resultado inesperado dos esforços para impor regulamentações à indústria de *vaping* semelhantes às associadas aos "produtos de tabaco" foi forçar grande parte da indústria para os braços da *Big Tobacco*. NJOY foi o último grande vape do mercado que não pertencia, total ou parcialmente, a uma empresa de tabaco. Nos anos que se seguiram, os produtores de vape seriam sistematicamente comprados pelos fabricantes de tabaco, à medida que se tornava cada vez mais difícil competir no mercado altamente regulamentado. Entre as primeiras empresas a pedir a proibição de "e-liquidos" com sabor, por exemplo, estavam empresas de tabaco como a *Reynolds American* (fabricante do cigarro eletrônico *Vuse*). Eles poderiam sobreviver sem essa receita, enquanto seus concorrentes iniciantes no mercado de *vaping*, não.

Mas talvez essas consequências não tenham sido tão inesperadas, afinal. Embora as alegações dos defensores *antivaping* sobre os efeitos negativos na saúde dos usuários não pudessem ser duplicadas em ambientes mais clínicos, suas preocupações sobre a influência corruptiva que esses produtos estavam tendo na sociedade não eram tão facilmente refutadas.

"Anna começou a fumar por diversão durante seu segundo ano em uma escola local", relatou o Texarkana Gazette em 2019. "Ela nunca esperava ficar viciada".[68] Bom, Anna deveria. É um produto de nicotina, e a nicotina é um produto químico viciante (um fato que o FDA exige que esteja anunciado na embalagem de todos os produtos).

Os cronistas da história de Anna observaram que é perversamente fácil para as crianças colocarem as mãos nesse produto, apesar da proibição de venda a menores. Mas o mesmo pode ser dito de bilhetes de loteria ou álcool — ambos proibidos para menores, e ambos na mira de aspirantes a engenheiros sociais.

Para ser claro, nenhum estudo determinou que *vaping* é "seguro", o que é uma condição relativa de qualquer maneira. Praticamente não existe atividade livre de risco. Estudos indicaram que o *vaping* é mais seguro do que o uso habitual do tabaco, embora isso não seja algo muito difícil. Ninguém, no entanto, está colando um selo de aprovação nesta prática. Você assume seus próprios riscos.

Então, se você está inclinado a dissuadir seus filhos de usarem produtos de nicotina, como faria a maioria dos pais preocupados com a saúde, o grupo *Very Well Family* aconselha os pais a reconhecerem o óbvio: as pessoas usam o vape porque gostam. "Para ganhar credibilidade", observa o grupo de bem-estar, "reconheça as razões pelas quais os adolescentes podem querer usar o vape: todos os seus amigos estão fazendo isso; vaping parece ser a coisa legal a se fazer; os sabores parecem interessantes e divertidos". Assim que você aceitar essas realidades, você pode argumentar contra elas.[69]

No que pode ser o eco mais alto de uma época passada, um estudo de 2019 realizado pelo professor de justiça criminal da Universidade do Texas em San Antonio, Dylan Jackson, estabeleceu uma ligação entre o uso de vape na infância e a degeneração em adultos.

"Usando uma amostra nacionalmente representativa de alunos da 8ª e 10ª séries em 2017, Jackson descobriu que os adolescentes que usam vape correm um risco elevado de se envolver em atividades criminosas, como violência e roubo de propriedade", diz o resumo do estudo no *ScienceDaily*.[70] Partindo da suposição de que os menores que usam vape correm maior risco de criminalidade na idade adulta, a América parece ter determinado que o certo é sobrecarregar as crianças com uma acusação criminal agora, antes que possam cometer um crime pior mais tarde na vida. "À medida que o *vaping* continua a ultrapassar o tabagismo tradicional entre os jovens do país, os estudantes que, há alguns anos, poderiam ter sido acusados de, no máximo, uma contravenção por fumar um baseado estão agora enfrentando acusações criminais por terem um vape em suas mochilas", reportou o *The Texas Tribune*.[71] E não estamos falando apenas dos estados vermelhos reacionários. A proibição do uso de produtos de nicotina em aerossol em público em Ocean City, Maryland, é tão rigorosamente aplicada que rotineiramente resulta na prisão de infratores, incluindo menores. Em um vídeo viral, Brian Everett Anderson, de dezessete anos, foi atacado com um taser pela polícia por conduta "desordenada" — uma alegação que o vídeo deste evento não confirma. O que o vídeo mostra é a "violação" da portaria *antivaping* da cidade, que o adolescente desrespeitou à vista dos policiais que o alertaram contra esse comportamento depravado em público.[72]

Isso nada mais é do que uma mania coletiva.

A resposta da sociedade americana à popularização do *vaping* tem todas as marcas de um pânico moral. É um reflexo de nossa capacidade herdada para o que George McKenna chamou de tendência puritana à "introspecção ansiosa". As preocupações que inspiraram essa reação absurda seriam familiares aos puritanos que testemunharam os julgamentos das bruxas com alguma apreensão, mesmo acreditando que o diabo era uma força onipresente. A insidiosidade do mal é uma influência particularmente poderosa sobre os jovens e indolentes, e ficar de olho em suas tentações é uma tarefa sem fim.

Nós nos enganamos hoje quando assumimos que nossa sociedade avançou além dessas atividades supersticiosas. Nós com certeza não o fizemos.

6

MODERAÇÃO

SOBRIEDADE, CASTIDADE E PENITÊNCIA

O progressista puritano desconfia profundamente do prazer pelo prazer. Isso já ficou claro. Mas até agora, o motivo de tudo isso está em princípios abstratos. As normas para uma sociedade saudável preferidas pelos Novos Puritanos nem sempre surgem apenas da teoria. Há uma dimensão prática em suas preferências rigorosas, que é determinada pela sabedoria acumulada ao longo dos séculos que a humanidade passou experimentando diferentes modelos de organização social.

Relações sociais harmoniosas são difíceis de manter se o seu objetivo mais elevado na vida é a busca do prazer. Isso é especialmente verdade se essa busca por autogratificação desprezar os limites que outros estabeleceram para si mesmos e seus entes queridos. A preservação de uma comunidade funcional exige que nos imponhamos alguns limites.

Aquilo que nos leva a perder o controle — a nos esquecer de nós mesmos em meio ao desejo descontrolado — pode destruir uma comunidade. Por um breve momento na história desta nação, um movimento que abraçou a autoindulgência como uma virtude testou nosso compromisso tácito, mas profundamente arraigado, de preservar a cortesia social. Esse momento acabou.

O que restou foi uma revolução moralista. Sua vanguarda não está apenas procurando erradicar o excesso imprudente, mas qualquer coisa que possa levar a isso. Esse movimento provocou um pânico que é tão impreciso em seus objetivos quanto muitas das antigas inquisições puritanas. E, como costuma ser o caso, são os pobres e destituídos de poder que consomem as mentes dos reformadores morais abastados. São também os pobres e destituídos de poder que sentem a dor de seus pânicos de forma mais aguda. Assim, estamos sendo submetidos a algo semelhante a um novo movimento de moderação. E muito parecido com o antigo movimento de moderação, suas arestas mais afiadas são reservadas principalmente para aqueles que estão mais abaixo na escala socioeconômica.

Lockhart Steele foi demitido em outubro de 2017. "Demitido com efeito imediato", dizia o memorando interno atualizando todos os funcionários da *Vox* sobre o status de seu ex-CEO e diretor editorial. "Lock admitiu se envolver em conduta que é inconsistente com nossos valores fundamentais e não é tolerada na *Vox Media*".[1]

Steele se viu no centro de uma tempestade familiar, que dominou as manchetes no outono de 2017 e se tornou o movimento *#MeToo*. Em todo o espectro da sociedade americana, homens poderosos que usavam a licença concedida por seu status para propor e assediar suas subordinadas estavam sendo sistematicamente expostos. No caso, Steele foi acusado de ter assediado uma desenvolvedora web enquanto os dois andavam de Uber.

"Relatei o que aconteceu ao vice-presidente", escreveu a acusadora de Steele, que já havia deixado a empresa, em um post de blog público. "Um ano depois, descobri que uma investigação havia sido feita. Que havia mais vítimas dentro da empresa. E que a punição dele foi ser avisado que não mais poderia beber em eventos corporativos".

Restringir o acesso de Steele a bebidas alcóolicas foi considerado uma resposta chocantemente insuficiente, dadas as alegações contra ele. Estranhamente, os funcionários da *Vox* tentaram remediar essa injustiça exigindo que eles também não bebessem.

"A pedido de muitos de vocês, aumentaremos a comida e reduziremos as bebidas", dizia um memorando subsequente da *Vox* Media antes da festa anual de Natal daquele ano. Embora a empresa soubesse "que o álcool nem sempre é o motivo do comportamento não profissional", era, no entanto, sua responsabilidade evitar promover "um ambiente que incentive o consumo excessivo", o que "certamente contribui para isso". Sendo assim, o *open bar* estava sendo eliminado. Aos funcionários seriam permitidos apenas dois "tickets" que poderiam ser trocados por bebidas alcoólicas. Depois disso, eles estavam livres para pagar por mais bebidas se quisessem, desde que estivessem dispostos a suportar a vergonha de sua irreprimível dipsomania.

A *Vox* estava à frente de seu tempo. Naquele mesmo ano, a consultoria global *Challenger, Gray & Christmas* realizou uma pesquisa com 150 representantes do departamento de recursos humanos nos Estados Unidos e descobriu que menos da metade dos empregadores pesquisados serviriam álcool em suas festas de fim de ano. Isso representava um declínio dramático em relação aos 62% dos empregadores que planejavam fornecer bebidas alcoólicas apenas um ano antes. Mas o que eles podiam fazer? Como confessou o vice-presidente de uma das empresas pesquisadas, "atualmente, os empregadores estão muito cautelosos em criar um ambiente onde possa ocorrer contato inadequado entre os funcionários".

Naquele ano, o ensaísta Matt Labash estudou as melhores práticas em relação ao fornecimento de álcool a qualquer pessoa que pudesse processá-lo mais tarde. O que ele encontrou foi uma aversão ao risco que beirava o patológico. Os empregadores foram aconselhados por seus advogados a "emitir *tickets*, se precisassem servir bebidas alcoólicas, com os nomes dos funcionários, para que pudessem pedir a identidade de cada um, evitando que aqueles que não bebem deem seus *tickets* para os que bebem demais". Eles foram instruídos a pedir aos bartenders para "colocassem água nas bebidas" e "evitar servir comida salgada, o que faz as pessoas beberem mais". Mas, para realmente estar seguro, era melhor "eliminar completamente o álcool", porque é uma "verdadeira caixa de Pandora de possíveis problemas".[2]

Considerando que a função social primária do álcool é facilitar interações desinibidas que às vezes são tão arriscadas quanto divertidas, é razoável supor que as festas corporativas de fim de ano relativamente *secas* de 2017 não foram muito divertidas. É isso que devemos concluir, dada a pesquisa de 2018 da *Challenger, Gray & Christmas*, que descobriu que mais empresas planejavam cancelar suas festas de fim de ano completamente do que em qualquer momento desde 2009, quando o colapso econômico tornou os compromissos leves um pouco insensíveis.[3]

Quando o rastro deixado pelo movimento *#MeToo* se acalmou, a festa corporativa de fim de ano voltou. Em 2019, as empresas estavam mais uma vez prontas para comemorar e estavam começando a fazê-lo novamente com a bebida.[4] Mas era um conforto inútil.

O movimento que expôs os abusos de homens poderosos e até que ponto as instituições a que pertenciam iriam para protegê-los das consequências de suas ações deveria ter dado lugar a uma profunda reflexão. Em vez disso, a classe profissional projetou sua culpa, colocando a culpa por indiscrições pessoais muito específicas não nos indivíduos responsáveis por elas, mas em fatores externos, como a bebida demoníaca.

Por que essas instituições tomaram medidas tão intransigentes para evitar os riscos inerentes a situações sociais onde a tensão sexual está presente e banhada em álcool? Para reduzir as chances de conflito.

Limitar a ingestão de álcool e prescrever códigos rígidos de conduta que regem as interações entre homens e mulheres é uma fórmula testada e comprovada para reduzir as tensões intercomunitárias. Tem sido testado e comprovado ao longo dos séculos. Os puritanos não inventaram essa fórmula, mas com certeza a aperfeiçoaram.

Por volta da virada do século XVII, o austero pregador John "Decálogo" Dod elaborou algumas das crenças que contribuíram para a reputação pudica do puritanismo. Como seu apelido sugere, os sermões de Dod tendiam a se concentrar nos Dez Mandamentos. Ele se especializou em desvendar a penumbra de significado dentro deles que apenas os olhos mais aguçados poderiam discernir. Um mandamento aparentemente simples, "não cometerás adultério", era para Dod um poço profundo do qual um erudito bíblico astuto poderia tirar o que quisesse.

Na interpretação de Dod, o Sétimo Mandamento proibia implicitamente quase tudo que pudesse levar à tentação. Não permitia a "devassidão" que poderia encorajar a farra. Impedia a maioria das danças, porque considerava "a ação nada além da ocupação de um coração impuro". De fato, os "toques impuros e gesticulações" encorajados pelo ato da dança mista atingiram um herdeiro do maximalismo de Dod, Increase Mather, como tendo uma "tendência palpável para o mal" devido inteiramente aos pensamentos impuros estimulados pelo ato.[5]

Mas isso não foi tudo. Dod acreditava que o Sétimo Mandamento também se opunha tacitamente às performances teatrais, "que não servem para nada além de nutrir a imundície". Proscreveu a indolência, incluindo tudo, desde "ficar de bobeira na cama" a "esportes inúteis", e vetou todas as atividades carnais, exceto as mais produtivas. "O Sétimo Mandamento", observou Michael Winship, "proibia não apenas o adultério, mas qualquer tipo de sexo não conjugal, incluindo masturbação, sodomia e bestialidade. Até mesmo pensar em sexo ilícito, advertiu Dod, era 'odioso para Deus'".

Mesmo que todos esses critérios elaborados para relações respeitáveis fossem atendidos, o potencial para ofender a Deus ainda era grande. "Mesmo dentro de um casamento amoroso, o sexo deve ser moderado", acrescentou Winship. "A ciência médica da época dizia que as mulheres não concebiam sem orgasmo, mas a indulgência sexual excessiva", advertiu Dod, "muitas vezes resultava em nascimentos monstruosos, natimortos e crianças com problemas mentais ou 'ímpias e teimosas'".[6]

Em nossa mente, agora podemos evocar a imagem do puritano tipicamente devoto atormentado pela ansiedade de desempenho incapacitante. Ele não deve nem pensar na perspectiva do sexo até o momento da intimidade. Ele deve se engajar no ato com expediente profissional. Ele deve levá-la ao clímax, mas com o mínimo de criatividade tática possível. Se você tem pena da situação de nosso perplexo puritano, imagine o que sua pobre esposa teve que suportar.

Nas comunidades intransigentes que compunham a Nova Inglaterra colonial, as prescrições maximalistas de Dod para relações intersexuais adequadas eram apoiadas pela força da lei. "Sexo desordenado — todo sexo fora do casamento foi vigorosamente, se não completamente, reprimido", continuou Winship. Por exemplo, "um casal simplesmente visto com o braço do homem em volta do pescoço da mulher tarde da noite ou apenas agindo de maneira 'indecente e suspeita' poderia chamar a atenção de um tribunal". O namoro, como você pode imaginar, era um assunto complicado.[7]

No entanto, a concepção puritana idealizada de como o sexo *deveria ser* tinha pouca semelhança com sua prática no mundo real. Sexo por diversão dentro do casamento não era incomum, e não havia estigma social em torno desses prazeres. Como John Cotton, ministro congregacional e emigrado para as colônias, observou: "A vida não é vida se for dominada pelo desânimo". Assim, "tua esposa amada e ela para ser vivida com alegria, todos os dias da tua vaidade".[8]

Da mesma forma, Cotton continuou, "vinho é para ser bebido com um coração alegre". A relação puritana com o álcool era igualmente complicada porque, como o sexo, essa não era uma tentação que pudesse ser inteiramente evitada — não quando o consumo em massa de água não tratada era uma ameaça mais premente do que a ocasional reprovação.

Na Nova Inglaterra, o cultivo de variedades de uvas para vinho palatáveis foi prejudicado pelo fracasso das vinhas importadas em se adaptarem ao solo rochoso nativo. As videiras que se enraizaram no local produziram frutos que não eram tão saborosos quanto seus primos europeus. Mas onde o vinho falhou, cervejas e sidras tiveram sucesso. O cultivo de milho, aveia, cevada e árvores frutíferas encontrou poucos dos obstáculos que dificultavam a produção de uvas na América, e as cozinhas coloniais eram sempre equipadas com ferramentas de cervejeiro.[9] Os puritanos eram um povo comunal. E assim como é hoje, o álcool servia como um lubrificante social. Isso tornou a bebida uma característica central das funções da comunidade e fez com que a taverna se tornasse essencial na vida puritana. "Quase todas as ocasiões, desde colheitas e criação de celeiros até cerimônias de formatura da faculdade, tornaram-se ocasiões para bebedeiras prolongadas", detalhou George McKenna.[10] "Cerveja e sidra desempenhavam o mesmo papel que pão e bolos na mesa de jantar", observou Bruce Daniels. "Tanto o álcool quanto a comida promoviam o convívio — uma virtude e uma necessidade para as pessoas que vivem em casas apertadas e bairros ideológicos austeros".[11]

Não foi o consumo muitas vezes necessário e agradável de bebidas levemente fermentadas que atraiu a ira dos moralistas dos séculos XVII e XVIII, mas o exagero e a devassidão que tantas vezes se seguia. "O vinho é de Deus", concedeu Increase Mather, "mas o bêbado é do Diabo".[12]

O baixo teor alcoólico nas bebidas preferidas desse período tornava a embriaguez abjeta uma atividade extenuante à qual o aspirante a embriagado deveria dedicar várias horas de trabalho pesado. É incrível, então, que os relatos de intoxicação pública não fossem tão raros.

No início da década de 1630, o governador da Colônia da Baía de Massachusetts, John Winthrop, maravilhou-se com a maneira pela qual os jovens da colônia "se entregavam a beber água quente de forma imoderada". Como observou um membro do establishment congregacionalista da Nova Inglaterra, nada menos que quarenta ministros "eram bêbados, ou tão viciados em bebida" que eram uma vergonha para eles mesmos e sua igreja.

Assim como "a gula era um pecado", observou Daniels, "a embriaguez era um crime". Como tal, os municípios da Nova Inglaterra forçaram os barmans a controlarem o que serviam aos seus clientes — uma prática que ainda está conosco hoje. Além disso, os fornecedores de bebidas eram obrigados a garantir que seus clientes não fossem desviados das reuniões da igreja no meio da semana, e a venda de destilados mais fortes era limitada a "dois pence por pessoa".[13] Embora fosse raro os bebedores em excesso se encontrarem diante de um tribunal, aqueles que o faziam estavam sujeitos a penalidades que variavam de multas pesadas a chicotadas ou pelourinho.[14]

Mas, à medida que as décadas avançavam, o mesmo acontecia com a prova de álcool[*]. Na virada do século XIX, as sidras e cervejas que

---

[*] Nota da tradução: A prova de álcool é uma medida do conteúdo de etanol em uma bebida alcoólica. O termo foi originalmente usado na Inglaterra e foi igual a cerca de 1,821 vezes o volume de álcool.

os colonos americanos consumiam com abandono foram eclipsadas em popularidade pelos destilados. Em 1820, "o consumo anual *per capita* de bebidas alcoólicas por aqueles que tinham quinze anos ou mais", observou a historiadora Joyce Appleby, "era quatro vezes maior que o de hoje". Não é por acaso que foi apenas seis anos depois que Lyman Beecher fundou a American Temperance Society, que, em 1834, defendia não apenas a moderação, mas a abstinência total do consumo de álcool.[15]

Os estudiosos do puritanismo americano são regularmente frustrados por aqueles que confundem os valores puritanos com os costumes vitorianos, embora as distinções entre duas filosofias, muitas vezes complementares, tenham se tornado nebulosas ao longo dos anos. Embora fossem retoricamente hostis à embriaguez e ao sexo casual, o registro histórico sugere que os primeiros puritanos não praticavam o que pregavam. À medida que o puritanismo americano evoluiu, no entanto, tornou-se mais restritivo. Em meados do século XIX, os códigos de conduta puritanos que governavam as artes e a recreação, o sexo e o álcool e uma dúzia de outros tabus, em sua maioria fictícios no período colonial, tornaram-se máximas absolutistas.

Assim como o movimento de moderação não pode ser separado da religiosidade que prevaleceu na América puritana, o movimento proibicionista se inspirou no progressismo do período.

Antes de ser uma força política, o progressismo americano foi primeiro uma moda. Surgiu das classes endinheiradas e sobrenomes famosos que povoaram o Centro-Oeste e o Nordeste, muitos dos quais tinham laços familiares com o puritanismo. Os progressistas defenderam causas como a jornada de trabalho de oito horas, restrições ao trabalho infantil, igualitarismo racial, criação de padrões de moradia segura e direito de voto às mulheres. Em contraste com o populismo desse período, com suas origens na política do Partido Democrata e suas afinidades geográficas com o Sul e o Oeste, os progressistas do final do século XIX rejeitaram amplamente as prescrições políticas socialistas e a consciência de classe tóxica.

Como observou o sociólogo de Harvard Talcott Parsons, a tendência puritana que mais atraiu os progressistas foi o espírito do "ativismo instrumental" — a ideia de que a política pode ser uma fonte de identidade e esclarecimento. Não houve cruzada política mais ilustrativa dessa tendência do que a moderação e sua marca registrada, a Lei Seca.

Os membros do movimento de moderação eram, em sua maioria, de classe média. Eles procuraram conter os "interesses" comerciais e políticos que preservavam o lugar de destaque do álcool na sociedade americana. Eles eram cruzados progressistas, sim, mas de modo algum seculares. O professor e historiador da Universidade de Yale, Sydney Ahlstrom, chamou a Lei Seca de "a maior cruzada protestante do século XX".[16] E enquanto seus antepassados bebedores de sidra e cerveja podem ter chegado perto de defender a abstinência total do álcool, o absolutismo da moderação deriva de uma crença puritana de que a embriaguez resultava em consequências negativas tanto para os indivíduos quanto para a sociedade como um todo.

"A moral e os valores que os renascimentos religiosos das Eras da Moderação e da Lei Seca promoveram estavam impregnados da ideologia puritana", observou Leah Rae Berk, da *Brown University*. Seu estudo dos argumentos apresentados por aqueles que apoiavam a abolição do comércio de bebidas alcoólicas encontrou temas recorrentes familiares aos estudiosos do pensamento puritano.

Os defensores do "seco" atribuíam o consumo de álcool a praticamente todos os outros males sociais que atormentavam os Estados Unidos do final do século XIX — de doenças e pobreza a crimes e violência doméstica. O alcoolismo era considerado um subproduto do excesso de frivolidade e de paternidade negligente. Aqueles que consomem bebidas intoxicantes foram acusados de serem "escravizados" pela bebida, reacendendo os incêndios que tanto animaram os ativistas antiescravistas puritanos. Os defensores da Lei Seca compararam seu trabalho a uma "cruzada", remetendo ao utopismo inerente aos ideais providenciais do puritanismo.

E quando sua grande obra foi concluída, os proibicionistas pareciam acreditar genuinamente que tinham ajudado a restaurar o paraíso perdido no Éden. "Uma vez alcançada a abstinência completa", escreveu Berk sobre a perspectiva proibicionista, "as prisões serão esvaziadas, o crime cessará, a humanidade será salva e o reino dos céus reinará na terra".[17]

"O movimento de moderação e a proibição do álcool representaram o apogeu do progressismo puritano. Foi tudo ladeira abaixo a partir daí. Seu esforço bem-intencionado produziu um dos maiores desastres legais da história dos EUA. A Décima Oitava Emenda e as leis que se seguiram à sua ratificação não eliminaram as tentações de venalidade, hipocrisia e degeneração. Esses aspectos da condição humana só foram exacerbados pela Lei Seca.

No final, os cruzados da moderação confundiram um sintoma da doença que estavam lutando com a aflição maligna que eles queriam tão desesperadamente curar. Ligadas ao movimento de moderação estavam questões sobre o que constituíam atividades adequadas fora do local de trabalho, um equilíbrio saudável entre vida pessoal e profissional e educação completa, isso sem falar de casamento, vida familiar e das relações entre os sexos. Essas questões preocupam os reformadores sociais até hoje. E provavelmente sempre preocuparão.

Ativistas progressistas modernos fazem o máximo para impingir o moralismo que culminou no fracasso do experimento proibicionista da nação nos ombros da direita americana. Mas o que deveríamos esperar? Tão grande foi a reação contra o moralismo hipócrita nas décadas de 1960 e 1970 que até mesmo os Novos Puritanos estão ansiosos para evitar o fedor disso. E, no entanto, eles persistem em sua cruzada, que é cada vez mais "seca" na disposição, se não na política.

A reação contra a bebida entre a esquerda anteriormente permissiva complementa muitos dos valores e primeiros princípios centrais para uma orientação política progressista. O hábito de beber não só contribui para os maus-tratos às mulheres, como também facilita os maus-tratos às minorias. Isso é, em essência, o que o escritor de opinião do *New York Times* Nicholas Kristof alegou em um ensaio de 2012 que acusou a potência cervejeira Anheuser-Busch de "exploração devastadora dos índios americanos".

"O custo humano é evidente aqui em Whiteclay", dizia o despacho de Kristof daquela cidade de Nebraska. "Homens e mulheres cambaleando na rua, ou desmaiados, histórias sobre garotas trocadas por álcool". As acusações de Kristof ecoam as alegações de um documentário popular de 2008, *The Battle for Whiteclay*, uma cidade na qual quatro lojas de bebidas serviam aproximadamente uma dúzia de moradores.[18] A disparidade aqui surge da vizinha Reserva Indígena Pine Ridge. As vendas de bebidas alcoólicas são proibidas em Pine Ridge. O comércio de álcool em Whiteclay, onde quatro milhões de latas de cerveja e licor de malte eram vendidas anualmente, desrespeita essa proibição.

"Assim, a Anheuser-Busch e outros cervejeiros despejam centenas de milhares de galões de álcool nas lojas de bebidas de Whiteclay, sabendo que acaba sendo consumido de forma ilícita pelos moradores de Pine Ridge e alimenta o alcoolismo, o crime e a miséria lá". Kristof alegou. "É como se o México vendesse legalmente metanfetamina e crack para americanos em Tijuana e Ciudad Juárez". Kristof observou que a tribo entrou com uma ação contra o fabricante de cerveja, mas essa petição foi posteriormente indeferida por um juiz federal.[19] A Justiça era desigual na balança do desafio apresentado por este fornecedor de bebidas sem escrúpulos.

Então, qual foi a solução proposta por Kristof para a exploração que ele alegou? O autor foi discreto sobre isso. Mas ele observou que onde há menos bebidas alcoólicas disponíveis estudos mostraram que há "menos bebida e menos crimes relacionados ao álcool". Parece lógico. Mas como você garantiria tal reforma? "Tenho certeza de que um boicote nacional à Budweiser acordaria a empresa", escreveu ele nas páginas do *Times*.[20]

O editorial não conseguiu mobilizar o país para boicotar a maior cervejaria dos Estados Unidos, mas chamou a atenção dos advogados da *Anheuser-Busch*. "Os produtores de cerveja estão proibidos de vender cerveja diretamente a varejistas ou consumidores em Nebraska, e obedecemos a todas as leis onde quer que operemos ou vendamos cerveja", afirmou a empresa. A declaração acrescentou que o assunto que preocupava Kristof "envolve questões profundamente complexas, sociais, culturais e às vezes fisiológicas", que foi uma maneira legal de acusar Kristof de simplificar muito o problema que ele tentou resolver.[21]

Isso não quer dizer que o colunista do *Times* não tivesse razão sobre os custos sociais desiguais do consumo de álcool. Um estudo de 2014 publicado no *Psychological Bulletin* propôs a ideia de que os afro-americanos relatam um relacionamento geralmente mais saudável com o álcool do que os americanos de ascendência europeia, em parte como um subproduto da "interação complexa de discriminação residencial, racismo, idade para beber e falta de reforços de vida padrão disponíveis (por exemplo, emprego estável e estabilidade financeira)". Como resultado dessas pressões sociais adversas, os negros americanos, além dos "homens afro-americanos de baixa renda", começam a beber mais tarde na vida e têm taxas mais baixas de alcoolismo do que os brancos americanos.[22]

Há uma sensação palpável de conflito existencial aqui. Claro, a discriminação não é nada para comemorar, mas e se contribuir para escolhas de estilo de vida mais saudáveis? Nenhum bom progressista poderia endossar discriminação privada, é claro. Mas a discriminação pública? Esse é um incentivo muito menos complicado para nossos novos puritanos.

"O álcool é algo que as pessoas gostam de beber. É agradável", disse Emily Owens, professora de criminologia, direito e sociedade da Universidade da Califórnia, Irvine. "Mas, em certo ponto, o consumo de álcool é realmente problemático para a sociedade". Vale, portanto, considerar as consequências sociais positivas associadas ao aumento artificial do preço do álcool por meio da tributação. Dessa forma, podemos "desencorajar as pessoas marginalizadas a consumir tanto quanto elas realmente gostariam".[23]

Owens, que ocupa um cargo secundário no Departamento de Economia da UC Irvine, descarta os efeitos regressivos dos "impostos do pecado" como o que ela propõe aqui. Como acontece com todos os impostos sobre o consumo, os americanos de baixa renda são menos propensos a comprar em grandes quantidades e acabarão pagando mais do que os americanos de alta renda. Mas isso seria realmente uma coisa tão ruim? "Neste caso", opinou um artigo acadêmico de 2012 publicado no *American Journal of Preventative Medicine*, "esse impacto financeiro maior pode levar a maiores reduções no consumo de álcool e a um maior benefício de saúde pública para esses mesmos indivíduos".

Deixando a proposta o mais clara possível: forçar os americanos mais pobres a pagar mais pelo álcool não é uma má ideia, porque os americanos mais pobres são mais propensos a terem problemas com a bebida.[24] Portanto, pensar em afetá-los com impostos mais altos teria maiores benefícios sociais.[25] Nesse ponto, a mente proibicionista mudou desde 1920.

Embora os proibicionistas fossem progressistas em boa posição, eles também eram produtos de seu tempo. E o tempo deles era aquele em que o protestantismo anglo-americano estava sob cerco em meio a um influxo de católicos irlandeses, alemães e do sul da Europa. Era também uma época em que as terríveis tentações intelectuais da inveja de classe e do marxismo revolucionário dominaram a imaginação das classes baixas.

Não é por acaso que grupos como a Liga Anti-Bares (sic) e a União de Temperança das Mulheres Cristãs foram financiados por alguns dos interesses mais abastados do país. Enquanto isso, seus oponentes, sendo os mais dedicados imigrantes ou parte das minorias, sofriam para angariar fundos. O *Volstead Act*, que proibia a venda de álcool, continha brechas destinadas a apaziguar os interesses dos ricos. Entre elas estavam as cláusulas que permitiam aos americanos manter estoques pessoais de álcool comprado antes que a lei entrasse em vigor e a legalização de prescrições caras de álcool "medicinal". E, é claro, as leis que proibiam a venda de álcool eram rotineiramente minadas pela corrupção nas forças policiais do país, desde que você pudesse pagar o privilégio.[26]

"Uma campanha sem precedentes de fiscalização seletiva escondia--se sob o glamour aparente dos anos 20, que deixou a elite urbana tomando coquetéis em boates chiques e protegidas", observou a autora e historiadora Lisa McGirr, "enquanto mexicanos, imigrantes europeus pobres, afro-americanos, pobres brancos no sul, e os azarados experimentaram todo o peso da realidade mortal da aplicação da Lei Seca".²⁷

Apesar de todas as ameaças caras à saúde social e cívica apresentadas pela Lei Seca, "o nobre experimento" ainda está sendo feito hoje, embora em menor escala. Ainda em 2015, a Universidade de Dartmouth, com sede em New Hampshire, proibiu a posse, distribuição ou mesmo o consumo de álcool com teor alcoólico superior a 30 no campus. Em outras palavras, bebidas destiladas não são permitidas. A lógica declarada da escola era coibir o "beber compulsivo" entre os alunos, particularmente os veteranos que pertenciam a fraternidades ou irmandades.²⁸ A proibição também foi projetada para suprimir "comportamentos extremos", incluindo "má conduta sexual e flagrante desrespeito às normas sociais".²⁹

Mas a lei das consequências não intencionais não está sujeita a revogação. A proibição fez pouco para conter os incidentes relatados de má conduta sexual, que aumentaram ano após ano após sua implementação.³⁰ E o medo de que a proibição levasse os alunos que bebiam ilicitamente a evitar procurar atendimento médico se bebessem demais — um medo abordado na política do "Bom Samaritano" de 2017 da universidade — provou ser bem fundamentado. O jornal estudantil de *Dartmouth* informou que, de 2016 a 2019, houve 352 chamadas de "Bom Sam" para o escritório de segurança pública da faculdade. A proibição também não fez muito para conter o "comportamento extremo". Uma auditoria interna de 2019 descobriu que "a grande maioria dos crimes estudantis estava relacionada ao álcool: mais de 250 alunos de 2016 a 2018 receberam uma advertência disciplinar por violações da lei de bebidas alcoólicas e quase 40 foram presos a cada ano".³¹

Alguns acreditam que o relacionamento conflitante dos Estados Unidos com o álcool e os tabus em torno de seu consumo contribuem para o abuso da bebida nos campi universitários. A argumentação comum é mais ou menos assim: em lugares como a Europa Ocidental, onde os jovens a partir de quinze anos têm acesso a cervejas leves e vinhos, há uma cultura de consumo muito mais saudável. Os dados não suportam totalmente essa afirmação.

Neste século, os relatos de "embriaguez" entre menores de idade na Europa são rotineiramente mais altos do que nos Estados Unidos, e as taxas de mortalidade na Europa por cirrose hepática são muito maiores do que nos Estados Unidos.[32] E, no entanto, o consumo excessivo de álcool entre os europeus na faixa demográfica da idade universitária (20 a 24 anos) diminuiu vertiginosamente 10% de 2005 a 2016.[33] Estudos têm mostrado rotineiramente que, na Europa, a probabilidade de hospitalização como resultado de intoxicação por álcool tem uma queda imensa aos dezoito anos e se estabiliza em uma faixa insignificante quando você completa vinte anos.[34]

Então, o que devemos entender disso? Talvez nada além do fato de que o álcool, como qualquer coisa que tenha restrição de idade, torne-se um rito de passagem. E quando não é deliberadamente administrado por adultos, será usado em excesso. Buscar a eliminação desse mal é entrar em guerra com a natureza humana, o que é sempre um jogo perdido.

Em última análise, o argumento emergente para a abstenção de álcool que é o mais convincente centra-se na responsabilidade e no prazer pessoal.

Um dos proponentes mais populares e comercialmente bem-sucedidos dessa filosofia é a memorialista Sarah Hepola. Seu livro de sucesso, *Blackout: Remembering the Things I Drank to Forget,* detalha uma jornada confusa e reveladora para a sobriedade e os perigos do abuso crônico de álcool.

Em uma reflexão profundamente pessoal sobre seu caso de amor não correspondido com a garrafa, Hepola descreve frequentes apagões, demonstrações embaraçosas de comportamento indecoroso e encontros sexuais com completos estranhos. Era tudo muito divertido, até deixar de ser.

"Eu tive muito medo quando parei de beber de que minha vida acabaria e que tudo seria pior e que eu nunca mais me divertiria", disse

Hepola à NPR. "E eu realmente sinto que tomei esse novo caminho extraordinário que é lidar com a vida nos termos da vida e encontrar autoconfiança em mim mesma".[35]

Enquadrar a abstinência de bebida como uma forma de recapturar os aspectos mais agradáveis da vida, em vez de sacrificá-los em prol da saúde ou de um nobre princípio social, é convincente. É um argumento que não atrairá muitos seguidores entre aqueles que obtêm satisfação com o desempenho de sua autodisciplina, mas a gratificação e o interesse próprio são poderosos fatores motivadores para quase todos os outros.

E, no entanto, as consequências pessoais do consumo excessivo de álcool estão alimentando apenas parte da reação contra a bebida. Não são apenas as coisas terríveis que o álcool faz com as mulheres que provaram ser tão convincentes. São as coisas preocupantes que o álcool faz com os homens que assustaram alguns ativistas progressistas.

O álcool transforma os homens em ameaças. O intoxicante que os homens predadores usam com mais frequência para conseguir o que querem de mulheres jovens desavisadas não é Rohypnol, ketamina ou metilenodioximetanfetamina (também conhecido como MDMA, que é comumente encontrado no Ecstasy). É o álcool. "Sinceramente, o álcool é a droga número 1 para estupro em encontros", disse um policial ao *USA Today*. "As drogas são usadas muito raramente na vida real".[36]

O álcool transforma os homens em brutos. Em 2019, um estudo de dezesseis anos realizado na Suécia determinou que homens com dependência de álcool tinham seis vezes mais chances de serem presos por ameaçar, atacar ou agredir sexualmente suas esposas ou namoradas do que a população masculina em geral.[37] "Os homens também são vítimas da violência alimentada pelo álcool", dizia um recurso da instituição de caridade ativista CAIS, "mas a maneira desproporcional pela qual as mulheres são prejudicadas por essa droga poderosa, intoxicante e viciante certamente torna a disponibilidade, o preço e a agressividade da sua promoção um dos problemas principais dos direitos das mulheres hoje".[38]

O álcool transforma os homens em maus provedores. Em 2014, a *Vox Media* observou um grande aumento no número de entrevistados que citaram "a bebida" como "causa de problemas em sua família". Isso tudo foi apresentado como mais razões convincentes para apoiar "impostos rigorosos sobre o álcool", pois os pesquisadores concluíram que "o imposto sobre o álcool reduziria significativamente a violência, o crime e outras repercussões negativas do uso de álcool".[39]

Existe razão nisso tudo, mas esses argumentos não são novos. Eles soariam familiares para qualquer defensor da moderação ativo na virada do século XX.

"Há tantas referências à degradação da noite de sábado", disse a historiadora Catherine Gilbert Murdock a documentaristas da PBS em 2011. "Este é um momento em que não há divórcio, em que o conceito de proteção policial para violência doméstica não existe, em que o conceito de estupro conjugal não pode ser discutido. Mas você *pode* discutir isso através do alcoolismo e o que o álcool faz com os homens".[40]

De fato, uma das principais inovações da presidente nacional da União Feminina de Moderação Cristã, Frances Willard, foi associar a abstinência de álcool ao conceito de "proteção doméstica".[41] Tanto a moderação quanto a extensão do voto às mulheres, em sua opinião, eram vitais para a preservação da tranquilidade doméstica. Não é coincidência que a União Feminina de Moderação Cristã também manteve um "Departamento para a Supressão da Literatura Impura", já que as cruzadas contra a impropriedade moral tendem a se espalhar.

E não é como se os Novos Puritanos não soubessem que estão dando voz a argumentos antigos. Alguns deles estão plenamente conscientes dos paralelos que estão criando, e não se importam nem um pouco com isso.

"Em vez de um movimento regressivo consumido pelo desdém moralista pelo uso de álcool, muitos dos mais fervorosos defensores [de Moderação] queriam o álcool banido por uma razão muito mais prática: a segurança das mulheres", escreveu Moira Donegan, criadora de uma lista de *"Shitty Media Men"*, que sem dúvida serviu como catalisador para o que se tornou o movimento *#MeToo*.

"Qual é o preço que as mulheres pagam por suportar a violência sexual, o assédio sexual e a violência doméstica pelo prazer dos homens?" ela perguntou. "Todo esse sofrimento feminino vale a pena pelo privilégio masculino de beber? Os homens devem, realmente, ter permissão para beber álcool?". Donegan não se detalhou sobre quem, precisamente, "permite" que os homens bebam álcool. Ela também não especulou sobre as formas como essa liberdade poderia ser tirada. Em vez disso, ela embarcou no que ela afirmou ser apenas um experimento mental: "E se levarmos a segurança das mulheres tão a sério quanto levamos o prazer dos homens? O que esse compromisso nos obrigaria a fazer?".

Donegan lamenta o descaso casual do mundo ocidental pela proteção das mulheres a ponto de vivermos em uma sociedade em que as bebidas intoxicantes fluem livremente. Talvez tenha chegado a hora de medidas mais extremas? Donegan conclui com uma palavra gentil para a ativista da moderação *Carrie Nation*, que ganhou destaque (e notoriedade) por sua propensão a destruir bares com seu machado.

"Ao destruir as garrafas com seu machado, foi como se ela destruísse as forças que permitiam a violência doméstica, sexual e o estupro", conclui Donegan. "A esse objetivo, pelo menos, vale a pena brindar".[42]

Para os reformadores morais, poucas ameaças são tão urgentes quanto as tentações que têm o poder de minar nossa dedicação coletiva à construção da sociedade ideal. Essa é uma característica tão proeminente dos movimentos de reforma moral de hoje como era nos anos 1600. E se atacar distrações perturbadoras e corruptoras é sua paixão, prescrever relações adequadas entre os sexos é tão importante quanto evitar a sedutora atração do álcool.

Ao longo da história, sexo e álcool estiveram conectados nas mentes dos moralizadores. Essas seduções excessivas estimulam o sensualismo e o hedonismo, e ameaçam separar comunidades.

Embora uma saudável desconfiança em relação ao álcool e seu efeito nas relações intersexuais sempre tenha feito parte de nossa herança coletiva, nem sempre é a característica mais pronunciada de nossa cultura.

E, no entanto, não importa o quanto os defensores da libertinagem tentem, eles não podem apagar os velhos códigos morais. Como prova, não precisamos olhar além da ascensão e queda da revolução sexual.

Em 1948 e 1953, respectivamente, o zoólogo e pesquisador sexual Dr. Alfred Kinsey publicou dois estudos profundamente influentes explorando normas comportamentais em torno do sexo. Na época, esses eram os estudos mais completos tanto do comportamento sexual "normal" quanto do tipo aberrante — tanto heterossexuais quanto homossexuais; assuntos considerados tão tabus que não podiam ser discutidos em companhia educada. O que tornou a pesquisa de Kinsey tão influente não foi apenas que ele ousou mergulhar nos aspectos não mencionáveis do sexo — principalmente a sua descoberta de que a relação sexual antes do casamento era bastante comum — mas que ele criou uma maneira visual de fácil digestão para transmitir ao público leigo que a sexualidade humana não é uma coisa binária.

A complicada espécie humana, segundo seus estudos, habita um espectro sexual. Além disso, o lugar de um indivíduo nesse espectro não é fixo; as pessoas podem migrar ao longo de suas vidas e na direção que quiserem.

A pesquisa do Dr. Kinsey determinou que as experiências homosse-xuais eram muito mais comuns do que o público geralmente acreditava (ou, talvez, estivesse disposto a reconhecer). Seu trabalho contribuiu para a normalização da homossexualidade e quebrou as restrições em torno do sexo casual. Mas nem todo mundo celebrou o trabalho de Kinsey.

O editor do *The Lancet*, David Sharp, escreveu que um consumidor crédulo da pesquisa de Kinsey provavelmente concluiria que "tudo era normal" quando se tratava de sexo, incluindo muitas coisas que não deveriam ser.[43] Por exemplo, os críticos de Kinsey afirmam que sua pesquisa produziu conclusões que eram, na melhor das hipóteses, ambivalentes em relação à pedofilia e ao incesto.

Outro crítico do trabalho de Kinsey achou que a visão favorável do médico em relação à "afeição considerável" encontrada em um relacio-namento incestuoso que ele estudou era uma "leitura repugnante".[44]

A pesquisa do estudioso do sexo foi descrita como metodologicamente falha, uma vez que os sujeitos de seu estudo não foram selecionados aleatoriamente, mas voluntários. Essa amostra autosselecionada incluiu um número desproporcional de gays, prostitutas e desviantes, incluindo criminosos sexuais condenados, o que provavelmente produziu conclusões distorcidas.

Mas mesmo o crítico mais cáustico do trabalho de Kinsey foi forçado a admitir que sua pesquisa preparou o terreno para uma mudança de paradigma. Estabeleceu as bases sobre as quais a revolução sexual foi construída.

"Naturalmente, nossos pais obedeciam à lei meticulosamente — e a lei tornava crimes de obscenidade, pornografia, exposição 'indecente', nudez, todo tipo de sexo fora do casamento, alguns tipos de sexo dentro do casamento, cruzar uma fronteira estadual para fins imorais, aborto, divórcio, deserção e vários tipos de comportamento que eles definiram como perversões ou pecados contra a natureza", Allan Sherman escreveu em sua exploração de 1973 do emergente *ethos* contracultural obscenamente intitulado *The Rape of the APE* — um acrônimo para *American Puritan Ethic*.[45]

O livro grosseiro, insolente e ácido de Sherman, publicado com bastante auspiciosidade pela *Playboy Press*, conseguiu capturar o grande apreço que o trabalho de Kinsey era mantido entre ativistas e teóricos políticos. Quaisquer que fossem os méritos acadêmicos da pesquisa do doutor, que provavelmente eram bastante limitados, seu valor social libertador não poderia ser descartado tão facilmente. "Apesar das condições antissépticas de nossa hereditariedade e ambiente", observou Sherman, "descobrimos que tínhamos mentes sujas".

Kinsey's tinha muitos admiradores importantes. Entre eles, o principal defensor da "Filosofia Playboy", Hugh Hefner. "Quando você obtém evidências científicas, como Kinsey forneceu", disse Hefner ao editor da *National Review*, William F. Buckley, em uma entrevista de 1966, "um observador racional deve se comprometer a 'questionar a velha moralidade'". De acordo com Hefner, a velha moral foi exposta como hipócrita, antinatural e até doentia.[46]

A ASCENSÃO DOS NOVOS PURITANOS

Hefner articulou uma visão de mundo que buscava explicitamente enterrar a herança puritana da América no passado. Ele atribuiu seus próprios ideais libertinos à sua crença no "antipuritanismo". Hefner sustentou que o próprio puritanismo era uma resposta reacionária à sexualidade menos restrita que costumava fazer parte da "ética judaico--cristã", mas que "meio que se perdeu".

O editor da Playboy propôs uma "nova moralidade". Estaria centrada na "ética da situação", substituindo os códigos de conduta restritivos e, francamente, irrealistas que governavam as relações entre os sexos antes de meados do século XX. O ideal puritano apenas "não é uma abordagem adequada em uma sociedade que deveria ser pluralista e supostamente secular". O código moral de Hefner rejeitou a ideia de que "a castidade é mais importante do que o bem-estar humano" e juntou "emancipação feminina" com "emancipação sexual".[47]

"O que eu ataco é a noção de que certo e errado devem estar relacionados simplesmente à noção de pecado", concluiu Hefner. "Estamos passando por um período de transição moral em relação ao sexo e não voltaremos aos velhos conceitos".

A revolução sexual e sua vanguarda na qual Hefner serviu conseguiram enterrar os velhos costumes — por um tempo. Mas Hefner não foi o primeiro a desafiar esses códigos de conduta e sua cegueira para o ativismo que o precedeu também o impediu de enxergar a perspectiva de uma reação contra suas próprias crenças.

No início da década de 1920, os Estados Unidos haviam se tornado um arquipélago de "leis de Comstock" às vezes concorrentes, mas muitas vezes complementares. Nomeadas em homenagem ao ativista antivício da Era Dourada e natural de Boston, Anthony Comstock, essas leis estabeleceram esquadrões que policiavam a disseminação de literatura obscena, pornográfica ou mesmo apenas provocativa.[48] Em 1868, Comstock lançou uma cruzada para anatematizar a "literatura obscena", que se tornara uma indústria lucrativa nos Estados Unidos.

A campanha de Comstock se tornou uma sensação, atraindo muitos seguidores e produzindo um consenso em torno da necessidade de policiar o discurso imoral. Em 1873, ele e seus aliados convenceram a YMCA em Nova York a rebatizar seu comitê antivício pré-existente como Sociedade de Nova York para a Supressão do Vício, na qual Comstock serviu como secretário e que mais tarde se tornou o modelo para uma variedade de outras sociedades regionais.

Esses ataques à liberdade de expressão ofenderam muitos, mas poucos ousaram desafiá-los de maneira tão pública quanto o lendário cofundador do *The American Mercury*, H. L. Mencken.

Embora muitas vezes fosse mais uma fonte de citações contundentes do que de sabedoria, Mencken estava entre os principais críticos intelectuais de Comstock e do puritanismo do qual presumivelmente suas ideias derivaram. "Os puritanos originais foram pelo menos homens de certa educação e até de uma certa cultura austera", escreveu ele. "Eles eram excessivamente hostis à beleza em todas as suas formas, mas de alguma forma suspeita-se que grande parte de sua hostilidade se deveu a uma sensação de fraqueza diante dela, uma percepção de sua força física desarmante".[49]

Em 1926, Mencken e o Mercury resolveram testar os limites dessas leis. Para esse fim, eles publicaram duas histórias destinadas a chocar. A primeira satirizou efetivamente a rigidez da religião organizada e suas consequências não intencionais: popularizando os inomináveis prazeres carnais que ela proibiu. A segunda, intitulada "Novas Visões do Sexo", descrevia o sexo casual antes do casamento como uma simples "diversão do homem, um passatempo para suas horas de lazer".[50]

Mencken realizou seu desejo. Os ensaios resultaram em sua prisão por provocação, mas ele acabou sendo absolvido das acusações criminais contra ele. Mencken mais tarde processou a Sociedade que havia agitado por sua prisão e ganhou.

Outra ação movida por Mencken tinha como alvo os Correios dos EUA, que foram autorizados por Comstock e seus apoiadores no Congresso a proibir a transmissão de "publicações de caráter indecente" e literatura que fosse "obscena, lasciva ou imunda".[51] Não só o Congresso tinha armado os Correios dos EUA contra a imoralidade, como também a legislatura federal escolheu o próprio Comstock para servir como Agente Especial do Departamento de Correios, dando-lhe poderes de polícia. O protesto de Mencken acabou obrigando o judiciário federal a começar a reexaminar criticamente a propriedade constitucional das leis de obscenidade do país.

Mas o que Sherman denunciou como nossas "condições antissépticas" herdadas, Hefner descartou como a "velha moralidade" e Mencken condenou como "hostilidade" a todas as coisas belas não são coisas inteiramente puritanas. A inibição sexual reprimida comumente atribuída ao fanatismo protestante do século XVII deve-se mais às gerações posteriores de americanos.

A abstinência e o celibato não eram algo que a sociedade puritana encorajava entre homens e mulheres em idade de casar, e a idade de casar chegava cedo. Se você não tivesse realizado os laços matrimoniais aos vinte e poucos anos, estava decididamente atrasado demais. Na medida em que o casamento era um bem absoluto e o sexo dentro do casamento era divino, ser casto além de um certo ponto era uma falha pessoal. O casamento era tão importante para a sociedade puritana, na verdade, que foi facilitado de maneiras que teriam ofendido os austeros vitorianos que sucederam o puritanismo.

"Os assentamentos puritanos encorajavam casamentos satisfatórios para os participantes, permitindo divórcios para aqueles cujos cônjuges eram impotentes, ausentes por muito tempo ou cruéis", escreveu o autor e historiador Carl N. Degler. "De fato, as leis de divórcio da Nova Inglaterra eram as mais fáceis da cristandade" na época.

Embora o sexo antes do casamento fosse um pecado proibido por lei, "literalmente centenas de confissões de relações sexuais antes do casamento existentes nos registros da igreja" que Degler cita sugerem que era um pecado comum. Tanto assim, de fato, que os confessores eram muitas vezes os "santos visíveis" mais íntegros da congregação. E essas confissões não impediram os ofensores de ascender a membros plenos da igreja e da sociedade puritana em grande escala.[52]

O que conecta o puritanismo do século XVII, os moralistas diretos do século XIX e os novos puritanos do século XXI não é um código ético estrito que rege as relações sexuais adequadas. É a crença de que os prazeres carnais não podem ser apenas agradáveis; eles devem servir a um propósito político maior.

Para os ativistas políticos progressistas que atingiram a maioridade quando os princípios da revolução sexual não eram contestados e seus revolucionários detinham as rédeas do poder político, o erotismo não tem estigma em torno dele. Esses ativistas ainda estão ultrapassando os limites do que a sociedade considera "normal". Para eles, porém, cruzadas notáveis, como normalizar a homossexualidade e apagar os tabus em torno do sexo casual, acabaram. A batalha mudou para popularizar o poliamor e legalizar a prostituição. E, no entanto, todas essas formas de união servem a um propósito além da autogratificação. Elas também anunciam o pertencimento a uma tribo política.

Natasha Lennard, veterana de várias publicações de esquerda, é indicativa desse tipo de visão em relação ao sexo. Seu ensaio *The Uses and Abuses of Politics for Sex*" descreve a missão diante do revolucionário sexual moderno para desmantelar a "ordem social heteronormativa". As convenções sociais que, ativa ou passivamente, promovem a heterossexualidade como "normal" devem ser eliminadas, em parte, porque qualquer coisa que "puna desejos, identidades e práticas sexuais fora de seu escopo restrito" merece ser desprezada. Isso não soa como uma perspectiva puritana.

E, no entanto, o ensaio dedica um foco específico às muitas maneiras pelas quais o sexo é e deve ser *transgressivo*. Lennard descreve um parceiro que falou "muito sobre a ideia *queer*", mas ele usou a frase para descrever "uma subjetividade política" projetada para atacar estruturas sexuais convencionais. O que seu parceiro queria dizer, continuou Lennard, era "queer-como-disrupção, em oposição a gay-como--assimilação: 'Não gay como em feliz, queer como em 'foda-se'".[53]

Ela passa a confessar uma luta interna sobre seu desejo de evitar uma escapada amorosa com alguém por quem ela não se sente atraída. "Os argumentos que se seguiram não se concentraram na problemática de ele assumir meus desejos por mim", ponderou ela. "Mas sim na essência de por que meus desejos não eram de alguma forma melhores". Lennard descreve o árduo processo de "questionar e desafiar" seus próprios desejos e a luta para racionalizar evitar relações sexuais com pessoas que ela não achava atraentes, mas que "compartilhavam meus diagnósticos políticos".

Em última análise, o ensaio termina com algumas reflexões sobre a onipresença dos serviços de namoro on-line e locais pornográficos, que roubaram o ativismo sexual de seu valor de choque político. "Para ser franca", ela conclui, "quando há um aplicativo popular para organizar sua próxima orgia *queer*, quão barulhenta em nosso status *quo* político pode ser o mero fato de tal orgia?".

Você pode dizer muito sobre esse tipo de visão, mas não pode dizer que não é algo que considera o sexo como um instrumento de utilidade política.

Lennard extrai grande parte de sua análise da obra do falecido filósofo franco-americano Michel Foucault, cujas teorias políticas buscavam expor o "elo fundamental" entre poder e sexualidade. Foucault associou a repressão sexual à repressão política em seu esforço para "definir o regime de poder-conhecimento-prazer que sustenta o discurso sobre a sexualidade humana".[54] A "teoria do desejo" foucaultiana sustenta que, onde há atração sexual, a "relação de poder já está presente". Assim, ele procurou levantar os estigmas em torno dos empreendimentos sexuais porque eles existem apenas como ferramentas que os poderosos usam para censurar e controlar.

Dada a alegação de 2021 de que Foucault abusou sexualmente de "dezenas" de meninos pré-adolescentes enquanto morava na Tunísia na década de 1960, essa perspectiva filosófica pode ter sido mais egoísta do que ele deixou transparecer.[55] Mas pelo menos ele falou sobre a liberação sexual como meio de realização pessoal — "a proclamação de um novo dia por vir e a promessa de uma certa felicidade".[56] Os estudiosos de suas ideias parecem incapazes de descrever o ato de fazer amor como algo tão trivial quanto divertido.

"Muitos de nós acreditam que o trabalho de nossos genitais é muito menos nobre do que o trabalho de nossas mentes", declarou Dave Madden, do *The Guardian*, ponderadamente. A "vergonha" de nossos próprios desejos "nos diminui como indivíduos" e aumenta o poder político dos homens ("principalmente") "que usam o sexo como arma". Afinal, "o desejo sexual pode ser uma de nossas ferramentas políticas mais revolucionárias".[57]

O ato "silenciosamente revolucionário" de poliamor — ter vários relacionamentos sexuais consensuais ao mesmo tempo — também é menos sobre a felicidade individual do que sobre irritar as pessoas certas. A repórter científica da *Quartz*, Olivia Goldhill, descreveu a teoria política associada a vários parceiros de cama "como uma mistura de socialismo — um respeito por uma sociedade não hierárquica que valoriza a tomada de decisão coletiva e comunitária — e uma crença libertária de que todos devem ser livres para tomar suas próprias decisões sem interferência do governo".[58]

Se você quisesse sacrificar seu tempo, poderia explorar a ilimitada internet em busca de ensaios semelhantes sobre o programa político associado às muitas orientações sexuais em rápida proliferação. Há poder na bissexualidade (atração por ambos os gêneros), pansexualidade (atração por todos), assexualidade (atração por ninguém), autossexualidade (atração por si mesmo), demissexualidade (atração apenas depois que um vínculo romântico se formou), sapiossexualidade (atração por inteligência), escoliossexualidade (atração pelo não-binário ou trans), e assim por diante.

A única preferência sexual que tende a não receber esse tratamento especial é a heterossexualidade. Aqueles que são, infeliz e inevitavelmente, heterossexuais notaram sua exclusão. Existe até um termo que descreve a culpa que eles sentem por não terem contribuído para a revolução entre os lençóis: "heteropessimismo".

"A heterossexualidade não é um problema pessoal de ninguém", aconselhou Indiana Seresin, do *The New Inquiry*, depois de lembrar como uma amiga confessou a humilhação que sentia como resultado de sua própria atração pelo sexo oposto. "Claro, alguns heteropessimistas agem de acordo com suas crenças", ela continuou, "mas a maioria mantém a heterossexualidade mesmo quando a julgam irremediável". Enquanto a maioria que admite ter vergonha de sua heterossexualidade consegue conciliar as contradições, Seresin observa que existe uma próspera subcultura dedicada a reforçar esse ódio a si mesmo.

A autora, no entanto, parece ter mais simpatia pelas mulheres que sofrem com essa condição do que pelos homens. "O heteropessimismo tornou-se uma estrutura através da qual os homens processam tanto as demandas por igualdade de gênero e quanto as experiências cotidianas de danos românticos como evidência de uma conspiração feminina global", observou Seresin.[59]

Essas ruminações sobre o sexo como forma de expressão política não condizem com nossas suposições estereotipadas sobre as atitudes obstinadas do puritanismo em relação ao coito. Elas se alinham com a ética puritana apenas na medida em que o sexo é percebido como uma atividade que ajuda a consolidar um pacto social mais amplo. E, no entanto, a perspectiva que vê o sexo como uma força positiva está sendo atacada pela coalizão de esquerda.

Em 1975, a jornalista e ativista Susan Brownmiller publicou o livro de grande sucesso *Against Our Will*: *Men, Women, and Rape*. Foi um trabalho inovador, embora fosse mais uma fonte de curiosidade do que um manifesto ideológico no momento de sua publicação. Argumentava com seriedade e sem pretensão que o estupro é "um processo consciente de intimidação pelo qual *todos os homens* mantêm *todas as mulheres* em estado de medo".[60]

Esse salto cognitivo — ampliando o escopo da violência sexual de um ato criminoso discreto cometido por uma pessoa contra outra para uma forma de dissuasão na Guerra Fria entre os sexos — abriu uma brecha na qual um feminismo mais radical encontraria espaço. Entre seus "soldados" estava a feminista radical Andrea Dworkin.

"Qualquer violação do corpo de uma mulher pode se tornar sexo para os homens", escreveu Dworkin em seu livro *Intercourse*, de 1987. "Essa é a verdade essencial na pornografia". Junto com sua colega Catharine MacKinnon, o ativismo de Dworkin se manifestou em campanhas políticas contra a pornografia. Essa cruzada feminista já foi tão antitética à missão liberal de defender a liberdade de expressão em qualquer forma constitucionalmente protegida que atraiu poucos seguidores da esquerda. Não mais.

Para muitos ativistas progressistas modernos, a visão de Dworkin do sexo como um ato de exploração permanente faz todo o sentido. Não pode haver, por exemplo, "pornógrafos feministas", observa Julie Bindel, do *The Guardian*, porque tal coisa não pode "ser feita de maneira ética" e, portanto, não deve constituir liberdade de expressão protegida.[61] Mas restringir as liberdades legais dos produtores de erotismo não era o limite das ambições de Dworkin.

"A relação sexual não é mais necessária para a existência", continuou Dworkin, no seu *Intercourse*. "O ódio às mulheres é uma fonte de prazer sexual para os homens por direito próprio. A relação sexual parece ser a expressão desse desprezo em forma pura, na forma de uma hierarquia sexuada; não requer paixão nem coração porque é poder sem invenção articulando a arrogância de quem fode. A relação sexual é a expressão pura, estéril e formal do desprezo dos homens pelas mulheres". Portanto, ela continuou, a probabilidade de que possamos promover o desenvolvimento de uma cultura sexual mais saudável que premia o respeito e a satisfação mútuos é nula. Isso é "porque há um ódio às mulheres, inexplicável, não diagnosticado e, principalmente, não reconhecido, que permeia a prática e a paixão sexual".[62]

Embora enfeitada com a misandria da moda, a essência do argumento de Dworkin é que a forma mais verdadeira da liberação sexual é a abstinência. A relação heterossexual nunca pode ser uma expressão de "equidade sexual". É um ato de ocupação porque a penetração exige "submissão" feminina.

"Se a objetificação é necessária para que a relação sexual seja possível, o que isso significa para a pessoa que precisa ser fodida para que ela possa se sentir feminina e que precisa ser um objeto para que ela possa ser fodida?" ela questiona. Uma mulher que procura e gosta de sexo com homens "precisa ser desejada mais do que precisa de integridade, liberdade ou igualdade".

Com a revitalização da moderação pudica como um valor progressivo, a ideia de que as mulheres que gostam de sexo gostam de ser "degradadas" e não podem ser feministas devotas encontrou hoje um novo público.

Quando ela não está defendendo restrições às libações apreciadas pelos homens, a criadora da lista *Shitty Media Men*", Moira Donegan, está defendendo um "novo Dworkinismo". Em sua resenha das obras de Dworkin, Donegan adota o que os leitores podem confundir com uma visão conservadora da prostituição. Ela lembra como Dworkin discutiu o trabalho sexual como "não totalmente uma escolha", mas uma forma abusiva de escravidão econômica. Donegan observa que o famoso sétimo capítulo de *Intercourse*, citado acima, é amplamente mal interpretado por seus críticos como uma condenação de todo sexo como estupro. E, no entanto, se o estupro não é a única forma de atividade heterossexual, com certeza é "comum".

"O estupro não é excepcional, mas comum, cometido por homens comuns que agem com base em suposições comuns sobre quem são os homens e o que são as mulheres", escreve Donegan sobre o pensamento de Dworkin. Se Donegan discorda dessa crença, ela não demonstra. Quando as mulheres fazem suas próprias escolhas em relação ao sexo, "nós fazemos essas escolhas sob circunstâncias injustamente restritas". Embora as mulheres iniciem e gostem do sexo, elas também são "mais vulneráveis à coerção, exploração e violência sexual" do que os homens. Assim, "não deveria ser difícil dizer que a heterossexualidade como é praticada é um negócio bruto para as mulheres e que muita pornografia erotiza o desprezo pelas mulheres".[63]

Seguindo Donegan, a escritora de opinião do *New York Times*, Michelle Goldberg, publicou uma reflexão semelhante sobre as teorias de Dworkin. "De fato", ela escreveu, "algumas das ideias de Dworkin foram voltaram com o *#MeToo*". Entre elas, a ideia de que o consentimento poderia estar sujeito à revogação pós-coito. Essa ideia foi aplicada ao ator e comediante Aziz Ansari, que foi acusado de agressão sexual por uma parceira muito depois do fato e para sua surpresa, pois o caso lhe parecia consensual e mutuamente agradável na época.

Mas a parceira de Ansari não se divertiu e, mais tarde, acusou o ator de ignorar seus "sinais não verbais claros" que revelavam seu desconforto.

O ator se desculpou por ter "interpretado mal as coisas" e foi isso. Pelo menos, até que esse desentendimento mútuo se tornou objeto de um escândalo nacional, quando as comunicações pessoais do casal foram publicadas meses depois no site *Babe.net*.[64] Goldberg observou com precisão que Dworkin teria considerado esse episódio um "estupro presumido" — ou, no mínimo, "uma violação". "Acho que a vitória de Trump marcou uma mudança na relação do feminismo com a liberação sexual", escreveu Goldberg. "Enquanto ele estiver no poder, é difícil associar libertinagem com progresso".[65] Isso é muito poder para conceder a um presidente ao qual você se opõe — demais, na verdade, para ser convincente. Donald Trump já saiu do Salão Oval, mas o que Goldberg alegou ser apenas uma reação a ele, persiste. Por mais claro que fosse o descaso de Trump pela autonomia feminina (algo que fica bem claro, talvez, na infame fita do *Access Hollywood*, na qual o futuro presidente descreveu a facilidade com que uma pessoa de sua posição poderia cometer uma agressão sexual), as fortalezas intelectuais estavam há muito tempo preparadas para a volta das ideias de Dworkin.

"O consentimento, Dworkin entendia, é uma ferramenta essencial, mas insuficiente para entender as realidades políticas do sexo", afirmou Donegan. Bem antes de Donald Trump largar seu emprego como apresentador de TV para se tornar um político, a ideia de "consentimento" estava sendo reimaginada por ativistas progressistas e pelas instituições que eles controlam. Não era mais um mero contrato social. De repente, tornou-se mais um contrato real, obrigatório e físico.

O grupo de defesa *Affirmative Consent Project* começou a distribuir "contratos de consentimento" para estudantes universitários em toda a América já em 2015. "SIM", diz o acordo em letras grandes o suficiente para serem legíveis em qualquer iluminação. "Concordamos em fazer SEXO!". Os participantes aspirantes são incentivados a assinar o documento e tirar fotos dele como prova, caso quaisquer "violações" retroativas de Dworkin se tornem acionáveis.

Mas essa assinatura também não pode ser resultado de coerção? Quem pode dizer se esse contrato foi celebrado sob coação ou por causa do julgamento prejudicado de um ou ambos os participantes? Afinal, como a fundadora do projeto, Alison Berke Morano, escreveu em seu site: "O consentimento deve ser determinado a partir da perspectiva do reclamante".[66] Morano não criou o contrato de consentimento; ela apenas o aproveitou. Em 2014, centenas de faculdades e universidades em todo o país adotaram uma linguagem legal para definir o consentimento de alguma forma em seus estatutos.[67] De acordo com o padrão adotado pela Universidade de Minnesota em 2015, por exemplo, ambas as partes devem concordar em fazer sexo por meio de "palavras ou ações claras e inequívocas". Qualquer coisa diferente se encaixa com a definição de agressão sexual da universidade.[68] Em meados da década passada, campi de todo o país haviam começado a "Campanha Consentimento é Sexy", que buscava descartar a percepção aparentemente difundida de que as negociações contratuais seriam responsáveis por acabar com o clima.[69]

Eliminar qualquer ambiguidade dos compromissos sexuais não é uma preocupação apenas dos ativistas. Estados também entraram em ação.

Em 2014, a Califórnia aprovou e implementou sua versão de uma lei "sim significa sim", que buscava codificar os termos que constituem um acordo mútuo para se envolver em relações sexuais. A lei se baseia no padrão de "consentimento afirmativo", um conceito que torna não consensual qualquer ato sexual realizado sob a influência de drogas ou álcool ou se alguém estiver dormindo.[70]

À primeira vista, isso não soa como problemático. O sexo não-consensual é um crime que deve ser processado em toda a sua extensão. Mas, como costuma acontecer com as relações interpessoais, tudo se complicou rapidamente.

Para estabelecer a consciência em ambos os participantes, a lei afirma que o consentimento deve ser "contínuo durante toda a atividade sexual". Reportando de uma escola de ensino médio da Califórnia, que era obrigada a ensinar a lei e as melhores práticas que ela prescreve, o

New York Times resumiu a confusão com clareza: "O que isso significa — você tem que dizer sim a cada dez minutos?", um estudante confuso perguntou ao seu instrutor. "Basicamente, sim," respondeu o professor.[71]

Escrevendo no *Vox*, o ex-cofundador do site e atual redator de opinião do *New York Times*, Ezra Klein, observou que esse estatuto faria com que os homens em idade universitária "sentissem um frio de medo quando começassem um encontro sexual". Além disso, a lei "vai se estabelecer como um inverno frio nos campi universitários, colocando em dúvida a prática sexual cotidiana e criando uma névoa de medo e confusão sobre o que conta como consentimento". Mas o mais chocante é que ele escreveu tudo isso por aprovação.[72]

Klein admitiu que a lei era "terrível", mas apenas porque foi escrita de maneira terrível. Ela incentivaria contestações legais, mas sua ambiguidade era necessária porque os comportamentos que procurava criminalizar eram igualmente ambíguos. Os tribunais da Califórnia não pareceram concordar As condições *ad hoc* que a lei criou e os processos extrajudiciais que ela, juntamente com as revisões do Título IX do governo Obama após 2011, encorajaram, negaram rotineiramente aos acusados de agressão sexual no campus seus direitos civis e constitucionais.[73] Milhões de dólares em julgamentos foram concedidos às pessoas que foram privadas de seus direitos da Quarta e Sexta Emendas como resultado dessa correção excessiva.[74]

No início de 2020, nada menos do que a Teen Vogue, um espaço que se colocou como a ponta sangrenta do pensamento radicalmente progressista, redescobriu uma característica essencial da sexualidade humana: é complicada. "Alguns alunos praticam o consentimento afirmativo, mas muitos outros usam uma série de pistas sociais para entender se um encontro sexual foi ou não consensual", observaram. É claro que ninguém quer ser visto como "a polícia do prazer", mas isso foi uma consequência do que equivalia a uma campanha de intimidação.

A Teen Vogue descobriu que os padrões de consentimento afirmativo não mudaram a "estrutura implícita" de que "os homens são aqueles que colocam a bola sexual em campo e as mulheres são as bloqueadoras". Mas o medo e a confusão tornaram os homens mais relutantes em desempenhar seu papel tradicional. "Para a maioria dos homens heterossexuais, o medo de entender o consentimento errado e agredir involuntariamente alguém é profundamente enraizado e faz parte de sua experiência cotidiana de sexo", admitiu o veículo.[75]

Você pode ver por que jovens inocentes e bem-intencionados podem ser dissuadidos de uma experiência sexual casual com alguém que não seja um parceiro de longa data, por conta dessas situações. Atormentados pela dúvida, inibição e medo de consequências legais reais decorrentes não de má conduta deliberada, mas de falta de comunicação e arrependimento, os jovens estão cada vez mais concluindo que a única maneira de ganhar esse jogo curioso é não jogar.

Por mais que pudéssemos evocar em nossas mentes a imagem de um puritano obediente cujos esforços para obedecer às mensagens complicadas e muitas vezes conflitantes de sua sociedade sobre sexo o tornaram impotente — figurativamente, se não literalmente — podemos facilmente imaginar algo semelhante testando os jovens progressistas comprometidos de hoje.

Ela habita um mundo estranho que aceita retoricamente quase qualquer apetite sexual, mas também sabe que os comportamentos que constituem a agressão sexual e até a violência sexual são muito mais nebulosos do que os estatutos criminais permitem. Ele entende que os rituais que deve observar quando se envolve em um namoro são labirínticos, mas não intransponíveis se você tratar as pessoas com respeito. No entanto, as manifestações externas desse desejo, do flerte às demonstrações físicas de afeto, envolvem o risco de infringir acidentalmente esses padrões. Conquistar um parceiro em potencial com ousadia e assertividade é repleto de implicações. E há consequências reais — sociais e legais — se um sinal for mal interpretado ou se uma deixa passar despercebida.

Esse conjunto de circunstâncias geradoras de ansiedade levou muitos jovens a uma conclusão óbvia: não vale a pena.

Entre 1991 e 2015, a Pesquisa de Comportamento de Risco para Jovens, feita pelos Centros de Controle e Prevenção de Doenças, descobriu que a porcentagem de estudantes do ensino médio que se envolveram em relações sexuais caiu de 54 para apenas 40%.[76] Muitos não enxergam isso como um problema. Afinal, menos sexo em uma idade tão confusa significa menos complicações sociais, menos gravidez na adolescência e menor disseminação de doenças sexualmente transmissíveis. Mas essa tendência não começa e termina com os jovens.

No final da última década, Jean Twenge, professor de psicologia da *San Diego State University*, descobriu que as pessoas na faixa dos vinte anos também estão cada vez mais abstinentes. Em comparação com os membros da Geração X, as gerações mais jovens são duas vezes e meia mais propensas a dizer que se abstiveram de sexo em seus vinte e poucos anos.

O número de americanos de 18 a 29 anos que disseram aos entrevistados que não fizeram sexo no último ano dobrou entre 2008 e 2018 para quase um quarto da população adulta jovem.[77] Em 2018, o número de mulheres jovens que relatam não fazer sexo aumentou 8%, enquanto a proporção de jovens sem sexo com menos de trinta anos triplicou, chegando a 28%. E embora esse fenômeno seja mais pronunciado entre os jovens, a tendência é visível em todos os setores. "A parcela de pessoas que estão tendo relações uma vez por semana ou mais agora é de 39%, em comparação com 51% em 1996", informou o *Washington Post*.[78]

De acordo com *Twenge*, o principal culpado pelo declínio é a queda no número de jovens adultos que "moram com outras pessoas", o que se traduz em menos oportunidades. Outros culpam a recessão econômica pós 2008 e o declínio da participação de jovens na força de trabalho pela redução no número de parceiros atraentes e, portanto, menos encontros sexuais. Muitos ainda insistem que a culpa é da revolução digital. É difícil encontrar um parceiro quando seu rosto está enfiado em uma tela. Embora todos esses fatores sejam prováveis, nenhum é tão satisfatório quanto o que minha colega da revista *Commentary*, Christine Rosen, identificou como o principal culpado: o medo.

"Uma pesquisa de 2017 da *Economist* descobriu que entre os americanos com idades entre 18 e 29 anos, 17% acreditavam que um homem convidando uma mulher para beber era 'sempre' ou 'geralmente' assédio sexual", escreveu ela. "Duas vezes mais entrevistados jovens do que os mais velhos achavam que comentar sobre a aparência de uma mulher era assédio". O sociólogo W. Bradford Wilcox e o cientista comportamental Samuel Sturgeon observam que a tendência à abstinência corresponde de perto a uma mudança paradigmática entre os jovens adultos que agora "veem o comportamento relacionado ao sexo e ao namoro como preocupantes".[79]

Se os rapazes estão ficando silenciosamente aterrorizados com as mulheres, as moças estão concluindo em voz alta que a união heterossexual — ou a união — não vale o esforço. "Acho que muitas mulheres hétero estão acordando para o fato de que sexo com um homem é, não completamente, mas quase, muitas vezes menos gratificante, em termos de orgasmo, do que fazer sozinha", disse "Rachel", de 26 anos, a um repórter da *Vice* em 2018. "O amor romântico é ótimo, mas não é tudo", concordou "Niki", também de 26 anos. "Se suas amizades te satisfazem emocionalmente, e sua mão ou um brinquedo te satisfaz sexualmente, o que há de errado com isso?"[80]

Para alguns à esquerda, estes são desenvolvimentos sociais inteiramente positivos. "A revolução sexual libertou uma geração", disse a falecida escritora inglesa Jenny Diski. "Mas principalmente os homens". Assim, uma seca sexual só poderia ser uma bênção para as mulheres jovens, que alguns observadores parecem acreditar que não obtêm satisfação na maioria dos encontros sexuais. "Sexo nenhum, para algumas mulheres, pode ser melhor do que sexo ruim", escreveu Yvonne Roberts, do *The Guardian*, em um artigo chamado: "A revolução sexual da minha juventude não foi tão boa. Talvez o celibato atual seja um sinal de progresso". Ela acrescenta: "Uma análise mais positiva do aumento da abstinência sexual também pode fazer parte da mistura". Afinal, "algumas pessoas também podem ser felizes assexuais — o que não é uma tragédia".[81] De modo algum, mas apenas enquanto a ênfase nessa frase estiver no "feliz" e não na autoprivação. Frequentemente, no discurso moderno, essa ordem é invertida.

O isolamento forçado associado ao início da pandemia em 2020 certamente exacerbou uma tendência à castidade, mas essa propensão ainda é conhecida por incentivos políticos. Em um editorial para o *The New York Times*, Haili Blassingame descreveu sua decisão, no meio da pandemia, de terminar com o namorado que ela ainda amava, em meio a sua busca por uma identidade "política" — "algo não tradicional". Ela o encontrou no status paradoxal com o qual cruzou on-line e posteriormente adotou: "poliamor solo".

"Gostei de como o poliamor solo valorizava e priorizava a autonomia e a preservação de si mesmo, e achei sua rejeição aos modelos tradicionais de amor romântico libertadora", escreveu Blassingame. Ela descreve sua nova identidade como aquela que lhe permite "experimentar a expansividade do amor" em isolamento. Mas enquanto o "poliamor solo" ainda permite a Blassingame pelo menos a possibilidade de um relacionamento sexual não-monogâmico, seus colegas estão dando o salto para o celibato absoluto.

A sigla em constante expansão é, no momento em que escrevo, "LGBTQIA+". O "A" refere-se a uma identidade sexual que é abstêmia — o assexual ou "ace". Pessoas assexuais abraçam "a capacidade de não fazer sexo", de acordo com Angela Chen, a autora de ACE: *What Asexuality Re- veals About Desire, Society, and the Meaning of Sex.* Mas isso não é uma consequência de impulsos reprimidos. Na narrativa de Chen, as pessoas assexuais são capazes de amor romântico e platônico e desejam afeto. O que eles não sentem, é atração sexual.

"A sexualidade compulsória é a ideia de que todas as pessoas normais querem e desejam sexo, que todos têm esse nível básico de desejo sexual", explicou a autora. "Mas a verdade é que nem todo mundo tem desejo sexual".[82] Embora Chen descreva tanto uma orientação quanto uma escolha de estilo de vida, seu livro se baseia fortemente na "teoria *queer* crítica", uma disciplina não muito distante da teoria feminista, na qual os trabalhos de Andrea Dworkin e seus colegas aparecem com destaque. Alinhar esse estilo de vida à teoria acadêmica torna as convicções de Chen políticas, e sua filosofia está sendo descrita com precisão por seus aliados como um "movimento".

Em 2021, o *The Guardian* descreveu uma sensação crescente entre "ativistas mais jovens" cuja vocação gira em torno de popularizar a ideia de que "é possível viver uma vida plena sem sexo". Esses ativistas descrevem "ser celibatário" como um estado que fornece "uma posição de clareza". Eles levam uma vida que não é complicada por "sexo atrapalhando sua visão".[83]

A falta de sexo não é apenas recompensadora, mas esclarecedora. Como confessou um usuário do fórum on-line *Asexuality.org*, ele encontrou "uma espécie de leveza espiritual ao viver" seu celibato. "Sei que ser assexual não me torna mais espiritual do que qualquer outra pessoa", concordou outro participante do fórum, "mas acho que há uma razão para as religiões de todo o mundo terem práticas e tradições que incentivam o celibato".[84]

Talvez haja algo nessa religião antiga, afinal.

7

ORDEM

AS COMPANHIAS QUE TEMOS

A classe ativista progressista redescobriu o valor de ideias mais antigas sobre como as sociedades deveriam se organizar, embora repudiem uma geração anterior de esquerdistas radicais para quem a própria estrutura social era vista como uma forma de escravidão. Mas o que catalisou o renascimento da velha moral?

Como vimos no capítulo anterior, os velhos costumes não apenas incentivam relacionamentos interpessoais saudáveis. Eles também preservam a ordem. O caos resultante da autonomia individual não é mais visto como uma condição tão desejável para quem está dentro do ecossistema de esquerda. O que não é sistematizado não pode ser ótimo, quase por definição, porque não foi moldado pelas mãos capazes de homens e mulheres esclarecidos. Criar uma ordem nas estruturas sociais espontâneas que as pessoas fazem para si mesmas é apenas mais uma ofensiva na campanha da esquerda contra as forças da entropia.

O impulso altivo que leva os aspirantes a engenheiros da sociedade a relacionamentos pessoais perfeitos não pode observar nenhum constrangimento. Espaços privados e conduta pessoal também devem ser reconfigurados para que sejam compatíveis com o programa abrangente do puritano progressista.

Em 2013, a coluna *"Fatherland"* do *The New Republic*, escrita por Mark Oppenheimer, identificou uma tendência inquietante entre seus pares de esquerda. Em uma coluna auspiciosamente intitulada

"Os Novos Puritanos", Oppenheimer descobriu que o *ethos* contracultural com o qual ele cresceu estava desaparecendo rapidamente. Seus compatriotas ideológicos não mais se contentavam em ir com calma. O consenso que se formara em torno de quebrar a estrutura e evitar o estresse estava sumindo diante de seus olhos.

Foi-se o *"ethos hippie"* de simplesmente deixar acontecer, escreveu Oppenheimer. "Os pais puritanos que encontro são quase todos liberais".

Esses pais puritanos exibiam dois traços "infelizes": "A primeira é a tendência sufocante da elevação moral da era progressista, tendência esta que nos trouxe a Lei Seca e as primeiras leis que proibiam opiáceos e narcóticos", escreveu Oppenheimer. O paternalismo que ele identificou assumiu muitas formas, mas a mais visível e controversa na época do ensaio de Oppenheimer foi a cruzada montada pelo ex-prefeito de Nova York, Mike Bloomberg, para limitar a venda de bebidas açucaradas a não mais de 500ml e restringir a compra de refrigerantes gigantes para aqueles que pagassem por eles por meio de programas suplementares de assistência nutricional (também conhecidos como vale-refeição).[1]

"O segundo é um interesse pela higiene que pode ser bastante salutar", continuou ele, "mas também pode fetichizar formas simbólicas e perniciosas de saneamento e pureza, como no apoio de Margaret Sanger à eugenia".[2] As observações de Oppenheimer tiveram mérito e provocaram um breve surto de introspecção na esquerda.

"Conhecidos como pais helicópteros", escreveu Arit John, do *The Atlantic*, continuando de onde Oppenheimer parou, "essas mães e pais monitoram tudo o que seus filhos comem, assistem e leem. Seus hábitos parentais são tão iliberais quanto suas políticas são liberais".[3]

Apenas alguns anos antes, os criadores de políticas começaram a atender às demandas de uma filosofia parental hiper-engajada, que transpunha as responsabilidades parentais para mais entidades públicas. Os pais progressistas já não se contentavam em desistir e deixar acontecer. Muito pelo contrário. Eles agora procuravam aparar as

A ASCENSÃO DOS NOVOS PURITANOS

arestas da vida para o bem das crianças, e supunham que era responsabilidade do Estado fazer exatamente isso.

Essa tendência provocou sua parcela de reações contrárias. Talvez a mais memorável tenha sido liderada pela colunista, autora e ativista Lenore Skenazy com seu movimento *"Free Range Kids"*. Skenazy chamou a atenção nacional em 2008, quando teve a audácia de permitir que seu filho de nove anos andasse no metrô de Nova York desacompanhado. O experimento bem-sucedido levou os meios de comunicação nacionais a rotulá-la de "pior mãe dos EUA".[4]

Mas a reação não durou, e técnicas parentais mais permissivas continuaram a cair em desuso. Em seu lugar surgiu uma filosofia dominante centrada na noção de que era responsabilidade da comunidade criar a crianças.

Hoje, as autoridades são acionadas sempre que a paternidade negligente seja até mesmo apenas presumida.

Danielle e Alexander Meitiv, de dez e seis anos de idade, respectivamente, foram levados e seus pais disciplinados quando as duas crianças foram autorizadas a caminhar sozinhas para suas casas a partir de um parque situado a mais ou menos 2 quilômetros e meio de distância.[5]

Debra Harrell, de 46 anos, foi presa por "conduta ilegal em relação a uma criança" e processada por permitir que sua filha de nove anos brincasse sozinha em um parque local antes que ela chegasse em casa do trabalho.[6] Sua filha foi colocada, por um tempo, aos cuidados do serviço social.

Dorothy Widen, de oito anos, estava passeando com seu cachorro pelo quarteirão quando um vizinho chamou a polícia. "Ela saiu por cinco minutos", disse a mãe de Widen a um jornal local. "Eu estava no quintal e conseguia enxergá-la". Inocentada de irregularidades pela polícia, Widen foi, no entanto, submetida a um interrogatório humilhante no Departamento de Serviços para Crianças e Família vários dias após o incidente.

Julie Koehler foi investigada pela polícia por abuso infantil porque deixou suas três filhas sozinhas em um carro, debaixo de um sol de 20°, com as janelas abertas apenas para que pudesse dar um pulo na

Starbucks ali perto. Sua "negligência" levou suas filhas a serem levadas e examinadas em busca de sinais de abuso sexual.[7]

Maisha Joefield colocou sua filha de cinco anos na cama uma noite e, exausta, acomodou-se na banheira com os fones de ouvido. Quando ela emergiu, sua filha, Deja, tinha sumido — ela havia ido na direção da residência de sua avó nas proximidades. "Os policiais removeram Deja de seu apartamento e a Administração de Serviços para Crianças a colocou em um lar adotivo temporário", informou o *New York Times*.[8]

"A cada ano, agências de proteção à criança, sancionadas por tribunais juvenis, removem de suas casas cerca de 25 mil crianças que passam menos de trinta dias em lares adotivos", dizia um estudo de 2016 da Faculdade de Direito da Universidade da Pensilvânia sobre uma conspiração de vizinhos ansiosos, tribunais rápidos e burocracias indiscriminadas que traumatizam diligentemente crianças e pais. "A distribuição desses dados nos diz que a maioria dessas crianças passa menos de duas semanas em um lar adotivo temporário antes de ser devolvida aos seus cuidadores originais".[9]

Esses abusos do Estado em nome da segurança infantil não estão ocorrendo em um vácuo. Eles são o resultado de um consenso cívico emergente de que o Estado deve assumir um papel descomunal na administração dos assuntos familiares. Você pode pensar que todos ficariam indignados com tais abusos de autoridade. Mas se você se aprofundar o suficiente nas correntes intelectuais de esquerda que ajudaram a produzir esse fenômeno, encontrará um consenso geral em torno da ideia de que os departamentos de proteção às crianças excessivamente zelosos não estão fazendo o *suficiente*.

A reação contra a desordem na vida pública e privada não é irracional ou nefasta. Não completamente, pelo menos. A previsibilidade dá lugar à estabilidade, aliviando a sensação desorientadora de que somos todos agentes sem rumo, desatrelados a qualquer coisa sólida e durável. Estabelecer hierarquias sociais invioláveis envolve controle, e o controle cria um senso de missão.

Como seus ancestrais, o *ethos* puritano moderno é uma reação a uma crise percebida. A única solução para nosso atual estado caótico é impor ordem a ele — uma ordem mais nova e melhor.

Os antigos puritanos estavam tão focados na ordem, que viam a unidade mais básica da sociedade — a família — como apenas mais uma instituição política; na verdade, uma instituição que era valiosa apenas na medida em que avançava no programa social puritano mais amplo. O Novo Puritano concordaria completamente.

A mitologia popular sustenta que o puritano comum era um tirano unidimensional desprovido de calor humano. Claro, eles eram mais complicados do que isso.

Os reformadores protestantes dos séculos XVI e XVII eram tudo menos monolíticos em suas crenças. De fato, o puritanismo transatlântico foi abalado por períodos de conflito teológico e social profundamente divisivo. Eles eram supersticiosos, sim, mas também inclinados ao racionalismo e ao empirismo. Eles eram totalitários, na medida em que tinham uma estrutura de crença totalista que não podia tolerar distinções que separassem a vida pública da privada. Mas eles também eram radicalmente igualitários. Os puritanos eram complexos, enigmáticos e muitas vezes inconsistentes. Resumindo, eram seres humanos.

A existência puritana foi definida pela luta: luta contra a maldade, a injustiça e nossas próprias naturezas. O Estado, em sua opinião, não era um inimigo nessa luta, mas um instrumento de agência moral que não apenas poderia, mas *deveria* fazer cumprir os pactos éticos da sociedade.

Embora fossem propensos à superstição e valorizassem os velhos costumes, os puritanos não eram luditas limitados. Os pensadores puritanos, particularmente aqueles que emigraram para a América, seriam profundamente influenciados pelo liberalismo da era do Iluminismo.

Os puritanos eram democratizadores. Eles foram forçados por sua antipatia em relação às práticas católicas a quebrar as barreiras entre a classe sacerdotal e os leigos. Na sociedade puritana, a interpretação individual das Escrituras era tão válida quanto a do próximo, assim como a do clero. A votação congregacional, um sistema pelo qual os membros da igreja tinham contribuições individuais tanto em assuntos religiosos quanto em assuntos que hoje consideraríamos como responsabilidade do governo, foi sem dúvida a progenitora da democracia americana.[10] O ideal puritano de autodeterminação autônoma para interesses privados estabeleceu as bases sobre as quais as instituições republicanas dos EUA foram construídas. Sim, a teologia puritana investiu no comunitarismo como o estado natural em que a humanidade nasceu, e seus membros aderiram a uma visão um tanto sombria da humanidade. Mas eles não rejeitavam a modernidade ou o conceito de progresso social. Eles rejeitavam a desordem.

Uma série de estudiosos tentaram explicar por que o experimento colonial da Nova Inglaterra foi bem-sucedido quando assentamentos concorrentes não foram. Alguns atribuíram o sucesso dessas colônias à cultura política uniforme do puritanismo. Outros sugeriram que a composição religiosa homogênea dessas sociedades criava condições para uma estabilidade sustentável. Em ambos os casos, a conformidade era o objetivo e o equilíbrio era o resultado.

No século XVII, as colônias de Massachusetts, Plymouth, New Haven e Connecticut eram assentamentos-modelo. Estavam em grande parte livres de epidemias graves. Experimentaram um crescimento populacional significativo, apesar da escassez de imigração da Inglaterra após a primeira onda de migrantes. A Nova Inglaterra tinha taxas de mortalidade mais baixas (tanto na infância quanto na idade adulta) do que seus concorrentes coloniais ou mesmo a própria Inglaterra. Em meados daquele século, a expectativa de vida chegou quase aos 70 anos para homens e mulheres.[11]

A comunidade puritana média em meados da década de 1620 era relativamente pequena e homogeneizada. E era assim que eles gostavam. A primeira onda de migrantes para a Nova Inglaterra embarcou nessa viagem perigosa em parte porque desprezava a evolução social que estava sendo imposta à sociedade inglesa, para não falar das intervenções imperiosas da Coroa na vida cívica e religiosa cotidiana. O Novo Mundo que eles procuravam criar foi projetado para ser um reflexo idealizado do Velho, de acordo com o que o historiador Jack P. Greene descreveu como concepções romantizadas de uma "comunidade bem ordenada".[12]

Os puritanos se organizaram em "comunidades rigidamente construídas e relativamente independentes nas quais os habitantes formalmente se aliaram uns aos outros para formar organismos sociais unificados", continuou Greene. "Embora não estivessem de forma alguma desinteressados em alcançar sustento e prosperidade, eles colocam enorme ênfase no estabelecimento de comunidades bem ordenadas unidas pelo amor cristão e compostas apenas por pessoas de mentalidade semelhante com uma ideologia religiosa comum e um forte senso de responsabilidade comunal".[13]

A estabilidade social foi mantida não apenas pelas condições que estavam presentes nas primeiras colônias, mas por aquelas que não estavam — em particular, a falta de disparidades de renda que poderiam produzir divisões de classe pronunciadas. As primeiras colônias não foram dilaceradas pela força disruptiva e desagregadora do comércio. A maioria dos primeiros colonos cultivava grãos de cereais ou gado e subsistia com lucros modestos. As leis puritanas que consagravam os privilégios da elite, como os códigos de vestimenta, raramente eram visíveis para o puritano comum. Assim, qualquer inclinação para a inveja de classe era mantida sob controle. Tudo isso contribuía para a promoção do igualitarismo, mas com potencial limitado de discórdia social.

As comunidades puritanas buscavam e asseguravam um grau impressionante de estabilidade social, em parte por meio da preservação da uniformidade — uniformidade de fé, uniformidade de vestimenta, uniformidade de comportamento e uniformidade de pensamento. O estudioso do puritanismo Stephen Foster observou que os mecanismos usados para policiar os invasores contra esse contrato social não eram os métodos aos quais os europeus apelavam. Não havia monarcas, senhores de terras, nobreza hereditária ou mesmo uma hierarquia eclesiástica em torno da qual a sociedade pudesse ser organizada. O que impunha a uniformidade social era um "voluntariado radical" esperado das partes interessadas da sociedade puritana, e quase todos eram, em algum grau, partes interessadas.

Nem tudo era perfeito na sociedade puritana. Com a democratização veio o conflito. A autonomia dos congregantes individuais tornava a resolução de disputas — fossem elas religiosas, legais, sociais ou outras — uma provação. À medida que as gerações progrediam, o declínio da adesão ao dogma religioso puritano entre os filhos dos eleitos apresentava um problema real para uma sociedade na qual a igreja servia como o principal local para a resolução de conflitos. Foi assim que a incipiente legislatura de Massachusetts, a Corte Geral, começou a se envolver mais ativamente em assuntos privados. "Na década de 1650", escreveu Michael Winship, "o Tribunal Geral de Massachusetts repetidamente aprovou leis para conter o gosto dos jovens por beber, jogar, passear no sábado e agir desrespeitosamente durante os cultos da igreja".[14]

Os nascidos nas colônias, despossuídos do zelo de seus pais e criados em condições estáveis, continuaram a se afastar de suas órbitas em torno da igreja à medida que o século avançava.[15] Assim, por um "impulso de consenso" e após prolongado debate sobre o assunto, os padrões para ascender a membro votante pleno dentro de uma congregação foram relaxados. Essa reforma fez pouco para conter os filhos e filhas indisciplinados da Nova Inglaterra. "Nas primeiras décadas do século XVIII, era um lamento geral entre os ministros que eles 'não desfrutavam do prestígio, influência e status social' de seus predecessores do século XVII", observou Greene.[16]

Com o desenvolvimento de uma próspera economia comercial em assentamentos mais populosos na costa da colônia, a estabilidade que outrora tipificava a sociedade puritana começou a se dissolver em discórdia. Isso foi visível nas taxas crescentes de degeneração, evidenciadas nos registros pelo aumento dos processos criminais por desvio das regras e, mais flagrantemente, pelos pânicos morais catalisados por esse colapso social. O principal deles sendo os julgamentos de Salem, em 1692.[17]

A ASCENSÃO DOS NOVOS PURITANOS

Em última análise, a competição econômica, as taxas crescentes de riqueza individual, a aceitação da dívida como um mal necessário, a diversificação das estruturas sociais e a deterioração das unidades comunais começaram a separar a sociedade puritana. Essa tendência só acelerou depois que a Inglaterra aprovou os chamados Atos de Navegação em 1651, que forçaram as colônias britânicas a um relacionamento monopsonístico com a metrópole, impedindo os produtores coloniais de vender muitos recursos importantes para qualquer comprador que não fosse a Inglaterra. Os atos também tornaram os Estados Unidos dependentes dos produtores britânicos para a maioria dos produtos manufaturados.

Eventualmente, os puritanos foram obrigados a olhar menos para a igreja para resolver disputas sociais e mais para a lei. Taxas crescentes de litígios, principalmente envolvendo propriedade e dívidas, assustaram os tradicionalistas. Eles até criaram um termo para descrever essa ameaça: "arrepiante 'Rhode Islandism'".[18] Ainda hoje, o próprio conceito é suficiente para causar medo nos corações de quem não mora em Rhode Island. Mas, como o historiador, David Thomas Konig registrou, a transição do "comunalismo para o litígio" foi um compromisso que, no entanto, preservou a concepção dos puritanos de si mesmos como um "povo bem ordenado".

E, no entanto, as sementes que um dia trariam a extinção do puritanismo extremo como a característica essencial da sociedade da Nova Inglaterra foram semeadas. A ascensão do mercantilismo no início do século XVIII e suas recompensas financeiras associadas prepararam o cenário para o que o autor e acadêmico Bernard Bailyn chamou de "um novo espírito da época".

"Seus princípios orientadores não eram a estabilidade social, a ordem e a disciplina dos sentidos", escreveu ele, "mas a mobilidade, o crescimento e o prazer da vida".

Imaginem só.

Nada disso é para acusar todos os progressistas mais puritanos de hoje de serem maníacos por controle, embora a carapuça certamente sirva para alguns. É para acusá-los de serem humanos.

Pertencer a uma aliança estável é um dos desejos mais inatos da humanidade. Aqueles que prosperam na desordem e no isolamento são tão poucos e distantes entre si que é razoável supor que esse não é o nosso estado ideal.

Uma das marcas de uma sociedade ordenada é pelo menos um punhado de normas e convenções em torno das quais se formou um consenso inquestionável. O gosto pelo consenso — ou, pelo menos, o desgosto pela dissensão dentro de suas fileiras — certamente faz parte da veia moralista do progressismo moderno.

Os ativistas progressistas de hoje se orgulham de seu apoio à diversidade em todas as esferas da vida pública — todas as esferas, isto é, exceto a vida intelectual. O Novo Puritano desconfia dos adventos legais e tecnológicos que dão lugar à desunião. Uma das principais invenções responsáveis pelo colapso das convenções que mantinham os dissidentes calados (ou, pelo menos, não tão visíveis) são as mídias sociais.

A distribuição de um microfone para quem quiser um provavelmente não é a melhor ideia. O número de locais que publicam pensamentos totalmente sem edição que não são curados por *gatekeepers* institucionais tem suas vantagens, especialmente se você suspeitar desses *gatekeepers* institucionais. Mas se a humanidade é um animal tribal, estar exposto a todas as formas variadas em que as tribos se organizam ofende em um nível instintivo.

Ideias estrangeiras, condutas desconhecidas e costumes distintos que podem ser perfeitamente normais em uma comunidade podem ser totalmente condenadas em outra a quilômetros de distância. E em uma época anterior, essas duas comunidades quase nunca interagiriam. Hoje, padrões de pensamento divergentes, insultantes e até ameaçadores estão prontamente disponíveis. Na verdade, eles são difíceis de evitar.

"Uma coisa engraçada acontece quando você pega seres humanos jovens, cujas mentes evoluíram para a guerra tribal e pensamentos de nós/eles, e você enche essas mentes de dimensões binárias", disse o professor universitário e autor Jonathan Haidt, em uma palestra de

2017. "Você diz a eles que um lado em cada binário é bom e o outro é ruim. Você liga seus antigos circuitos tribais, preparando-os para a batalha. Muitos estudantes acham isso emocionante; faz com que se sintam inundados por um senso de significado e propósito".[19]

Essa observação ilumina não apenas os instintos dos jovens, mas também seu desejo de impor ordem a um mundo indisciplinado. A principal suposição do Novo Puritano sobre si mesmo é que ele é justo e moral. Assim, quem não é correligionário cai em algum lugar fora do espectro puramente ético. E eles devem ser parados.

"As teorias da conspiração, as mentiras, as distorções, a quantidade esmagadora de informações, a raiva codificada nelas", escreveu, com exasperação palpável, a professora da Faculdade de Direito de Yale, Emily Bazelon, sobre as mídias sociais, "tudo isso serve para criar caos e confusão e tornar as pessoas, mesmo as apartidárias, exaustas, céticas e cínicas em relação à política". Ela não se aprofunda na distinção entre o que é totalmente falso e as premissas que são meramente discutíveis, mas borrar essa linha estabelece uma urgência que justifica sua solução extrema para o "caos" que prevalece hoje: cercear os direitos à liberdade de expressão codificados no Primeira Emenda.

Esses direitos "são simplistas", escreve ela, e "inadequados para a nossa época". Na Europa, por exemplo, essas liberdades não são concedidas ao público em geral. Lá, você pode ser processado por dizer a coisa errada para a pessoa errada. Portanto, afirma Bazelon, esses países "criaram melhores condições" para uma cidadania informada determinar "o que eles querem que suas sociedades sejam".

Bazelon torna a vida desta autora muito mais fácil ao estabelecer uma conexão entre seu impulso censório e a censura buscada por nomes como Catharine MacKinnon e Andrea Dworkin, que defendiam restrições legais à pornografia, e defensores da teoria racial crítica que apoiam que a leitura de "discurso de ódio racista" limita a jurisprudência em torno da Primeira Emenda.

No final, porém, Bazelon não baseia seu argumento na propriedade constitucional de restringir certas formas de discurso, mas na alegação mais discutível de que as empresas privadas que administram propriedades baseadas na Internet devem se tornar censoras mais ativas. "Nos últimos anos", ela conclui, "alguns liberais perderam a paciência com debates sobre ideias que consideram tóxicas". Se for esse o caso, eles não são mais "liberais", de acordo com qualquer definição comumente entendida da palavra. Eles se tornaram algo completamente diferente.

Aqueles que estão indignados com a conduta dos usuários de mídias sociais argumentam que as proteções legais concedidas aos proprietários e operadores desses serviços precisam ser reduzidas. Aqui, e diferentemente das iniciativas propostas pelos progressistas nos capítulos anteriores deste livro, a esquerda tem aliados dentro da direita pós-Trump.[20]

Alguns republicanos também querem retirar das empresas de mídia social as proteções de que gozam na Seção 230 do *Communications Decency Act*, que protege empresas como Facebook, Google e Twitter das responsabilidades legais impostas a editores mais convencionais. Assim, uma curiosa aliança entre progressistas como a senadora Elizabeth Warren e conservadores como o senador Ted Cruz — na verdade, entre Donald Trump e Joe Biden — foi formada.[21] E embora suas queixas sobre essas empresas de mídia sejam diferentes, sua solução não é.

Os argumentos contra a Seção 230 não são desprovidos de todo o mérito, mas esses argumentos não podem (e não devem) ser avaliados sem uma consideração completa do que alimentou essa nova causa ativista: o acesso sem filtros de uma audiência crédula que as mídias sociais oferece a seus adversários políticos. O que essas plataformas permitem e o que não permitem não é todo o problema; é a suposta influência que elas exercem que tanto irrita.

As tensões entre a liberdade de expressão do público leigo e as classes especializadas têm sido objeto de debate desde o surgimento do conceito de liberdade de expressão. Os verdadeiros puritanos se aliaram definitivamente aos leigos. Afinal, em seu tempo, o policiamento da fala era uma ferramenta usada pelo Estado e pelo clero para impor dogmas religiosos que eram antitéticos ao pensamento puritano.

Mas o Novo Puritano está mais inclinado para o tipo de propriedade que evoluiu do puritanismo no século XIX. É uma propriedade que considera com suspeita o pensamento que não é curado pelos esclarecidos.

"A Livre Expressão está nos matando," era a manchete histérica de um editorial de 2019 do escritor do *New York Times* Andrew Marantz. "Não tenho mais dúvidas de que a brutalidade que germina na internet pode saltar para o mundo real", escreveu.[22] E embora seu prognóstico possa ter sido exagerado, eventos subsequentes confirmaram a presciência de Marantz entre aqueles já inclinados a concordar com ele. Os conflitos de 6 de janeiro de 2021 que levaram ao cerco do Capitólio são a prova, segundo Mic, de que certas figuras públicas não podem ter acesso a um "megafone irrestrito" nas mídias sociais.[23]

O grilhão, uma algema geralmente afixada ao redor dos tornozelos, é uma metáfora adequada. O discurso "sem grilhões" é uma ameaça que assombra os *gatekeepers* em todo lugar. "Nosso compromisso tradicional com a liberdade de expressão irrestrita ainda serve à democracia?" perguntou o apresentador da NPR, Dave Davies.[24] Em 2021, os leitores do *New York Times* foram alertados para a existência de "conversas sem grilhões" ocorrendo no Clubhouse, um aplicativo que apenas os convidados podiam usar.[25] Lá, os usuários têm a opção de "bloquear" participantes indesejados, exatamente o que aconteceu com o repórter do *Times*, Taylor Lorenz. Essa exclusividade "criou disputas sobre o acesso, inclusive de um jornalista do *New York Times*", lê-se na reportagem estranhamente distanciada do *Times* sobre si mesmo.

Esses lamentos revelam até que ponto os aplicativos de mídia social on-line, de fato, agrilhoam seus usuários. Eles bloqueiam, eles eliminam das plataformas, eles censuram. Eles rotulam aquilo que subjetivamente consideram desinformação como tal, muitas vezes com base no julgamento de desqualificados e à custa da credibilidade dessas plataformas. Isso são grilhões.

Em última análise, a pior contribuição da mídia social para o discurso, sustentam seus críticos puritanos, é que ela facilita um diálogo não moderado em que racismo, sexismo, classismo, homofobia e meia dúzia de outros fanatismos podem ser expressos sem medo de consequências. O professor de criminologia da *Birmingham City University*, do Reino Unido, Imran Awan, descreve essa acusação em detalhes — e eu não uso a palavra "acusação" figurativamente. O professor identificou um punhado de casos em que conteúdo de ódio e até mesmo indícios de intenções violentas expressas on-line justificaram a prisão e o julgamento de alguns usuários descuidados de mídia social na Grã-Bretanha, onde não existem proteções ao discurso "sem grilhões". E você não precisa ser um fanático dedicado para ser um participante passivo na expressão dessas opiniões odiosas.

"Minha pesquisa mostrou que algumas pessoas simplesmente se juntam a conversas direcionadas a figuras vulneráveis", explicou Awan. "Outros postam mensagens que não dizem nada especificamente racista, mas que eles sabem que vão inflamar as tensões raciais". Ele continua ilustrando o fenômeno mostrando como um post perfeitamente banal pedindo aos usuários que descrevessem o "típico café da manhã britânico" se transformou em uma guerra de lances entre os usuários de mídia social para publicar as expressões mais vis e selvagens de antagonismo racial de que eles pudessem se lembrar.

"Dessa forma, a mídia social atua como uma câmara de eco amplificada para essa retórica odiosa e visões racistas", continuou Awan. "Isso faz com que a maneira como algumas pessoas imaginam o mundo pareça mais real". É verdade, mas isso vale para os críticos das mídias sociais também. Isto é, a menos que você acredite que conversas casuais cara a cara entre perfeitos estranhos rotineiramente se transformam em arte performática chocantemente racista. Tal teoria exige uma certa condescendência de seus proponentes — um entendimento de que eles são apenas um pouco melhores que uma pessoa qualquer.[26]

No mundo real, os desrespeitos racialmente insensíveis são muitas vezes muito mais sutis do que os espetáculos deliberadamente provocativos que os usuários de internet, escondidos atrás de pseudônimos, fazem de si mesmos. Existe até uma palavra para esse tipo de coisa entre os reformadores sociais progressistas: "microagressões". Elas são

A ASCENSÃO DOS NOVOS PURITANOS

exatamente o que parecem: ofensas menores, talvez até não intencionais, que podem ser interpretadas como raciais mesmo quando existem explicações mais prováveis para atos imprudentes individuais.

Uma cartilha sobre o assunto e suas "implicações para a prática clínica" publicada pela escola de educação da Universidade de Columbia descreve como é diabolicamente difícil para "terapeutas identificarem" microagressões raciais. No entanto, este documento lista as melhores práticas para aqueles que esperam interditar comportamentos antissociais involuntários. Sua principal recomendação é evitar tolerar passivamente esse comportamento, deixando-o passar.

"Um simples comentário — 'Desculpa, mas onde está a graça?'— pode tirar alguém de sua grosseria", aconselha o documento àqueles que tenham sido expostos ao humor que vem às custas de outra pessoa. "Quando um amigo faz uma pergunta que parece dolorosa, deixe o silêncio prolongado fazer o trabalho por você", continua. Se o incidente ofensivo ocorrer em um local comercial, "saia", mas "antes de sair, informe aos gerentes por que você está saindo". Se você tem familiares que ofendem com piadas insensíveis, deixe-os saber até que ponto esse comportamento preconceituoso está "criando distância" entre vocês. E se você se tornar o destinatário involuntário de um e-mail preconceituoso? "Responda a todos", sugere a cartilha, "compartilhando seus pensamentos com todos na lista de e-mail. Outras pessoas podem fazer o mesmo".[27]

São todos bons conselhos para aqueles que não apreciam grosseria ou querem evitar serem vistos como um idiota (exceto aquele do "responder a todos". Ninguém gosta do "responder a todos"). Conter comportamentos antissociais das pessoas ao nosso redor sem recorrer à justiça de rua ou à busca de consequências profissionais é um projeto de importância perene. Certamente preocupava os reformadores puritanos.

Lembre-se das palavras do rigoroso ministro John "Decálogo" Dod, cuja obra envolveu mergulhar nos Dez Mandamentos para pescar um número incontável de proscrições sociais. Discutimos seu trabalho no que diz respeito ao Sétimo Mandamento e as maneiras pelas quais "não cometerás adultério" foi interpretado para incluir praticamente qualquer apetite sexual. Seus pensamentos sobre o Terceiro Mandamento, "não tomarás o nome do Senhor teu Deus em vão", foram igualmente criativos.

Dod aplicou esse mandamento às muitas "microagressões" irritantes de seu tempo. Não apenas advertiu os reformadores protestantes contra a blasfêmia; proibiu qualquer coisa que se aproximasse remotamente de profanidades.

"Se você afirmava ser um cristão, mas não demonstrava isso na maneira como levava sua vida", observou Michael Winship, "você tomou o nome de Deus em vão tão fatalmente quanto o fez ao xingar". Mas se as demandas sobre os eleitos forem os modelos para os comportamentos preferidos do puritanismo, você não pode simplesmente forçar seus amigos, parentes e vizinhos rudes à submissão. Isso apenas os afastaria de você e os levaria a ignorar seus conselhos. Então, Dod criou sua própria cartilha para congregantes confrontados com lascívia ou blasfêmia indesejadas.

"Se você se encontrasse em uma situação em que repreender os palavrões seria socialmente estranho demais, aconselhou Dod, a melhor coisa era sair dali", resumiu Winship. "E se isso não fosse possível, você deveria fazer uma careta conspícua, ou pelo menos cobrir os ouvidos".[28] Os métodos para fornecer uma repreensão gentil às pessoas de mau gosto entre nós não melhoraram muito ao longo dos séculos.

Embora Dod não fosse contra dar um sermão severo a todo e qualquer que ofendesse a Deus, independentemente das graças sociais que ele se arriscasse a transgredir, ele, no entanto, reconhecia que uma reprovação duradoura e significativa tinha que ser feita com sincera compaixão. Um "olhar azedo e um gesto de desprezo austero", pregava Dod, "alienam os corações dos homens de nós".[29]

Embora venha do mesmo lugar, o conselho de Dod é marcadamente mais tolerante do que os esforços modernos para envergonhar microagressores inadvertidos. Ficamos imaginando se alienar aqueles que eles consideram com desprezo é algo com que o Novo Puritano está tão preocupado.

Ao longo deste livro, o tema da família tem sido uma constante. Afinal, a família é uma fonte constante de frustração para o puritano progressista.

O código de conduta social preferido deles o forçaria a repreender seus parentes durante as festas de fim de ano. Isso obriga o estado a assumir um papel mais ativo, garantindo que você e seus vizinhos estejam fornecendo educação adequada. Ela força os laços matrimoniais a servirem a uma função social e determina certas formas que um relacionamento saudável deve assumir. Se isso é bom para o seu relacionamento é irrelevante; não é sobre você, mas sim sobre a sociedade como um todo.

Se a família é fonte de alegria pura para os defensores mais comprometidos do progressismo puritano, essa felicidade está enterrada sob uma montanha de exortações e mandamentos. Aqui, também, as ligações com o passado são óbvias demais para serem ignoradas.

Os primeiros puritanos americanos mantinham um certo carinho pelo que os estudiosos Steven Mintz e Susan Kellogg consideravam um "profundo senso de compromisso cooperativo" e uma "responsabilidade comum" não apenas uns para com os outros, mas também para com o grande trabalho de construir uma nova Sião. Para este fim, a família serviu a um propósito insubstituível. "Os puritanos nunca pensaram na família como uma unidade puramente privada", explicam Mintz e Kellogg. "Para eles, era parte integrante de um amplo mundo político e social". A estrutura nuclear da família não era "autogovernada". "os laços familiares e os comunitários tendiam a se confundir", observam esses estudiosos. A família era a principal unidade econômica e educacional da sociedade.[30]

A ordem política era uma consequência desses laços familiares. Elas, portanto, não podiam ser deixadas para se organizarem sozinhas. As relações familiares eram policiadas por "homens do dízimo" cujo trabalho era supervisionar as famílias. Essa supervisão assegurava que "as relações conjugais fossem harmoniosas e que os pais disciplinassem adequadamente os filhos indisciplinados". E havia penalidades para homens, mulheres e até crianças que não cumprissem suas responsabilidades ou sucumbissem às tentações do pecado.[31]

"A religião puritana ensinava que até os recém-nascidos eram considerados encarnações da culpa e do pecado", continuam Mintz e Kellogg. "Na opinião deles, a principal tarefa da criação dos filhos era quebrar a vontade pecaminosa de uma criança e internalizar o respeito pela autoridade divinamente instituída por meio de", entre outras ferramentas, "admoestações repetidas, espancamentos físicos e intensa pressão psicológica".

Depois dos dois anos, a impetuosidade infantil deixa de ser bonitinha e passa a ser um sinal de insubordinação intolerável. De acordo com um pastor peregrino, a "teimosia e firmeza de espírito de uma criança decorrentes do orgulho natural" devem ser "quebradas e derrotadas para que a base de sua educação" possa ser construída em torno da "humildade e docilidade e outras virtudes".[32]

A sociedade puritana do período colonial via a família como o Estado em um microcosmo. Portanto, o Estado deveria fiscalizar esse contrato e garantir o pacto social. O Novo Puritano discorda dessa concepção familiar apenas de maneira marginal.

Se a Nova Esquerda tem uma data de início, é 15 de junho de 1962. Nesse dia, foi concluído o manifesto político que ficou conhecido como Declaração de Port Huron.

"Muitos de nós começaram a amadurecer na complacência", afirmava o documento escrito pelos alunos. Essa complacência, afirmaram os autores da declaração, deveria acabar. "Consideramos os *homens* infinitamente preciosos e possuidores de capacidades insatisfeitas de razão, liberdade e amor", continuou a declaração. "Ao afirmar esses princípios, estamos cientes de contrariar talvez as concepções dominantes do homem no século XX: que ele é uma coisa a ser manipulada e que ele é inerentemente incapaz de dirigir seus negócios. Opomo-nos à despersonalização que reduz os seres humanos ao status de coisas".[33]

O tom claramente religioso deste texto atingiu um acorde poderoso e recebeu cobertura favorável tanto em locais de mídia contraculturais quanto de legados. O espiritualismo não-denominacional do documento refletia um *ethos* emergente de esquerda que gravitava em torno do misticismo e da incorporeidade das tradições religiosas orientais, mantendo o gosto do liberalismo clássico pela liberdade individual. Mas os redatores deste documento dentro dos Estudantes por uma Sociedade Democrática (SDS) foram logo substituídos por uma coorte mais radical que se tornou progressivamente mais iliberal.

Como George McKenna observou, o igualitarismo inicial da SDS foi substituído por uma busca exaustiva de "honestidade, autenticidade, sinceridade" e, acima de tudo, pureza. "Eventualmente, a pureza superou todo o resto, incluindo eficácia e envolvimento com o resto da sociedade americana".[34]

Como a Declaração de Port Huron prenunciou, este foi também o período em que as primeiras formas de pensamento da Nova Era entraram em voga — um movimento com fundamentos quase religiosos no humanismo secular e na espiritualidade oriental. Suas prescrições se concentravam em um grau proibitivo na autogratificação, porque estar em contato com os próprios desejos era dar um passo na direção de uma consciência superior. Este foi o éter em que as técnicas de "paternidade progressiva" foram incubadas. Essas técnicas tiraram a ênfase da disciplina em favor da autorrealização, ontologismo e indulgência desinibida na busca de um despertar espiritual.

Essa teoria deu origem a um estilo parental mais descontraído. Valorizava o potencial inato das crianças, nutrindo suas aptidões instintivas, aprendendo por meio da descoberta (e os erros que acompanham a curiosidade) e reduzindo o potencial de conflito entre as crianças e seus pais presunçosos. Esse movimento parental despreocupado era atraente principalmente aos lares brancos de classe média nos anos do pós-guerra.

Os pais contraculturais vieram de "lares cultos, sofisticados e economicamente favorecidos", segundo Thomas Weisner, professor de psicologia da Universidade da Califórnia, em Los Angeles.[35] Alguns dos objetos de seu estudo do início da década de 1970, sobre famílias que criam filhos de maneiras não convencionais, optaram por se retirar completamente da sociedade convencional. Outros fincaram raízes em ambientes urbanos e suburbanos mais prototípicos. Mas a família contracultural compartilhava alguns traços universais. Suas estruturas familiares eram fluidas e suas afinidades ideológicas foram integradas a muitos aspectos apolíticos da vida cotidiana. Mas acima de tudo, eles compartilhavam uma visão particular sobre a paternidade, que, da mesma forma que aqueles movidos pela Declaração de Port Huron, enfatizava a autorrealização e a autenticidade.

"Os temas de contracultura de Weisner enfatizavam sentimentos compartilhados, honestidade, expressividade, intimidade e contato físico com seus filhos", observou Eva Dunn-Froebig, da Universidade de Montana. Uma análise conjunta dos sociólogos Robert Rath e Douglas McDowell descobriu que os pais enfatizavam a franqueza e a honestidade, e encorajavam seus filhos a serem abertos à experimentação e à mudança. "Eles queriam incutir ideais de contracultura em seus filhos, como estar aberto ao sexo e à sexualidade, questionar a autoridade e se comprometer com a paz e a não violência", concluíram Rath e McDowell. "Eles também disseram que queriam que seus filhos tivessem a liberdade de desenvolver e definir seus próprios valores e modos de vida".[36]

Isso tudo é uma rejeição bastante aberta da tradição puritana — tanto substantivamente quanto estilisticamente. Mas, como a revolução sexual, não durou.

Como no século XVII, assim é hoje: a família nuclear continua sendo a unidade social primária da civilização anglo-americana. Isso é uma fonte de frustração para aqueles que não gostam tanto das unidades sociais primárias quanto da civilização anglo-americana. Para essa coorte irascível, a família atomística e todas as armadilhas ao seu redor existem para manter sistemas de opressão intoleráveis que devem ser desmantelados.

Você pode não saber, por exemplo, que a família nuclear é classista. Ela e a arquitetura que foi construída em torno dela — mais notavelmente, a casa unifamiliar — representa uma "ferramenta de repressão e controle social", segundo o autor e teórico da arquitetura Phineas Harper.

A ASCENSÃO DOS NOVOS PURITANOS

"Projetada para impor uma estrutura social específica, a habitação nuclear estabelece divisões de trabalho, gênero e classe no tecido construído de nossas cidades", escreveu Harper. A simples fachada dessa casa esconde um show terrível de abusos. Entre eles, a violência doméstica, a "subordinação das mulheres" e os maus-tratos ao trabalho doméstico.[37]

A alternativa a esse lar familiar é, obviamente, uma concepção mais coletivizada tanto do "lar nuclear e da própria família" quanto do mundo fora dessas estruturas. Harper encarrega os arquitetos não apenas do trabalho de reimaginar as casas, mas também do encargo histórico de inaugurar "um tipo alternativo de sociedade". Tranquilo.

A família nuclear não é apenas classista. É também racista.

Em 2020, a organização *Black Lives Matter* (Vidas Negras Importam) hospedou em seu site oficial (*blacklivesmatter.com*) um manifesto intitulado "No que acreditamos". E o que eles acreditavam era que a família nuclear era uma construção opressora.

"Rejeitamos a exigência de estrutura familiar nuclear prescrita pelo Ocidente, ao nos apoiarmos mutuamente como famílias extensas e 'aldeias' que cuidam coletivamente uns dos outros, especialmente nossos filhos, na medida em que mães, pais e filhos se sentem confortáveis", dizia a passagem.

Essa seção logo foi excluída do site, junto com grande parte do manifesto. Tinha sido inadvertidamente divulgado pelo equipamento de verificação de fatos PolitiFact, que se propôs a contextualizar essa declaração além do ponto de reconhecimento no esforço de sugerir que o documento não dizia o que dizia claramente.[38]

Mas mesmo que os tipos errados de pessoas estivessem a par deste manifesto — ou seja, qualquer pessoa que não estivesse predisposta a concordar com ele — o público-alvo do BLM ouviu sua mensagem em alto e bom som.

"Estamos comprometidos em romper a exigência de estrutura familiar nuclear prescrita pelo Ocidente, apoiando uns aos outros como famílias extensas e 'aldeias' que cuidam coletivamente umas das outras, e especialmente de 'nossos' filhos na medida em que mães, pais, e as crianças são confortáveis".[39] Essa passagem, uma recitação quase literal da reconceitualização da família do BLM, foi incluída em uma resolução adotada pelo sindicato *United Federation of Teachers*, em novembro de 2020. Foi aprovada com o apoio retumbante de 90% na assembleia do sindicato.[40]

Além de racista e classista, a família nuclear também é sexista.

A filósofa feminina americana e autora de A Mística Feminina, Betty Friedan, ficou famosa ao comparar a vida levada pela dona de casa comum a um "confortável campo de concentração". Aquelas mulheres que placidamente se entregam à sua própria subjugação "estão sofrendo uma morte lenta da mente e do espírito".[41]

Em seu famoso livro Política Sexual, Kate Millett sustentou que "a principal instituição do patriarcado é a família". Além de facilitar a reprodução, sua função primária é socializar as crianças em um meio social opressivo dominado pelos homens. Como uma "estudante das famílias" insistiu, "a família é a pedra angular do sistema de estratificação, o mecanismo social pelo qual ela é mantida".[42]

"A família nuclear deve ser destruída e as pessoas devem encontrar melhores maneiras de viver juntas", escreveu Linda Gordon, professora de humanidades da Universidade de Nova York. "Seja qual for o seu significado final, o fim das famílias agora é um processo objetivamente revolucionário".[43]

"Se queremos falar sobre igualdade para as crianças, o fato de as crianças serem criadas em famílias significa que não há igualdade", escreveu Mary Jo Bane, professora de Políticas Públicas e Gestão da *Harvard's Kennedy School* e ex-secretária assistente do Departamento de Saúde e Serviços Humanos no governo Bill Clinton. "Para criar filhos com igualdade, devemos tirá-los das famílias e criá-los comunitariamente".[44]

A noção de que a família americana é uma algema ao redor dos tornozelos das mulheres e um obstáculo no caminho para uma concepção mais evoluída de criação de filhos não é nova nem especialmente marginal, dependendo dos círculos intelectuais que você frequenta.

A questão diante dos progressistas radicais não é se a família como a conhecemos está caminhando para a extinção. Seus teóricos passaram para a questão do que deve substituir a família. A fundadora e diretora executiva da *Family Story*, uma organização sem fins lucrativos, Nicole Sussner Rodgers, tem muitas, muitas sugestões.

"'Mãe' e 'pai'", escreve ela, "têm cada vez menos significado e utilidade hoje, quando tantas crianças têm duas mães ou dois pais, pais solteiros, famílias mistas ou até três pais legais".[45] A frágil suposição de Sussner Rodgers aqui parece ser que, se uma pessoa não for criada em uma família heterossexual tradicional, ela será considerada pela sociedade como ilegítima de alguma maneira mal definida.

Se você internalizar totalmente essa lógica, acabará com as conclusões tiradas pelos administradores da escola de elite *Grace Church School*, de Nova York. "Embora reconheçamos que a linguagem de ódio que promove o racismo, a misoginia, a homofobia e outras formas de discriminação já são abordadas em nossos manuais escolares, também reconhecemos que podemos fazer mais do que banir a linguagem de ódio", diz o "Guia da Linguagem Inclusiva" da escola particular. Para esse fim, a escola proibiu o uso de palavras supostamente divisivas como "mãe" e "pai".[46]

Se a lógica que justifica essas prescrições linguísticas neuróticas fosse apenas ser o mais educada possível, elas seriam apenas uma curiosidade. Mas esse raciocínio é forçado ao ponto de ruptura quando você entra nos detalhes.

"A sexualidade pode ser fluida ao longo da vida de uma pessoa", dizia a orientação da *Grace Church School*. Juntamente com o gênero, a autoidentificação sexual pode mudar ao longo da vida, portanto, evitar essas palavras é apenas prático. Mas isso também pressupõe que alguém que mude sua identidade de gênero se ofenda retroativamente com a maneira como os administradores da escola se referiram corretamente a ele todos esses anos atrás. Essa pessoa, se existir, também é muito provavelmente um histérico obcecado por si mesmo que se ofende facilmente. Seria impossível satisfazer tal pessoa, e a energia gasta nesse esforço seria mais produtivamente dedicada a quase qualquer outra atividade.

E, no entanto, a diretora executiva da *Family Story* tem razão na medida em que a definição do que constitui uma família não é mais tão restrita. Como prova, ela cita o exemplo de Sarah e Kae, duas boas amigas que são heterossexuais e buscaram adotar uma criança juntas. Em uma decisão histórica de um tribunal canadense em 2018, elas ganharam o direito de coparentalidade. "E foi assim que nos tornamos uma família", disse Sarah.[47] O fenômeno da coparentalidade platônica também está decolando nos Estados Unidos, onde os adultos estão pulando o laborioso processo de namorar e acasalar e pulando diretamente para ter filhos. É claro que algumas dessas crianças são produto de uma concepção um tanto convencional, o que deixa a natureza "platônica" dessas relações sujeita a interpretação.[48]

Pelo menos esses casais (ou o que eles se considerem) decidiram trazer uma criança para um ambiente amoroso e, com sorte, estável. Isso é mais do que você pode dizer sobre um número crescente de narcisistas confusos que se escondem atrás de um tipo de ansiedade da moda como desculpa para evitar ter filhos. A falta de filhos autoimposta não valeria a pena se os defensores desse estilo de vida também não estivessem tentando convencer seus colegas, alguns dos quais anseiam desesperadamente pela alegria que as crianças trazem ao mundo, a se abster de procriar.

As crianças não são apenas a algema que mantém as mulheres presas em estruturas sociais destinadas a oprimi-las, mas fazer novas pessoas é ruim para o meio ambiente. A "ética da pequena família" foi proposta por Travis Rieder, da *James Madison University*, já em 2016. "Mudanças climáticas perigosas estarão acontecendo até lá", disse Rieder à NPR, quando perguntado como seria o mundo vinte anos no futuro. "Aqui está um pensamento provocativo: talvez devêssemos proteger nossos filhos por não tê-los".[49]

Esta recomendação está de acordo com uma observação feita pela congressista progressista Alexandria Ocasio-Cortez. "Basicamente, há

A ASCENSÃO DOS NOVOS PURITANOS

um consenso científico de que a vida das crianças será muito difícil", afirmou. "E isso leva, eu acho, os jovens a fazerem uma pergunta legítima: tudo bem ainda termos filhos?". Embora o medo paralisante de que ter filhos contribua para condições ambientais indesejáveis tenha levado alguns a se submeterem voluntariamente à falta de filhos, os inférteis não encontraram um estado perpétuo de ansiedade paralisante como substituto adequado para a realização encontrada na criação dos filhos.

"Sinto que não posso, em sã consciência, trazer uma criança a este mundo e forçá-la a tentar sobreviver a condições que podem ser apocalípticas", disse uma mulher a repórteres do *The Guardian*. Essa mentalidade contribuiu para as descobertas de um estudo publicado na revista acadêmica *Climatic Change*, que descobriu que 14% dos entrevistados citaram a mudança climática como um "principal motivo" para sua decisão de não ter filhos. E para muitos deles, esta é uma experiência agonizante. "A mudança climática é o único fator na decisão de não ter filhos biológicos", confessou outra jovem. "Eu não quero ter filhos em um mundo que está morrendo, [embora] eu queira muito ser mãe".

Aquelas mulheres que se arriscam e ainda mantêm alguma afeição pelo projeto progressista são cada vez mais consideradas por seus colegas progressistas como hereges. Vejamos, por exemplo, a escritora de opinião do *New York Times* Elizabeth Bruenig.

No Dia das Mães de 2021, a autodenominada socialista publicou um ensaio comovente sobre a experiência de ter filhos aos vinte e poucos anos — uma idade jovem em relação àqueles que compartilham suas afinidades ideológicas. No editorial, ela confrontou muitos dos equívocos sobre a maternidade que ela ouve de mulheres jovens e solteiras. "Não é uma tarefa, mas um prazer", escreveu Bruenig, "não é o fim da liberdade como você a conhece, mas o começo de um tipo de liberdade que você não pode imaginar".[50]

Essa apostasia foi recebida com uma enxurrada de ataques mordazes ao seu caráter e seus motivos. Bruenig foi acusada de "desencorajar o aborto", o que é um pecado imperdoável da esquerda. Sua decisão de ter dois filhos foi considerada uma manifestação da sua "ansiedade da extinção branca". Amanda Marcotte, do Salon, comparou Bruenig à ativista antifeminista Phyllis Schlafly e atacou o *Times* por publicar algo que só atrai "caras tão terríveis que se preocupam em não conseguir uma esposa até prenderem alguém que é jovem demais para saber melhor". A escritora Jude Ellison S. Doyle insistiu que este trabalho era uma "fraude", embora não esteja claro quem está sendo enganado aqui. "O maior truque que o Diabo já fez foi convencer essa mulher de que foi uma tremenda conquista pessoal ser repetidamente engravidada por um troll da internet que ela conheceu no ensino médio", acrescentou ela com um sarcasmo intrigante.[51]

A espiral raivosa que simples expressão de contentamento de Bruenig causou nessas e em muitas outras pessoas críticas de seu ensaio é instrutiva. Ela não atacou ninguém. Ela não demonstrou nenhum preconceito racional, trans ou homofobia ou hostilidade com relação ao aborto. O que deixou os críticos tão nervosos foi que ela encontrou, na maternidade, uma certa felicidade. E para seus críticos, a felicidade não pode ser outra coisa senão derivação da observação dos conceitos do progressismo cultural.

Se você decidir ter filhos, certamente não será confiável para criá-los. Não de acordo com os engenheiros sociais mais arrogantes da esquerda.

"É uma ideia central para o feminismo de qualquer maneira, que as mães não são entidades naturais", disse a autora Sophie Lewis em uma entrevista de 2019 ao *The Nation*. "As mães nutrem, mas também matam e abusam de seus protegidos. É por isso que é tão valioso desnaturalizar o vínculo mãe-filho".[52]

Essa ideia, acrescentou Lewis, é fundamental para abrir uma nova fronteira na "política revolucionária". E o primeiro passo dessa Longa Marcha envolve popularizar a ideia de que a estrutura familiar é insalubre para todos os envolvidos.

"Sabemos que o núcleo familiar privado é onde a esmagadora maioria dos abusos pode acontecer", continuou Lewis. "E há toda a questão de para que serve: nos treinar para sermos trabalhadores, nos treinar para sermos habitantes de um sistema de gênero binário e racialmente estratificado, nos treinar para não sermos *queer*".

Esse processo começa desafiando a noção de que "os bebês pertencem a qualquer um". As crianças pertencem ao coletivo. Assim, Lewis espera popularizar o conceito de "substitutos gestacionais", cujo apego a seus filhos é funcionalmente reptiliano. As crianças são concebidas, nascem em condições tão confortáveis quanto a barriga de aluguel permite, e a comunidade assume a partir daí. "Se forem todas barrigas de aluguel", continuou Lewis, "a questão dos relacionamentos originais ou 'naturais' cai no esquecimento".

A cruzada de Lewis para quebrar a unidade familiar e nos transformar em "barrigas de aluguel" figurativas não é inteiramente ideológica. Sua preferência política peculiar, ela admite, vem de um trauma que ela experimentou em sua própria família.

Em seu livro, *Full Surrogacy Now*, Lewis descreve uma viagem de carro de infância com sua família depois de ver uma produção teatral amadora, cujo enredo girava em torno de um de seus personagens descobrindo que seus filhos não eram biologicamente seus. "Refletindo incrédula sobre seus temas, lembro-me de perguntar alegremente do banco de trás: 'Mas, pai, é ridículo. Se você descobrisse que nós (meu irmão e eu) éramos na verdade os filhos biológicos do leiteiro, você não nos amaria menos de repente, não é?'" escreveu Lewis. "Eu quis dizer isso apenas como uma pergunta retórica. Mas houve um silêncio duro e constrangedor que deixou claro para mim que não ia obter a resposta de que precisava. Eu me senti tão devastada que, pelo resto da viagem, não consegui falar".[53]

Essa lesão emocional levou Lewis a gravitar em direção a um ódio abjeto pela própria ideia de família. É algo "estratificado, mercantilizado, cis-normativo e neocolonial", escreveu ela. Ela fetichiza a reprodução, que é na verdade a fixação patologicamente preconceituosa em fazer pessoas brancas de classe média alta mais saudáveis identificarem com o gênero de seu nascimento. E, como aprendemos, a casa unifamiliar também abriga uma cacofonia de horrores: "Desconforto, coerção, molestamento, abuso, humilhação, depressão, agressão, assassinato, mutilação, solidão, chantagem, exaustão, psicose, reforço de gênero, programação racial e emburguesamento", escreveu Lewis. "A família privada é a sede de tudo isso".

Lewis não é uma excêntrica rara ou obscura. Bem, pelo menos ela não é rara ou obscura. O mercado de ideias da esquerda está cada vez mais repleto de abolicionismo familiar.

"A ideia de abolição da família pode invocar visões de intervenções violentas", escreve Sophie Silverstein, do *Open Democracy*. É realmente sobre amor O núcleo familiar "como uma instituição... é construído sobre a interseção de racismo, sexismo e homofobia". Portanto, não gera, mas na verdade retém, afeto.[54]

"Se estivéssemos acostumados com a ideia de que pertencemos um ao outro, poderíamos agir como se as crises que ameaçam os mais vulneráveis também representassem um perigo para os mais confortáveis", refletiu Nora Caplan-Bricker, do *The New Republic*. "Isso pode soar como um pronunciamento utópico, mas está mais próximo da verdade inescapável".

"Uma maneira de os filósofos pensarem em resolver o problema da justiça social seria simplesmente abolindo a família", opinou o filósofo britânico Adam Swift. "Se a família é essa fonte de injustiça na sociedade, parece plausível pensar que, se abolirmos a família, haveria condições mais equitativas".[55]

Mas como podemos alcançar essa redefinição radical da unidade familiar — uma construção tão universal (mesmo em sociedades tribais) que deve ser uma adaptação evolucionária? A revista *Commune* fornece um manual de instruções passo a passo.

"O melhor ponto de partida para abolir a família é uma insurreição em massa", começa o guia, assustadoramente. Em meio à morte e destruição causadas pela guerra civil, os aspirantes a abolicionistas familiares são aconselhados a estabelecer "campos de protesto", organizados (como você deve ter adivinhado) comunitariamente. Esses acampamentos devem incluir áreas de dormir comuns, onde o grupo proteja seus membros dos possíveis estupradores, além de "trocas de seringas" para atender "usuários ativos de drogas". Temporariamente,

A ASCENSÃO DOS NOVOS PURITANOS

claro. O processo de seleção natural em uma zona de guerra anárquica provavelmente eliminará os estupradores e viciados em heroína rapidamente.

Claro, separar a família é um processo. Aqueles que desejam formar "unidades íntimas e familiares" devem ter permissão para fazer exatamente isso — pelo menos por um tempo. Mas a criação individual dos filhos está fora de questão. "As áreas de acolhimento de crianças tornam-se creches", aconselhou *Commune*. Lá, o acesso ao seu pequeno pacote de alegria será monitorado e restrito. Aqueles que resistirem a esta nova ordem serão considerados "contrarrevolucionários" e serão tratados com toda a severidade que este termo implica.

Parabéns! "Se você chegou a este passo, conseguiu abolir a família", conclui este fluxograma radical. "Você liberou o amor *queer* e o cuidado feminista para criar uma base para o florescimento humano".[56]

Se tudo isso soa para você como marxismo requentado, você não está errado. Marx e Engels continuaram de onde Platão parou, reiterando sua crença de que a estrutura social ideal levaria à dissolução da família nuclear. Mas quando os soviéticos tentaram implementar as prescrições do Manifesto Comunista para o amor livre e a criação comunitária dos filhos, eles descobriram que — como quase tudo no livro — não funcionava como anunciado.

Os bolcheviques foram rapidamente inundados com milhares de bebês órfãos e crianças negligenciadas, que de repente se tornaram problemas do Estado. A existência de dezenas de milhares de jovens sem-teto logo resultou em delinquência juvenil generalizada. As crianças do jovem estado soviético foram apresentadas ao crime e às drogas desde a tenra idade. A vida sexual das crianças muitas vezes começava bem antes do ponto de maturidade sexual e a delinquência era desenfreada. O estupro era comum e as doenças sexualmente transmissíveis proliferavam.[57]

Logo, a velha moral burguesa começou a retornar no estado operário, mas apenas por absoluta necessidade.

Um futuro distópico em que você deposita seus recém-nascidos na creche das crianças para serem cultivados como plantações

243

pode estar muito distante. Enquanto isso, ainda há muito para ser infeliz.

Veja, por exemplo, o que pessoas bem ajustadas consideraram um episódio emocionante em 2017, quando Robert Kelly, um analista político profissional com experiência em assuntos intercoreanos, estava fazendo uma aparição na BBC em seu escritório, em casa. Durante uma entrevista ao vivo, a filha de três anos de Kelly invadiu a sala e marchou confiante em direção ao pai em plena vista da câmera.

O vídeo viralizou. O "pai da BBC" e sua família se tornaram uma sensação, e todo o mundo arrulhou com a adorável exibição. Todos, isto é, exceto pelo *"Media Mole"* do *The New Statesman*.[58]

"Não há nada pior do que observar todo mundo pulando de alegria enquanto você fica apenas pensando: mas... Não?", admitiu o crítico de cultura da revista tabloide britânica "Moley" Tant. O autor confessou que é impossível apreciar tal exibição de fofura porque falhava em lembrar os espectadores do horror da existência.

"Basicamente, a mensagem que este vídeo me transmite é: ser um homem é jogar a vida no nível mais fácil," concluiu. Isso é uma coisa estranha de se dizer de um homem com doutorado em relações internacionais que fala vários idiomas e ganha a vida como analista profissional de assuntos geopolíticos.

Foi o fato de Kelly ter gentilmente afastado sua filha para longe da câmera durante uma aparição ao vivo em um noticiário de televisão transmitido globalmente que provou ser tão irritante. Não porque isso não seria o instinto de ninguém naquela situação, mas porque, na imaginação de Tant, uma mulher nunca poderia se safar com tal comportamento.

Pelo menos Tant parecia estar conscientemente infeliz. "Mais uma vez, a consciência bocejante do patriarcado caga na minha capacidade de desfrutar de algo", concluiu a missiva.[59]

"Claro, tudo isso é uma projeção cruel", acrescentou Tant com alguma autoconsciência há muito atrasada. "Não é culpa dele que o patriarcado exista e me incomode tanto". Muito bem, autoconsciência fugaz. No final, Tant pede por nossa "piedade". E devemos oferecê-la.

Essa visão de mundo miserável roubou uma alegria simples — um dos muitos pequenos e esquecíveis prazeres diários da vida que, cumulativamente, fazem valer a pena viver.

Aqui é um lugar tão bom quanto qualquer outro para começar a analisar tudo isso. Não é uma escolha natural colocar o peso esmagador do mundo em seus próprios ombros. Esse fardo deve ser imposto a você, e seu desejo instintivo de abandoná-lo deve ser condicionado para fora de você. Você deve ser coagido e persuadido a participar deste projeto sem alegria.

Como você provavelmente já concluiu, simplesmente não vale a pena.

8

REFORMA

DEVAGAR A PRINCÍPIO,
E ENTÃO TUDO DE UMA VEZ

A predisposição puritana é aquela que leva seus adeptos a extrair ordem do caos, impor e observar a consistência e rejeitar as distrações que diminuem sua utilidade para a causa.

Os puritanos de hoje estão fazendo uma campanha contra a desorganização. É razoável concluir, portanto, que a entropia do tipo que fornece liberdade máxima dentro dos limites legais é a solução adequada para essa arrogância paternalista. A boa notícia aqui é que a entropia não precisa ser cultivada para florescer.

É uma boa aposta que o sistema de crenças do Novo Puritano está destinado a um dia ser tão ridicularizado e insultado quanto o antigo *ethos* puritano, em parte porque atrai adeptos através da coerção. A principal manifestação do movimento são pequenos grupos de pessoas tirando coisas de grupos maiores de pessoas. Seu primeiro encontro com esse movimento provavelmente será quando aquela atividade, artista ou produto que você gostou foi adulterado ou até mesmo proibido, mas para seu próprio bem. Cegamente e com a maior pompa, uma minoria de inclinação puritana está cortejando o ressentimento de um anfitrião muito maior. Sabemos como isso costuma acabar.

Mesmo enquanto você lê este livro, a revolução dos Novos Puritanos está ativamente criando seus próprios contrarrevolucionários. Isso não quer dizer que devemos apenas sentar e contar com a revolução para plantar as sementes de sua própria destruição. Os céticos dos excessos dos puritanos originais — incluindo alguns dos membros mais proeminentes de sua sociedade — mais tarde lamentaram sua complacência. Mas a melhor defesa contra a seriedade severa, ao que parece, tem a vantagem adicional de ser agradável.

Autosseriedade não é a mesma coisa que seriedade. Ninguém precisa se tornar um profeta da desgraça para também ser visto como sóbrio e racional. Um pessimismo desesperado que surge da obsessão sobre o quão erradamente seus vizinhos estão vivendo suas vidas não é uma perspectiva astuta. Tentar desesperadamente controlar o que você não pode e, por direito, não deve, é suficiente para deixar qualquer pessoa um pouco louca.

A alternativa para policiar a conformidade moral é tão simples quanto *não fazer isso*. Isso não apenas o torna um pouco menos irritante, mas também tem a vantagem de exigir menos do seu tempo. Não exige que você filtre sua experiência do mundo por meio de uma estrutura política rígida. E não força você a uma posição defensiva. E isso não o leva a um estado desesperador de melancolia com o declínio inexorável ao qual consignamos nossos filhos. Isso permite que você se torne um pouco menos político e, como consequência inevitável, mais alegre. Como não amar?

A suposição de que o novo puritanismo acabará se consumindo é uma expectativa que podemos extrair da restituição de movimentos semelhantes na história transatlântica. O paradigma que levou as gerações anteriores de moralizadores a despojá-lo de seus prazeres mundanos acabou sendo desacreditado e substituído por um paradigma mais bem-sucedido, que zombou desse esforço. Essa é a história das cruzadas morais fracassadas de uma cidade americana. Foi um empreendimento que pode ser resumido na frase: "Banido em Boston".

Em 1878, inspirados por um discurso proferido pelo ativista antivício Anthony Comstock, vários bostonianos proeminentes fundaram a Sociedade da Nova Inglaterra para a Supressão do Vício, que foi modelada na sociedade de Nova York de mesmo nome. Sua missão era a promoção de uma moralidade cívica unificadora nativa do protestantismo dominante e a supressão de formas alternativas de virtude moral. A causa deles era urgente porque a ameaça que estavam tentando combater era iminente: um livro de poemas.

No final da década de 1870, os defensores do "amor livre" — o movimento pró-poliamor do final dos anos 1800 — organizaram uma campanha destinada a desafiar as leis Comstock de Massachusetts e suas proibições contra a publicação e disseminação de material obsceno. Eles falharam. O movimento de reforma moral em Boston atingira o apogeu de seu poder.

Encorajados como estavam, a próxima publicação da edição final do célebre livro de poesia de Walt Whitman, Folhas de Relva, acendeu um fogo sob os reformadores morais. O trabalho mais famoso de Whitman era, em suas próprias palavras, "declaradamente uma canção de Sexo e Amabilidade e até mesmo de Animalidade".[1] Ele elogiava as prostitutas com quem se deitava e descrevia em detalhes excruciantes (pelos padrões do século XIX) os aspectos mais agradáveis do ato carnal. O livro não pretendia ser uma declaração política, mas se tornou uma em pouco tempo.

Em 1879, a Sociedade da Nova Inglaterra ajudou a fortalecer as proscrições de obscenidade de Massachusetts, expandindo a proibição a todas as formas de mídia "contendo linguagem obscena, indecente ou impura" por levarem à "corrupção da moral ou da juventude".[2] Autoridades locais montaram uma campanha visando a editora de Whitman em Boston, forçando-a a cancelar a publicação do livro em 1882.

Os objetivos compartilhados pelos reformadores morais em Boston no final do século XIX são agora bastante familiares. Um dos membros mais proeminentes da Sociedade da Nova Inglaterra, o presidente do *Yale College*, Noah Porter, expôs os princípios que animam os cruzados antivício em termos que qualquer puritano reconheceria. Valiosas obras de ficção, escreveu Porter em 1882, "corretamente usadas, não podem deixar de elevar a alma". Em contraste, a literatura perigosa tinha a capacidade de "seduzir ao pecado" e promover "paixões sujas e viciosas".[3]

A literatura que nos obrigava a pensar no sexo como um ato de "indulgência" nos levava a abrir mão de nossas responsabilidades terrenas em busca do prazer pessoal. O amor livre e as contribuições literárias para esse movimento, escreveu Porter, "destronam a vontade de seu domínio apropriado sobre os sentimentos e liberam as emoções de sua responsabilidade para com a consciência". Portanto, minam "a disciplina saudável e necessária aos deveres da boa cidadania e da responsabilidade pessoal".[4]

Temos a obrigação ética de "resgatar e recuperar" nossos amigos e vizinhos que são tentados pelo vício, sustentou Porter. Todos os aspectos da sociedade devem ser direcionados para essa busca, pois a "ordem pública" não pode durar "enquanto um estrato inferior estiver se tornando ignorante e brutalizado de uma geração para outra". Cada unidade social, do Estado à família, deve ser convocada para essa luta. Na verdade, esses dois polos sociais não são tão distintos assim. "É supérfluo dizer que o Estado nasce naturalmente da família", concluiu Porter, "na medida em que toda família já é um Estado em miniatura".[5]

Os puritanos já tinham desaparecido há muito tempo quando Porter escreveu essas palavras, mas elas poderiam ter sido escritas por qualquer proponente da moralidade predominante do século XVII. Os reformadores morais do século XIX, no entanto, atualizaram a doutrina adotando um conjunto mais moderno de táticas para reforçar as sensibilidades puritanas.

Como observou o estudioso e teólogo P. C. Kemeny, os reformadores morais do século XIX empregaram um "discurso quase científico" para dar ao "movimento de higiene social" uma sensação mais científica. Noah Porter, por exemplo, é autor de um livro sobre a natureza humana e as corrupções a ela representadas pela "literatura licenciosa" intitulado *The Elements of Moral Science*.

No livro, Porter expandiu a sabedoria ética convencional vitoriana enquanto sobrecarregava seus argumentos com uma linguagem pseudocientífica. Ao fazer isso, ele os fez parecer superficialmente autoritários. Essa tática eficaz ainda está conosco hoje, pois os novos

A ASCENSÃO DOS NOVOS PURITANOS

puritanos em nosso meio ornamentam seus arbitrários julgamentos de valor com o jargão polissilábico comum aos departamentos de estudos de identidade nos campi universitários. Como você pode argumentar contra suas alegações? São todas científicas.

A posteridade deu seu veredicto tanto sobre o moralismo censor de Boston quanto sobre os talentos literários de Walt Whitman, embora tenha levado algum tempo para a roda girar. Em 1905, a Sociedade da Nova Inglaterra apoiou dez estatutos antiobscenidade sobrepostos e ajudou a processar dezenas de infratores.[6] As bibliotecas de Boston foram forçadas a abrigar literatura proibida atrás de portas trancadas. Os livreiros conspiravam para proteger o público das obras de autores imodestos. Produções dramáticas foram banidas para o público local, e romances baratos que se tornaram sensações em todo o país nunca chegaram às mãos dos jovens bostonianos.

E ainda assim, essas "vitórias" tiveram um preço. Em 1915, a sociedade se rebatizou de Sociedade de Vigia e Proteção, em um esforço para escapar do controverso legado de seu fundador espiritual, Anthony Comstock. E em 1926, os esforços de H. L. Mencken para destacar as contradições apresentadas pela aplicação das leis de Comstock o tornaram famoso e transformaram os moralistas de Boston em objetos de desprezo e ridículo. Em última análise, "Banido em Boston" evoluiu de uma advertência contra o consumo de pensamentos impuros para um poderoso anúncio em seu favor.

Na década de 1920, a frase passou a fazer parte do léxico como abreviação de um encontro excitante com um empreendimento artístico tão tabu, que você simplesmente tinha que experimentá-lo por si mesmo. Colocar esse slogan a um livro ou peça "certamente aumentaria as vendas no resto do país", observou Paul Boyer, da Universidade de Harvard. "A censura de Boston tornou-se tão onipresente que muitos começaram a enxergá-la como algo divertido, como uma parte inexplicável e até bastante pitoresca da cena de Boston".[7]

O clima intelectual no coração da Nova Inglaterra protestante era tão sufocante que a própria cidade se tornou sinônimo de pudor em todo o país. No final daquela década, os oponentes do julgamento reflexivo de Boston regularmente se engajavam em exibições espalha-fatosas de desafio. Estudantes se fantasiavam de personagens de livros proibidos e desfilavam pelo campus com cartazes com seus títulos. Foram realizados comícios nos quais a censura foi "satirizada, ridicula-rizada e exposta".[8] E, no protesto mais eficaz de todos, os consumidores votaram com a carteira, premiando os criativos que ofenderam os censores da cidade com um grande sucesso comercial. "Mais tarde", observou Tania de Luzuriaga, repórter do *Boston Globe*, "as editoras procuraram ativamente ter livros 'banidos em Boston' para aumentar as vendas no resto do país".[9]

O mesmo fenômeno é observável hoje, embora a cidade de Boston tenha sido substituída pelo cenário da mídia digital.

Em 2020, a *Republic Book Publishers* anunciou seu próximo romance histórico, *Old Abe*, que seguia as dificuldades de Abraham Lincoln durante a Guerra Civil. A editora tentou angariar algumas vendas anunciando o romance no Facebook — um pedido que foi sumariamente rejeitado. Alguns funcionários ansiosos da rede de mídia social decidiram que o livro era perigoso porque sua capa apresen-tava um comentário do então vice-presidente Mike Pence. Portanto, violava a excêntrica política do Facebook de proibir qualquer coisa relacionada a "questões sociais, eleições ou política" naquele ano elei-toral tenso. A *Republic* prontamente aproveitou a perseguição de seu autor, rotulando efetivamente *Old Abe* como "banido no Facebook". Como você pode imaginar, as vendas do livro explodiram quando o público de direita correu para colocar as mãos nessa literatura perigosa.[10]

Na sequência, houve a tentativa de marcar as obras de Theodor "Dr. Seuss" Geisel como racista, um esforço que foi pelo menos em parte sancionado pelo espólio do autor infantil, o público de compra de livros achou por bem recompensar esse mesmo espólio com um dilúvio de vendas. Não muito tempo depois que uma variedade de escolas, instituições educacionais e até a Casa Branca de Biden classificaram os livros como suspeitos, eles ocuparam seis dos dez primeiros lugares na lista de obras mais vendidas do *USA Today*.[11]

A ASCENSÃO DOS NOVOS PURITANOS

Em 2020, uma campanha ativista conseguiu brevemente forçar a Amazon a retirar do site o livro da autora Abigail Shrier, *Irreversible Damage: The Transgender Craze Seducing Our Daughters*, que alertava sobre os perigos associados ao reforço da disforia de gênero em crianças. A União Americana pelas Liberdades Civis, agora totalmente transformada naquilo que foi fundada para lutar, juntou-se a esses ativistas. Um professor de inglês até encorajou as pessoas a roubarem e queimarem o livro.[12] Acabou se tornando um best-seller.[13]

A Amazon fez o mesmo com um livro de tema semelhante, do filósofo político Ryan T. Anderson, *When Harry Became Sally: Responding to the Transgender Moment*, em 2021.[14] Ele também desfrutou de mais publicidade gratuita dessa tentativa fracassada de censura do que teria recebido de uma campanha convencional de relações públicas.[15]

A missiva do senador Josh Hawley contra a "tirania" da Big Tech estava prevista para ser publicada pela *Simon & Schuster* em 2021. Mas em 6 de janeiro de 2021, o senador se opôs à certificação dos resultados das eleições de 2020 em vários estados com resultados disputados — uma causa que animou a multidão que posteriormente invadiu o Capitólio. A suposta cumplicidade de Hawley nesse evento levou sua editora a romper seu relacionamento. Mas o senador do Missouri logo encontrou uma nova editora e, quando seu livro chegou às lojas, subiu para o sexto lugar na lista de títulos de não-ficção de capa dura da *Publishers Weekly*. É difícil imaginar que um meio bastante seco para as ambições nacionais de um político teria gerado esse tipo de tração comercial sem a intervenção de seus críticos.[16]

Em resumo, é a maior esperança deste autor que alguém tente cancelar este livro. Seus críticos vão arrancar sangue. Seus fãs terão suas piores suspeitas sobre seus inimigos confirmadas. E seu escritor será bem recompensado. Todo mundo vence.

Como atesta a experiência de Boston durante grande parte do século XIX e início do século XX, as prescrições morais e sociais do puritanismo tiveram uma meia-vida muito mais longa do que você poderia esperar, dada a brevidade histórica do experimento puritano. Os puritanos que viveram o suficiente para ver o início dos anos 1700 provavelmente ficariam surpresos ao descobrir que suas ideias sobre-viveram. De sua perspectiva, o declínio e o colapso de sua filosofia política ocorreram em uma velocidade desorientadora.

O século XVIII ainda era jovem quando Increase Mather, filho de colonos de primeira geração na América do Norte, avaliou os destroços do mundo que tentara criar. O experimento puritano ao qual ele havia dedicado sua vida estava acabado.

Ao longo de seus oitenta e quatro anos, Mather testemunhara as profundas transformações que se abateram sobre a vida intelectual no mundo ocidental. Ele nascera em um pacto teocrático quase inques-tionável em 1639. Ele partiu do plano terrestre em 1723, cercado por devotos da teoria da lei natural, liberalismo secular e pluralismo reli-gioso. E Mather provavelmente não poderia escapar do fato irritante de suas próprias contribuições para a dissolução de seu pacto social preferido.

Increase Mather ainda estava na casa dos trinta no final da década de 1660, quando as tensões entre os colonos e os nativos Wampanoag se deterioraram vertiginosamente. A difícil aliança entre a tribo e os colo-nos da Nova Inglaterra dissolveu-se inteiramente depois que Metacom, que adotou o nome de Philip como era costume em meio às antigas relações amistosas da tribo com os colonos europeus, ascendeu a chefe tribal em 1662. As negociações sobre um novo acordo de paz entraram em colapso em 1675, quando três wampanoags foram enforcados na colônia de Plymouth pelo assassinato de um companheiro de tribo, o cristão convertido John Sassamon. Metacom retaliou, enviando grupos de ataque para saquear e queimar os assentamentos fronteiriços da Nova Inglaterra.

O que começou como uma série de conflitos se transformou em uma guerra de quase três anos envolvendo todas as colônias da Nova Inglaterra e quase todas as tribos nativas, mesmo aquelas que inicialmente procuraram permanecer neutras. Mais da metade dos assentamentos europeus nessas colônias foram destruídos e cerca de um a cada dez colonos americanos em idade militar foram mortos no conflito.

Quando um novo tratado de paz foi assinado em 1678, os Wampanoag tinham sido dizimados e sua tribo ficou sem terra. Foi, em termos *per capita*, o conflito mais sangrento da história colonial americana. Deu lugar a diferenças políticas irreconciliáveis entre as colônias anteriormente unidas e a uma disputa acirrada entre elas e sua pátria mãe.[17]

O isolamento da Nova Inglaterra dos assuntos europeus terminou abruptamente no rescaldo da Guerra do Rei Philip — que ficou conhecida como a "Primeira Guerra Indígena".

A guerra pôs fim à abordagem laissez-faire de Londres na condução dos assuntos americanos. O Rei Charles II se cansou, em particular, da tendência independente de Massachusetts. Entre a resistência da colônia aos Atos de Navegação de 1651 e sua hostilidade puritana contra a Igreja Anglicana, a teimosia da Baía tornou-se intolerável. Somava-se à frustração de Charles, o fato de as disputas legais e territoriais entre as colônias aumentarem as demandas dos administradores coloniais. Algo precisava ser feito. Assim, em 1683, Charles II deu início aos passos necessários para revogar a carta da Colônia da Baía de Massachusetts e executou sua anulação no ano seguinte. A carta foi substituída em 1686 pelo que muitos colonos consideravam uma violação imperiosa de seus direitos como ingleses. Naquele ano, a Inglaterra impôs um novo "Domínio" sobre a Nova Inglaterra e as colônias do Meio-Atlântico, que efetivamente reestruturou o que é hoje todo o nordeste dos Estados Unidos em uma única entidade política. Os títulos de terra foram revogados. As legislaturas cujos membros haviam sido eleitos pelos membros da igreja foram descartadas. Cortes reais substituíram magistrados e júris locais. E o pior de tudo, Londres tomou medidas concretas para promover a Igreja da Inglaterra sobre o Congregacionalismo.

Os puritanos ficaram furiosos com a decisão da Coroa de anular suas convenções jurídicas e políticas de longa data. Mas a provação dos puritanos estava apenas começando.

O Domínio foi inicialmente administrado por um monarquista linha-dura com pouco gosto por dissensão, Sir Edmund Andros.

A partir do momento em que assumiu o cargo, Andros se dedicou com entusiasmo à tarefa de desmantelar a sociedade puritana. Ele harmonizou as leis em todas as colônias para que refletissem mais de perto as da Inglaterra. Ele proibiu as reuniões da cidade. Ele impôs impostos britânicos terríveis. E ele prendeu quase todos que resistiram ao novo regime, incluindo poderosos proprietários de terras e ministros.

Nesse período, a migração europeia para a Nova Inglaterra decolou e o pluralismo religioso nessas colônias anteriormente monolíticas tornou-se uma parte de fato da vida cotidiana. Massachusetts, que havia sido agradavelmente pouco diversificada, logo se tornou o lar de multidões do que os puritanos consideravam presbiterianos ímpios, batistas inescrutáveis e *quakers* absolutamente demoníacos.[18]

Charles II morreu em 1685. Ele foi brevemente sucedido por James II, um católico, que governou, como Charles, por prerrogativa real. Em 1687, James II decretou e Andros aplicou a "Declaração de Indulgência", que proibia a discriminação contra os católicos. Isso um puritano devoto como Increase Mather não podia tolerar. Ele publicou panfletos influentes contra o governo de Andros correndo um risco considerável e, eventualmente, fez uma viagem para a Inglaterra para pedir pessoalmente ao rei por alívio.

O Parlamento não pôde suportar por muito tempo o catolicismo de James II e suas tendências autoritárias. Em 1688, o rei foi deposto e exilado na Revolução Gloriosa. Mas apesar de todo esse tumulto político na Inglaterra, o domínio britânico sobre as colônias persistiu. Mather, agora na Inglaterra defendendo a causa puritana, foi fundamental na elaboração de uma nova carta real restabelecendo a legalidade da colônia de Massachusetts. Mas as transigências que ele teve que fazer em sua busca contribuíram para a queda do puritanismo.

A nova carta cedia a Colônia de Plymouth nas fronteiras de Massachusetts, expandindo o poder e a influência da base do puritanismo no Novo Mundo. Mas a nova concessão também encerrava o relacionamento fortemente unido entre a Igreja Congregacionalista e o governo de Massachusetts. O governador seria doravante nomeado pela Coroa (Mather e seus compatriotas poderiam recomendar um novo

gerente colonial adequado a eles, mas esta era uma dispensa única).
O rei também teria direito de veto sobre todas as leis e nomeações.
A membresia da igreja e as exibições externas de devoção não mais
determinariam se um indivíduo estava apto a participar da política.
Propriedade tornou-se o principal critério de emancipação dos eleitores. Por último, todos os protestantes, independentemente de suas
afinidades denominacionais individuais, passariam a desfrutar de
liberdade religiosa.[19]

A nova carta preservava o caráter protodemocrático da Nova
Inglaterra. Restaurava os direitos das cidades de se organizarem,
de júris civis se reunirem e de legislaturas serem eleitas. Mas enter-
rou um punhal no coração dos princípios teocráticos em torno dos
quais a sociedade puritana se ordenara anteriormente. A nova carta
estabeleceu, segundo o historiador Michael G. Hall, "a estrutura constitucional para uma sociedade pluralista e secular que seria herdada por
John Adams".[20]

Quando Mather retornou da Inglaterra no início de 1692, com a
carta em mãos, o velho fervor religioso que outrora tipificava a sociedade puritana estava sendo rapidamente suplantado pelo ativismo
político. E por que não? Afinal, o que hoje consideramos os instrumentos convencionais de autoridade política estavam substituindo a
igreja como o mecanismo pelo qual as máximas sociais eram impostas
e os conflitos mediados.

Esse tumulto contribuiu para uma sensação geral de instabilidade.
Os velhos costumes desapareceram para os puritanos com tanta velocidade que é difícil culpá-los por se sentirem um pouco inseguros. Quase
da noite para o dia, a Nova Inglaterra foi transformada em um ambiente
em que o pânico moral prosperava. Esse desconforto produziu uma
mancha indelével no legado do puritanismo: os julgamentos das bruxas
de Salem.

Anteriormente, os julgamentos dos acusados de feitiçaria eram
relativamente raros. A execução dos condenados era ainda mais rara,
e as autoridades locais tendiam a usar seu poder para invalidar decisões
que julgavam injustas. Mas em 1692, em meio a um profundo fluxo e

confusão política os magistrados encarregados de investigar os ataques inexplicáveis que atingiram a filha do ministro da vila de Salem cometeram graves erros. Em deferência a essa nova era de pluralismo político, os magistrados abriram suas audiências preliminares ao público. Essas audiências tornaram-se um espetáculo, pois as supostas vítimas faziam demonstrações performáticas de possessão em benefício do público. E aquele público, tendo sido levado a um frenesi aterrorizado, exigia derramamento de sangue indiscriminado.

Embora autoridades mais sóbrias reconhecessem os horrores que estavam presidindo, estavam limitadas em sua capacidade de intervir. "Sob a antiga carta", observou Michael Winship, as autoridades coloniais "teriam julgado os apelos aos veredratos do júri dos tribunais do condado onde foram ouvidos casos de bruxaria como os de Salem".[21] Agora, no entanto, eles não tinham compunção, nem jurisdição, de impor prudência a um público ansioso. "Talvez eles estivessem perseguindo bruxas tão agressivamente para compensar a falha tão abismal em proteger a colônia de seus inimigos satânicos na fronteira do Maine, como era o dever dos magistrados", especulou Winship sobre as consequências da Guerra do Rei Philip. "Seja qual for o motivo de sua falta de cautela, a velha ordem puritana das coisas — magistrados servindo como freio às demandas populares de caça às bruxas — foi virada de cabeça para baixo". O drama que se desenrolava ganhou vida própria. Os austeros estudiosos religiosos que uma vez governaram essas colônias foram intimidados ou subordinados, e uma turba proletária agora governava em seu lugar. Os julgamentos das bruxas de Salem foram, acrescentou Winship sombriamente, "uma expressão do puritanismo americano em sua agonia febril".[22]

Nem todas as autoridades da colônia sucumbiram às paixões populistas. Increase Mather estava entre os muitos moradores da Nova Inglaterra que criticaram as injustiças testemunhadas, mas apenas bem depois do fato. Embora ele tenha escrito que "acreditava que as bruxas existiam e que os julgamentos de bruxas eram justificados", como era o consenso geral de sua época, Mather expressou sérias reservas sobre o valor das "evidências espectrais" que eram a base de suas condenações.

A ASCENSÃO DOS NOVOS PURITANOS

Ele finalmente fez questão de falar diretamente com as acusadas de feitiçaria e as levou a sério quando alegaram que suas confissões foram feitas sob coação.

Em um dos sermões mais famosos de Mather envolvendo "casos de consciência relativos a espíritos malignos", o ministro aconselhou seus congregados que era "melhor dez bruxas livres do que o sangue de um único inocente ser derramado". Assim, Mather articulou a base lógica sobre a qual se baseia o comentário do famoso jurista William Blackstone, que sustenta que é mais ético que dez homens culpados sejam libertados do que um inocente morrer como punição por um crime que não cometeu.[23]

Mas Mather se recusou a denunciar o processo enquanto estava em andamento, e suas objeções chegaram tarde demais. Dezenove das acusadas foram enforcadas. Outro foi esmagado até a morte. Alguns dos executados morreram ao som do desfavor audível da multidão, pois estavam indo ao encontro de seu justo destino e com amor cristão pela multidão que acreditava que estava-se cometendo uma injustiça brutal. Talvez a conversão de Mather tenha sido tanto o produto de uma genuína mudança de opinião quanto o medo de que os sentimentos populistas que envolviam sua colônia levassem sua família também. Afinal, a filha de Mather estava entre as muitas mulheres acusadas de feitiçaria.

À medida que a repulsa pública por esse derramamento de sangue aumentava, as instituições legais recém-empoderadas estabelecidas pela nova carta da colônia abandonaram suas restrições. Em outubro de 1692, alertando para a "ruína e destruição total deste pobre país" que se seguiria se a mania exibida em Salem não fosse domada, o Tribunal Geral de Massachusetts anulou a autoridade dos tribunais que haviam presidido tal perseguição cruel. Depois disso, o governador de Massachusetts — o capitão do mar, nascido no Maine, William Phips, que coincidentemente encontrou a fé religiosa junto com sua nomeação política — suspendeu a autoridade do tribunal por completo. O governador agiu com a cobertura política proporcionada pelo decreto legislativo da colônia, mas sua mão pesada foi certamente movida por considerações pessoais. Veja bem, a esposa de Phips também foi iden-tificada como uma possível bruxa.[24]

No alvorecer do século XVIII, a ordem puritana, que por tanto tempo governara a vida na Nova Inglaterra, tinha sido irreparavelmente quebrada. A vida comercial próspera nos postos e cidades costeiras da colônia trouxe consigo culturas e atividades desconhecidas que eram, para dizer o mínimo, incompatíveis com as concepções puritanas de devoção. A imigração e a liberdade religiosa deram lugar à complexi-dade, heterogeneidade e, pior de tudo, isenções fiscais para batistas, quakers e anglicanos. A igreja congregacionalista e suas prescrições hipócritas para o que constituía uma vida nobre ressoavam cada vez menos com as gerações mais jovens, para quem a ambição não era mais um palavrão. E o pânico que levara ao que muitos colonos agora entendiam ser a execução injusta de vinte almas inocentes desacreditou o projeto puritano.

No início de 1700, Mather "não pregava mais como se a Nova Inglaterra fosse a Nova Israel". Na verdade, ele mal reconhecia aqueles a quem antes enxergava como o povo escolhido de Deus. "A sociedade da Nova Inglaterra, como ele a conheceu durante seus últimos anos, repudiava a grande visão utópica de seus ancestrais puritanos", obser-vou um crítico, "e se assemelhava cada vez mais ao mundo ímpio do qual eles fugiram para a América".[25]

A igreja congregacionalista com a qual Mather se comprometera estava praticamente despojada da autonomia absoluta que era tão central à sua identidade, e perdera o poder de supervisionar os assuntos políticos. Com o passar dos anos, a igreja se assemelharia menos a uma instituição teológica suprema e mais a uma igreja simples e antiga.

"Algumas igrejas congregacionais no início de 1800 se tornaram unitaristas", observou o autor e colunista de jornal, Joel Achenbach. "A Igreja Unitarista-Universalista e a Igreja Unida de Cristo estão entre as denominações religiosas mais liberais e socialmente progres-sistas da América. Não queremos agitar muito isso, ou exagerar, mas não dá para negar que os puritanos praticamente se transformaram em hippies".[26]

A ASCENSÃO DOS NOVOS PURITANOS

O puritanismo foi vítima de uma reação geracional — um destino ao qual todos nós um dia devemos sucumbir. Seus códigos inflexíveis de conduta social não podiam evoluir com o mundo em mudança, e os herdeiros de seus mandamentos severos não tinham o medo de seus pais das tentações abundantes na vida secular e comercial além dos limites da aldeia. Por fim, o zelo cego do puritanismo abriu o caminho para sua própria morte.

E, no entanto, enquanto os adeptos dessa doutrina inflexível estiveram ativos por apenas um curto período de tempo na história da nação, eles deixaram um legado notavelmente durável. Como vimos ao longo deste livro, os americanos inconscientemente incorporaram muitos dos hábitos e convenções do puritanismo, embora os próprios puritanos não recebam crédito por suas contribuições. Elas são mais propensas a serem insultadas e ridicularizadas do que reverenciadas.

Este é um conto de advertência — um que os novos puritanos de hoje deveriam levar a sério.

O novo puritanismo também teve muitos sucessos em sua cruzada moral. Seja por persuasão ou coerção, eles praticamente livraram o mercantilismo de seus apelos vulgares às fantasias sexuais masculinas. Eles obrigaram instituições poderosas, como a *National Football League*, a se curvarem às suas demandas, tornando o jogo mais ético sem sacrificar seu charme. E eles impuseram ao mundo corporativo um conjunto de costumes que obriga os capitães da indústria a tratar a todos com decência e respeito, e a parar de ignorar quando percebem que outros não o fazem. A questão diante de nós, no entanto, é se os novos puritanos serão agradecidos por seus esforços.

Apesar de todos os seus sucessos, eles também sofreram muitos reveses e há discordâncias entre aqueles que fazem parte. É um movimento que se cercou de todas as armadilhas que formam um culto religioso. Seja merecido ou não — e a tese deste livro sustenta que é totalmente merecido — seu movimento é prejudicado pela percepção de que sua receita para um contrato social equitativo tem um custo. Esse custo não será absorvido silenciosamente para sempre.

O preço que eles cobram daqueles que contribuem para sua causa é o sacrifício da espontaneidade, do risco, da frivolidade e da alegria despreocupada.

Há uma razão pela qual não nos lembramos com carinho dos antigos puritanos. Apesar de suas obras nobres e conquistas duradouras, a cultura popular os considera como paródias miseráveis de si mesmos. Quando o puritanismo perdeu seu poder, também perdeu sua autoridade moral e sua capacidade de reprimir a dissidência. Uma vez que o puritanismo e os gostos vitorianos para os quais evoluiu foram desfigurados, os puritanos tornaram-se objetos de escárnio. Os poucos que ainda exibem os traços vestigiais de um moralista puritano são vistos com uma mistura de curiosidade, pena e desprezo — até (talvez especialmente) por aqueles que involuntariamente imitam seus métodos na busca de seu próprio tipo de moralismo.

Para aqueles de vocês que esperam impor algumas restrições a esse novo *ethos* e ao poder que ele tem de tirar o prazer da vida, isso é tanto uma observação quanto um meio para um fim.

Aqueles ativistas que estão exibindo tendências puritanas mais claramente hoje são provavelmente os mais sensíveis à conotação original da palavra puritano, que acreditam ser um insulto. O progressista moderno está ansioso para se livrar da bagagem do puritanismo.

Em 2017, a Universidade de Harvard — da qual Increase Mather foi presidente até ser forçado a deixar esse cargo em meio à mudança das marés culturais da Nova Inglaterra na virada do século XVIII — tentou se livrar do legado do puritanismo eliminando a frase "Até que o suporte dos puritanos morra" do hino de 181 anos da universidade.

O veredito foi alcançado pela Força-Tarefa Presidencial para Inclusão e Pertencimento e apresentado aos alunos em uma "Tarde de Engajamento sobre Inclusão e Pertencimento". Veja bem, "diversidade, inclusão e pertencimento são fundamentais para nossas missões e para nossa identidade", e o antigo "suporte" puritano não era muito inclusivo. Este anúncio foi seguido por uma sequência de estudantes oferecendo sermões sobre suas "experiências pessoais com 'pertencimento'".[27] Você pode ter percebido um tema no assunto do dia.

Mesmo no esforço de livrar-se do jugo do puritanismo, os filhos e filhas dessa tradição não resistiram ao conforto reconfortante que ela oferece. No entanto, a lição que devemos tirar desse episódio é que os proponentes do novo puritanismo não gostam de ser identificados como tal. E por que gostariam? Afinal, estamos falando de puristas. E o purista incansável é, para ser franco, chato demais.

Os estereótipos que vêm à mente quando pensamos naqueles que são obcecados pela pureza não são lisonjeiros. O purista é teatralmente confundido pela evolução social e cultural. Ele ostenta a estima com que tem o obscuro. Ela prefere o mundo não como é hoje, mas como um ideal que existe apenas em sua própria cabeça. Eles são julgadores e hipócritas. Eles são esnobes e classistas. Acreditam-se superiores em seus gostos e pretensões. E não vão deixar você esquecer.

Estamos hoje no precipício — no alvorecer de um novo *ethos* que ameaça suplantar o antigo. Mas ainda não estamos lá. A velha vanguarda liberal da revolução sexual não desapareceu. E embora os militantes mais jovens de hoje não se importem em ofender os mais velhos, eles se oporiam veementemente à ideia de que a geração deles é menos aberta do que aqueles que vieram antes. Os jovens ativistas progressistas provavelmente ficarão profundamente ofendidos com a acusação de que buscam a restauração da ordem moral pedante que seus pais e avós trabalharam tão diligentemente para derrubar. Mas esse é o fato, e eles devem ser forçados a lidar com isso.

A ponta do pensamento do novo puritano acredita ser ousadamente transgressora. De fato, seus membros se deleitam com sua capacidade de inspirar medo em seus alvos. Mas os membros desse movimento só são temíveis na medida em que suas presas lhes fornecem o poder que exercem. Isso explica de alguma forma por que os reformadores morais progressistas gastam tanto tempo e atenção impondo rígidos códigos de conduta a seus companheiros progressistas.

Seu movimento tem a aparência de eficácia porque seus membros forçam aqueles que já concordam com eles a ajoelharem-se. Afinal, ninguém vai te levar tão a sério se você for facilmente ignorado. Assim, o credo do Novo Puritano ataca seus aliados tanto quanto seus adversários — talvez até mais.

Isso é tanto um jogo de poder e um esforço para lidar com ciúmes profissionais quanto uma cruzada moral. Pelo menos por enquanto. Chegará o tempo em que seu trabalho estará completo, e o movimento progressista será totalmente ultrapassado pela psicologia nova puritana. Nesse ponto, o movimento vai voltar seu fogo para alvos mais difíceis, fora da coalizão.

Esse é um pensamento intimidador, mas os executores dessa visão hoje não são tão intimidadores. Os novos puritanos se transformaram emo figuras cômicas. Eles são o próprio retrato de intrometidos meticulosos. As consequências de suas ações podem ser muito sérias, mas eles não são pessoas sérias.

Eles são dignos de zombaria. Zombe deles.

Isso é muito mais fácil de dizer (ou escrever, por assim dizer) do que fazer. Dada a ameaça representada por essa nova doutrina social revolucionária, simplesmente apontar e rir provavelmente lhe parece insuficiente e uma atividade que envolve mais risco do que recompensa.

E, no entanto, estamos falando de uma mudança paradigmática, e não há como combater tal coisa sem um paradigma concorrente. A vantagem do que eu ofereço é que é menos trabalhoso manter. Não exige nada mais de você do que a própria tolerância que os progressistas fingem pregar

O clima promovido pelo Novo Puritano é, ao mesmo tempo, sem graça e totalitário, de acordo com a definição do dicionário da palavra. Como seus antepassados puritanos, eles buscam universalizar seus valores. Essa missão é em parte o resultado de um equívoco generalizado sobre o que a política realmente é.

À medida que a mentalidade cultivada nos campi pelos departamentos de teoria crítica e estudos de identidade migrou da academia para o local de trabalho, um certo tipo de ativista passou a ver o mundo através de um prisma político. Grande parte da sociedade tem uma dimensão política inexplorada, eles acreditam. Pelo menos, podem ser "desconstruídos" e "interrogados" a ponto de abrirem mão de suas

A ASCENSÃO DOS NOVOS PURITANOS

dimensões políticas ocultas. Isso levou aqueles que estão mergulhados nos estudos de queixas a chegar a uma conclusão miserável: tudo é política. Esta é uma falácia com desvantagens psicológicas reais.

Muito do que falamos hoje como se fosse política não é política. É meramente político. Quando a "política" é discutida em notícias a cabo ou em fóruns de cultura pop, a conversa apenas ocasionalmente gira em torno dos resultados das eleições ou da condução dos assuntos legislativos em Washington, D.C., das capitais estaduais ou governos municipais. Em vez disso, muitas vezes impomos temas políticos a aspectos da vida que existem fora do âmbito legislativo.

A "política" paira sobre as marcas que você patrocina, a comida que você come, a arte que você aprecia, os comerciais que você assiste e os programas de televisão escapistas que eles interrompem. Ela determina suas associações interpessoais, onde você decide criar raízes e criar uma família, e como você se comporta em público e privado. Muitas das questões que chamamos de política são culturas efêmeras que devem ser esquecidas tão logo você consiga assimilá-las. A política e os políticos têm pouca influência sobre esse tipo de coisa.

O que estou identificando é melhor descrito como um estado de confusão em massa, mas há muitos que investem em nossa confusão coletiva. Há poder em dizer às pessoas que as condições culturais de que se ressentem, que não têm uma solução legislativa, poderiam ser resolvidas pelos políticos se eles tivessem a coragem de fazer o que precisa ser feito. Esse é um jogo de confiança moralmente falido, mas que atraiu muitos jogadores.

Esta é uma aflição à qual ambas as partes sucumbiram recentemente, mas a desordem está mais avançada à esquerda. Durante anos, os democratas foram estimulados por seus líderes mais influentes a ver a conduta política como algo emancipatório — o tipo de "ativismo instrumental" ao qual os puritanos estavam inclinados. Os eleitores de esquerda não apenas foram informados de que a conduta da política era uma fonte de identidade e missão, mas também foram levados a acreditar que os resultados políticos poderiam trazer transformações importantes na cultura. Era mentira.

Quando Barack Obama assumiu a presidência, um dos primeiros atos que ele sancionou, o *Lilly Ledbetter Fair Pay Act* de 2009, foi anunciado como um salto evolutivo. Os aliados do presidente democrata insistiram que isso contribuiria para uma "mudança cultural" no local de trabalho americano.[28] Ainda hoje, a Casa Branca do presidente Joe Biden sustenta que essa legislação foi projetada para "mudar a cultura".[29] Essas são grandes afirmações feitas sobre uma lei que não fez nada além de relaxar o estatuto de limitações em litígios civis envolvendo alegações de discriminação no local de trabalho.

Da mesma forma, quando Obama assinou uma extensão do *Violence Against Women Act*, em 2013, ele insistiu que ela também era transformadora. "Mudou nossa cultura," disse ele, sobre o VAW. "Empoderou as pessoas para que elas começassem a falar". Mas, como o movimento *#MeToo* revelou quatro anos depois, as mulheres ainda eram submetidas a abusos, e a cultura do silêncio nas empresas onde os agressores estavam escondidos sobreviveu por muito tempo a essa lei de 1994. A caneta presidencial não fez nada para mudar esse fato.

O *Affordable Care Act* (também conhecido como *Obamacare*) daria início a uma nova era na qual uma "cultura de cobertura" se tornaria a "norma" americana, escreveu Kim Belshe, membro do conselho do *California Health Benefit Exchange*. A ACA obrigou mais pessoas a comprar seguros para evitar serem penalizadas na hora de pagar impostos — pelo menos, até que essa penalidade fosse revogada por um Congresso subsequente. Mas a taxa de não-segurados diminuiu apenas cerca de 7% entre 2010, quando a lei foi aprovada, e 2019.[30] Dificilmente uma mudança sísmica.

Ou a cultura é muito mais inflexível do que acreditam aqueles que pensam que pode ser reformada pelo Congresso, ou as pessoas que fazem essas afirmações abrangentes estão enganando seus eleitores.

A Casa Branca de Biden continuou a jogar este jogo de enganação. O 46º presidente e seus aliados no Congresso têm buscado colocar barreiras artificiais no caminho daqueles que participariam da chamada "economia compartilhada" para aumentar os índices de sindicalização. "A cultura corporativa de hoje trata os trabalhadores como um meio para um fim e institui políticas para suprimir os salários", dizia o site da campanha de 2020 de Biden.[31] Isso só pode ser remediado, afirmam os ativistas trabalhistas, incentivando uma "cultura de sindicalização" em todo o espectro profissional — mesmo que seja fomentada pelo monopólio do governo sobre a força coercitiva.[32]

Da mesma forma, o esforço de todo o partido em 2021 para redefinir "infraestrutura" para significar qualquer coisa (bem além de simples estradas e pontes) parecia destinado a mudar a maneira como os americanos de esquerda pensavam sobre infraestrutura e governo. Como escreveu a senadora Kirsten Gillibrand, "licença remunerada é infraestrutura. Cuidado infantil é infraestrutura. Cuidar é infraestrutura".[33] Foi dito aos democratas que jogar trilhões de dólares nessas prioridades tem o potencial de redefinir a cultura americana como a conhecemos.

Por que não havia mandatos federais sobre empresas fornecerem folga remunerada? "A cultura individualista da América", insistiu Emily Troyer, do *Prindle Institute*.[34] E Biden iria mudar tudo isso. A editora Arianna Huffington e a reitora da Universidade de Harvard, Michelle Williams, escreveram que as políticas preferidas do presidente incentivariam os empregadores a incorporar "políticas de bem-estar" à "cultura da empresa".[35] "O governo pode ajudar a mudar a cultura do local de trabalho", insistiu Althea Brennan, do *Rockefeller Institute of Government*. Os mandatos para licença remunerada vão reformular "nossa cultura e a maneira como vemos, tratamos e empregamos mulheres".[36]

Não, não vão. A cultura não é fabricada em Washington e imposta de cima para baixo no resto do país. Quando os políticos democratas prometeram a seus eleitores que poderiam reescrever o pacto social americano à vontade, eles estavam mentindo para seus eleitores e, muito provavelmente, para si mesmos.

Talvez esses políticos acreditassem que aumentar as apostas de forma imprudente fosse uma maneira relativamente inofensiva de mobilizar seus eleitores de base. Mas prometer demais e não entregar o suficiente traz consequências.

Aquelas pobres almas que tolamente compraram a jogada que seus representantes políticos imprudentes estavam vendendo provavelmente acreditavam que o governo poderia acelerar o processo de evolução cultural por meio da legislação. Coloque sobre esse equívoco uma imensa presunção, e você terá uma receita para o desastre psicológico. Afinal, não estamos falando de algo tão ridículo quanto a mera política. As prioridades do Novo Puritano são imperativos morais absolutos. Se a cultura se recusa a se curvar, isso significa apenas que você precisa aplicar mais pressão.

A direita americana é igualmente culpada de confundir a conduta da política com a guerra cultural, mas pelo menos eles atrelaram a sequência de eventos mais próxima ao alvo. Na famosa formulação de Andrew Breitbart, "a política está a jusante da cultura", o que quer dizer que onde vai a cultura, também vai Washington. Eventualmente, pelo menos.

Essa formulação conduz a direita aos seus próprios becos sem saída cognitivos; notadamente, a presunção equivocada de que as reformas políticas não serão bem-sucedidas se as forças culturais se mobilizarem contra elas. Isso não é verdade. A internalização dessa inverdade pode levar a algumas conclusões indevidamente fatalistas sobre como a sociedade americana opera. Mas pelo menos essa equação não dá aos ativistas de direita a falsa impressão de que podem alterar ou anular pactos culturais por meio do processo legislativo.

O ativismo político pode ser bastante gratificante. Ao cercar-se de mentes semelhantes em busca de um objetivo comum, a organização política proporciona a seus participantes um senso de comunidade. A crença de que você está engajado em uma missão nobre cria um senso compartilhado de significado, propósito e identidade. Essas são propriedades inestimáveis. Mas o ativismo político, plenamente apreendido, não é uma experiência transcendental. O trabalho da política nos Estados Unidos nunca será emancipatório.

Organizar coalizões é o resultado de compromissos, e elaborar legislação é uma tarefa árdua. Gerenciar os interesses válidos, mas concorrentes, envolvidos nesse processo não é divertido. Determinar quem ganha e quem perde no jogo da vida pode ser absolutamente esmagador. E isso é apenas o trabalho de elaborar a linguagem da legislação por meio de ordem regular. O que quer que esse árduo processo de ajustes produza, o produto final está destinado a ser ainda mais diluído em meio às negociações necessárias com seus adversários políticos para que a coisa seja aprovada.

No final, você deve se satisfazer em mexer nas margens de um problema específico. Nos Estados Unidos, o governo é projetado para frustrar os maximalistas, estreitar reformas grandiosas e frustrar iniciativas transformadoras na ausência de um consenso bipartidário esmagador. Metas exageradas estão quase sempre fora de alcance. Então, se você acredita que está engajado em uma missão quase espiritual para mudar a cultura — para eliminar problemas "sistêmicos" de nosso meio — você ficará frustrado rapidamente. E para os ativistas progressistas de hoje, tudo é "sistêmico".

"A América tem uma longa história de racismo sistêmico", afirmou a vice-presidente Kamala Harris, em 2021. O presidente Joe Biden concordou. "O racismo sistêmico é uma mancha na alma de nossa nação".[37] Estranhamente, esse veredito seguiu outro — de um júri condenando o ex-policial de Minneapolis, Derek Chauvin, pelas violações legais que ele foi gravado cometendo. Se os abusos sistêmicos não puderem ser remediados pelo próprio sistema, mesmo quando o sistema estiver operando conforme projetado e produzindo resultados desejáveis, ele nunca poderá ser reformado para a satisfação de seus críticos.

Se o racismo é sistêmico, o vício em substâncias ilícitas também é. "Ficou claro para nós que há algo sistêmico acontecendo", disse o diretor do Centro de Sociedade e Saúde da Virginia *Commonwealth University*, Steven Woolf, sobre o abuso de drogas.[38] Sabe o que mais é sistêmico? "A pobreza é sistêmica", diz a diretriz do *Southern Poverty Law Center* para professores do ensino fundamental. O empobrecimento é "causado por fatores sistêmicos, não por deficiências individuais".[39]

A corrupção é sistêmica; uma forma perversa de "resposta democrática", de acordo com Zephyr Teachout, professor da *Fordham University*

Law School.[40] A *Brady Campaign* insiste que a violência armada não será abordada sem uma "completa mudança sistêmica".[41] Mesmo a obesidade não pode ser reduzida sem reformas para "problemas sistêmicos" como o "fornecimento cada vez maior de alimentos ultraprocessados no mundo", segundo Sophia Lepore, da *TakePart*.[42]

A imagem está ficando cada vez mais clara. A classe ativista progressista mergulhou em ideias messiânicas sobre a natureza do ativismo político. E, no entanto, o governo nunca parece responder à urgência de nossas circunstâncias — não com a paixão exigida pela classe ativista. E nas raras ocasiões em que o governo se comporta como os progressistas querem, a cultura teimosamente se recusa a ser transformada.

A política americana, concluem eles com relutância, é lamentavelmente mal equipada para lidar com a miríade de problemas "sistêmicos" que a nação enfrenta. Seus sistemas são indelevelmente corruptos, capazes de realizar apenas reformas incrementais totalmente inadequadas à escala dos desafios que temos pela frente.

É o suficiente para nos deprimir. E é exatamente isso que está acontecendo.

"Nossa crença no 'progresso' aumentou nossas expectativas", observou o psicólogo Bruce Levine, em 2013. "O resultado é a decepção em massa".[43] Com isso, Levine colocou o dedo no pulso progressivo. "Não posso continuar a me esgotar emocionalmente", escreveu a jornalista e palestrante feminista britânica Reni Eddo-Lodge no ano seguinte.[44] Em um editorial do *Washington Post* de 2016, Zack Linly concordou. "Fiquei desiludido demais para ficar aliviado e entorpecido demais para ficar frustrado", escreveu ele. "Estou apenas cansado".[45]

Claro, esses ativistas performativamente exaustos estão jogando seu próprio jogo. Eles não estão tão cansados a ponto de não conseguirem publicar editoriais sobre seus assuntos favoritos nas páginas dos jornais das grandes cidades. Mas eles estão falando por muitos *que foram* afastados da arena política no interesse de sua própria saúde mental.

É improvável que você ouça muito daqueles para quem a promessa da política deu lugar a um sentimento de traição. Os verdadeiramente fatalistas não estão interessados em escrever artigos de opinião ruminando sobre sua miséria. Mas isso é uma parte da imagem, apenas. Aqueles que não abandonaram o processo político para preservar sua própria sanidade provavelmente serão os mais zelosos, os mais radicais e os mais comprometidos com a transformação do mundo ao seu redor.

Eles estão imbuídos de uma crença inquestionável em sua própria justiça. Eles estão confusos sobre onde a cultura termina e a política começa. Eles estão convencidos de que os problemas da América estão tão profundamente enraizados que apenas destruir toda a estrutura podre os resolverá. Esta é uma receita para um programa político totalista e está tornando totalitários todos aqueles que o subscrevem.

Claro, você diz, mas tudo isso é acadêmico. Nada disso ajuda ninguém a frear as transformações que os Novos Puritanos estão tentando engendrar, certo?

Não necessariamente. O primeiro passo para resolver este problema é diagnosticar suas causas imediatas. Restaurar uma compreensão mais saudável do que é a política e do que a política pode alcançar é fundamental. A dissidência é muito boa, mas não impedirá aqueles que são atraídos pelo ativismo puritano, a menos que você possa articular onde eles erraram enquanto defende uma alternativa mais saudável.

A reconceitualização da política como algo mais restrito do que os espiritualistas progressistas acreditam que seja é um primeiro passo importante, porque o segundo passo necessariamente segue. Ou seja, a compreensão de que os atos governamentais não são nobres em si, principalmente quando fazem mais para empoderar o setor público do que o próprio público.

Se há um tema abrangente neste livro, é o da tensão.

Tensão entre gerações, com os jovens criando uma identidade e um propósito próprios, enquanto os mais velhos lutam para manter o que é querido e familiar. Tensão entre geografias, com regiões lutando para preservar suas amadas peculiaridades, desafiando a pressão para ceder à mesmice. Tensão entre apresentadores e seu público, quando um procura levar o outro em uma jornada e seus sujeitos resistem a essa manipulação com toda a força subconsciente. Tensão entre religiões e ideologias, à medida que códigos morais concorrentes entram e saem de períodos de conflito. E tensão entre o público e as autoridades em quem confiam para fazer o que é certo, mesmo quando o que é certo é difícil de discernir e amargamente ressentido.

Tensão é saudável. Ela testa, dobra e molda, e garante que esta vida será interessante. É um preceito fundamental sobre o qual se baseia a tradição política anglo-americana. O mais maravilhoso é que a tensão é difícil de manter. Ela é desconfortável e estranha. Para a maioria das pessoas bem ajustadas, seu instinto quando encontram tensão é acabar com ela da forma mais indolor possível. É um milagre termos conseguido preservar essa condição por tanto tempo.

É um milagre, em parte, porque os antigos e os novos puritanos não desejam nada mais do que desejam congruência. A diversidade de que gostam é quase inteiramente cosmética, e seus verdadeiros desejos são expostos sempre que encontram diversidade de pensamento ou disposição. Citando um "espírito contemporâneo", Michael Winship concluiu: "Um puritano é aquele que ama a Deus com toda a sua alma, mas odeia o seu próximo com todo o seu coração".[46] Da mesma forma, o progressista puritano ama o público, mas simplesmente não suporta as pessoas.

"O mundo moderno não é mau", observou o prolífico e perspicaz observador da natureza humana G. K. Chesterton. "De certa forma, o mundo moderno é bom demais. Cheio de virtudes selvagens e desperdiçadas". Na narrativa de Chesterton, o "próprio poder de prazer da humanidade destruiu metade de suas alegrias", porque o "prazer principal é a surpresa". O mundo previsivelmente ordenado é o inimigo dessa felicidade, assim como a arrogância associada à presunção de que somos capazes de ordenar qualquer coisa indefinidamente. Porque, conclui o autor, "o mais poderoso dos prazeres do homem é, no fundo, inteiramente humilde. É impossível sem humildade desfrutar de qualquer coisa, até mesmo orgulho".[47]

Se a história servir de exemplo, essa explosão de entusiasmo moral passará.

Deixará suas marcas na história ocidental; algumas virtuosas, mas a maioria risíveis e excessivas. E quando os futuros historiadores olharem para o nosso tempo, farão isso com condescendência e piedade. Eles estarão navegando em seus próprios pânicos morais, é claro. Mas eles também estarão confiantes em sua própria sabedoria acumulada — o suficiente, pelo menos, para olhar para nós com vergonha e agradecer às estrelas por sua própria idade iluminada. E o ciclo explorado neste livro começará novamente.

Só podemos esperar que haja alguém por aí para escrever sobre como todos nós éramos realmente horríveis. Isso seria a confirmação de que as tensões perenes que achamos tão frustrantes e estimulantes ainda existem. Eles ainda estão moldando as gerações, testando nossos compromissos morais e reconfirmando verdades fundamentais sobre como uma sociedade democrática deve funcionar. É apenas a última e definitiva liberação dessa tensão que devemos temer.

POSFÁCIO

Este livro foi concebido por necessidade. Não foi, no entanto, a urgência do assunto ou a ameaça que o Novo Puritano representa que me comoveu. A necessidade foi minha.

Em dezembro de 2020, a monotonia interminável da pandemia foi quebrada apenas por lembretes periódicos de seu terrível número de mortos, as consequências econômicas e sociais esmagadoras associadas a essa mitigação e ataques ocasionais de violência em massa. Não era um momento divertido para estar mergulhado no ciclo de notícias, e eu precisava de uma saída.

O que mais eu poderia fazer? Se eu pudesse, passaria meus dias conversando com pessoas de setores que gosto — muitos dos quais estão longe da conduta da política convencional: comediantes, chefs e gastrônomos, autores e artistas, radialistas esportivos e muitos outros. Mas mesmo se eu tiver sorte de ganhar dinheiro fazendo isso, ainda estaria insatisfeito. A política havia se tornado tão consumidora que não existia mais nenhuma indústria fora dela.

Foi quando minha esposa, Jaryn, teve a ideia do que se tornou este livro. Por que não narrar as maneiras pelas quais esses e muitos outros aspectos da vida anteriormente apolíticos estão sendo arrastados para debates políticos populares, despojando-os de seus aspectos mais despreocupados no processo?

Quando o universo lhe dá uma boa ideia, é uma aposta segura que você não é a única pessoa a ter tanta sorte. Nos meses que se seguiram à escrita deste manuscrito, vários pensadores e escritores admiráveis tentaram narrar o retorno de um puritanismo residual à frente do ativismo político progressista. Espero que este livro esteja entre os mais abrangentes e irreverentes sobre o assunto. Afinal, não há cura para os males da seriedade que envolva ainda mais santidade.

Isso não quer dizer que o assunto abordado neste livro não seja sério. Ao realizar entrevistas com os profissionais diretamente afetados pela ascensão do novo puritanismo, encontrei muitos que concordavam com minha premissa, mas que não compartilhavam da minha política conservadora. O que eu também descobri, no entanto, foi que poucos estavam dispostos a arriscar consequências profissionais ao falar comigo sobre seus medos. Embora fossem sinceros sobre sua preocupação de que um pequeno grupo de puristas morais tivesse assumido o controle de suas indústrias, eles não estavam dispostos a arriscar seus meios de subsistência ao falar contra eles.

Isso é totalmente compreensível porque é totalmente válido. Aqueles que estão procurando impor uma estrutura moral consistente aos criativos em indústrias dedicadas à promoção de produtos culturais agradáveis empunham tanto bastões quanto cenouras. Você não ficará surpreso ao saber, no entanto, que viver sob ameaça constante está gerando muito ressentimento silencioso — ressentimento que um dia alimentará uma reação. As circunstâncias que produzirão uma rejeição da arrogância sem alegria do novo puritanismo devem ser reconhecíveis para qualquer pessoa familiarizada com o movimento político neoconservador. O neoconservadorismo foi uma criação de liberais que não mais reconheciam seus companheiros democratas. Seus membros eram quase todos da esquerda. Eles apoiaram o movimento dos direitos civis, as políticas econômicas keynesianas e os esforços agressivos para conter a disseminação do comunismo no exterior.

Mas à medida que o Partido Democrata começou a integrar em sua coalizão elementos da esquerda contracultural — como defensores declarados dos vietcongues, grupos militantes separatistas raciais como os Panteras Negras e quase-socialistas para quem uma rede de segurança social não era alternativa à antiga política de bem estar social "do berço ao túmulo" — eles perderam o interesse por sua tribo política. Alguns se afastaram completamente do Partido Democrata. Outros permaneceram dentro dele e procuraram contrariar a influência da Nova Esquerda. Mas todos formaram o núcleo de uma força política que se tornou primeiro um movimento intelectual e, eventualmente, a ala dominante do partido governante dos Estados Unidos.

Os contornos de outro realinhamento político são visíveis no ressentimento que se forma entre aqueles que trabalham sob o jugo do novo puritanismo. Tem todo o potencial para inaugurar algo que a direita há muito buscava, mas nunca realizou: uma contracultura conservadora popular.

Se isso vai se tornar uma força sociopolítica coerente, ninguém sabe. Mas todos os ingredientes para algo espetacular estão presentes. É minha maior esperança que tal movimento venha a existir: uma alegre cruzada possuidora de um amor genuíno e incondicional pela humanidade em todas as suas formas variadas e despojada das patologias que tomaram conta da classe ativista progressista. Se este livro ajudar a catalisar isso, será uma honra ter contribuído modestamente para esse resultado feliz.

Embora isso seja bom, dificilmente é essencial para meus propósitos. Afinal, o que queria fazer quando comecei a escrever este livro foi me divertir. Consegui o que queria. Espero que você também.

NOTAS

1. REVELAÇÃO: A NOVA ASCENSÃO DE UMA ANTIGA MORALIDADE

1. MOUNK, Yascha. Stop Firing the Innocent. *Atlantic*, June 27, 2020. Disponível em: <https://www.theatlantic.com/ideas/archive/2020/06/stop-firing-innocent/613615/>. Acesso em: 19 ago. 2022.
2. "Episode Notes: Global Greats" Holy Land Restaurant on *Diners, Drive-Ins & Dives*, season 25, episode 5. Disponível em: <https://www.dinersdriveins-diveslocations.com/holy-land-minnesota.html>. Acesso em: 19 ago. 2022.
3. @MunaAzam, June 4, 2020. Disponível em: <https://twitter.com/MunaAzam/status/1268434452193181696>. Acesso em: 19 ago. 2022.
4. AVALIAÇÃO no Yelp: Holy Land Midtown, Minneapolis, MN. Disponível em: <https://www.yelp.com/biz/holy-land-midtown-minneapolis>. Acesso em: 19 ago. 2022.
5. KSTP. "Midtown Global Market Terminates Holy Land's Lease After Racist Social Media Posts Resurface". June 4, 2020. Disponível em: <https://kstp.com/minnesota-news/midtown-global-market-terminates-holy-lands-lease-after-racist-social-media-posts-resurface-june-4-2020/5751214/>. Acesso em: 19 ago. 2022.
6. ANSARI, Hibah. Holy Land Grocery CEO Faces Boycotts After Daughter's Past Racist Posts Resurface. *MPR News*, June 5, 2020. Disponível em: <https://www. mprnews.org/story/2020/06/05/holy-land-grocery-ceo-fires-daughter-over-racist-social-media-posts>. Acesso em: 19 ago. 2022.

7. GUARDIAN SPORT AND AGENCIES. "Aleksandar Katai Cut by LA Galaxy over Wife's 'Racist and Violent' Instagram Posts," *Guardian*, June 5, 2020, Disponível em: <https://www.theguardian.com/football/2020/jun/05/aleksandar-katai-wife-racist-social-media>. Acesso em: 19 ago. 2022.

8. SCHUESSLER, Jennifer. "Poetry Foundation Leadership Resigns After Black Lives Matter Statement". *New York Times*, June 9, 2020. Disponível em: <https://www.nytimes.com/2020/06/09/books/poetry-foundation-black--lives-matter.html>. Acesso em: 19 ago. 2022.

9. RABEY, Steve. "Religion Journal; A Chastened Singer Returns to Christian Basics". *New York Times*, May 11, 2002. Disponível em: < https://www.nytimes.com/2002/05/11/us/religion-journal-a-chastened-singer-returns-to--christian-basics.html>. Acesso em: 19 ago. 2022.

10. KIRKPATRICK, David D. "Conservatives Urge Boycott of Procter & Gamble". *New York Times*, September 17, 2004. Disponível em: <https://www.nytimes.com/2004/09/17/us/conservatives-urge-boycott-of-procter--gamble.html>. Acesso em: 19 ago. 2022.

11. BARNES, Brooks. "TV Watchdog Group Is on the Defensive". *New York Times*, October 24, 2010. Disponível em: <https://www.nytimes.com/2010/10/25/business/media/25watchdog.html>. Acesso em: 19 ago. 2022.

12. MEG JAMES. "'Family Guy's' Seth MacFarlane Was Attacked by This Conservative TV Watchdog. Now They're Friends". *Los Angeles Times*, May 30, 2019, Disponível em: <https://www.latimes.com/business/hollywood/la-fi-ct-col1-seth-macfarlane-parents-television-council-tim-winter-20190530--story.html>. Acesso em: 19 ago. 2022.

13. NASH, Elizabeth; DREWEKE, Joerg. "The U.S. Abortion Rate Continues to Drop: Once Again, State Abortion Restrictions Are Not the Main Driver". *Guttmacher Policy Review 22*, September 18, 2019. Disponível em: <https://www.guttmacher. org/gpr/2019/09/us-abortion-rate-continues-drop-once--again-state-abortion-restrictions-are-not-main>. Acesso em: 21 ago. 2022.

14. DIAZ, Jaclyn. "A Record Number of Americans, Including Republicans, Now Support Same-Sex Marriage". *NPR,* June 9, 2021. Disponível em: <https://www.npr.org/2021/06/09/1004629612/a-record-number-of-americans-including-republicans-support-same-sex-marriage>. Acesso em: 19 ago. 2022.

15. ROTHMAN, Noah. "Trump's Awful Conservative Ruse". *Commentary*, April 22, 2016. Disponível em: <https://www.commentarymagazine.com/noah-rothman/trumps-awful-conservative-ruse/>. Acesso em: 19 ago. 2022.

A ASCENSÃO DOS NOVOS PURITANOS

16. SOMOV, Pavel "4 Types of Perfectionism". *Huffington Post*, July 18, 2010. Disponível em: <https://www.huffpost.com/entry/4-types-of--perfectionism_b_650438>. Acesso em: 19 ago. 2022.

17. MCWHORTER, John. "The Neoracists". *Persuasion*, February 8, 2021. Disponível em: <https://www.persuasion.community/p/john-mcwhorter--the-neoracists>. Acesso em: 19 ago. 2022.

18. SULLIVAN, Andrew. "America's New Religions". *New York* magazine, December 7, 2018. Disponível em: <https://nymag.com/intelligencer/2018/12/andrew-sullivan-americas-new-religions.html>. Acesso em: 19 ago. 2022.

19. CRICHTON, Michael. *Remarks to the Commonwealth Club* September 15, 2003. Disponível em: <http://www.hawaiifreepress.com/Articles-Main/ID/2818/Crichton-Environmentalism-is-a-religion>. Acesso em: 19 ago. 2022.

20. MCKENNA, George. *The Puritan Origins of American Patriotism*. New Haven, CT: Yale University Press. Yale, 2007, p. 48.

21. B. C. Daniels, "Sober Mirth and Pleasant Poisons: Puritan Ambivalence Toward Leisure and Recreation in Colonial New England". *American Studies,* vol. 34, nº 1 (1993): p. 123

22. MCKENNA, George. *The Puritan Origins of American Patriotism*. New Haven, CT: Yale University Press, 2007, p. 123.

23. MCKENNA, George. *The Puritan Origins of American Patriotism*. New Haven, CT: Yale University Press, 2007, p. 177.

24. MCKENNA, George. *The Puritan Origins of American Patriotism*. New Haven, CT: Yale University Press, 2007, p. 203.

25. HUKARI, George. "The Eyes of the World Will Be upon You...". *Princeton University Posters Collection, Archives Center, National Museum of American History*. Disponível em: <https://sova.si.edu/details/NMAH. AC.0433#ref9848>. Acesso em: 19 ago. 2022.

26. WILSON, Woodrow. "Fifth Annual Message". *University of Virginia*, December 4, 1917. Disponível em: <https://millercenter.org/the-presidency/presidential-speeches/december-4-1917-fifth-annual-message>. Acesso em: 19 ago. 2022.

27. MCKENNA, George. *The Puritan Origins of American Patriotism*. New Haven, CT: Yale University Press, 2007, pp. 179–80.

28. MCKENNA, George. *The Puritan Origins of American Patriotism*. New Haven, CT: Yale University Press, 2007, p. 305.

29. SCHNEIDER, Bill. "Analysis and Insight into the Presidential Election". *Landon Lecture Series on Public Issues,* November 16, 2004. Disponível em: <https://www.k-state.edu/landon/speakers/bill-schneider/transcript.html>. Acesso em: 19 ago. 2022.
30. BOWER, Bruce. *The Victims' Revolution: The Rise of Identity Studies and the Closing of the Liberal Mind.* New York: Broadside Books, 2012, p. 65.
31. A RULING Inspired by U.S. Anti-Pornography Activists Is Used to Restrict Lesbian and Gay Publications in Canada. Human Rights Watch Free Expression Project, vol. 6, n° 1, February 1994. Disponível em: <https://www.hrw.org/sites/default/files/reports/CANADA942.PDF>. Acesso em: 19 ago. 2022.
32. MARCUSE, Herbert. *Repressive Tolerance.* 1965. Disponível em: <https://www.marcuse.org/herbert/publications/1960s/1965-repressive-tolerance--fulltext.html>. Acesso em: 19 ago. 2022.

2. DEVOÇÃO: O TRABALHO É A PRÓPRIA RECOMPENSA

1. ROTHMAN, Noah. "The Backlash Against Cop Shows Is a Moral Panic". *Commentary,* June 11, 2020. Disponível em: <https://www.commentary magazine.com/noah-rothman/the-backlash-against-cop-shows-is-a-moral--panic/>. Acesso em: 19 ago. 2022.
2. HESS, Amanda "The Protests Come for 'Paw Patrol'". *New York Times,* June 10, 2020. Disponível em: <https://www.nytimes.com/2020/06/10/arts/television/protests-fictional-cops.html>. Acesso em: 19 ago. 2022.
3. HESS, Amanda. "The Protests Come for 'Paw Patrol'". *New York Times,* June 10, 2020. Disponível em: <https://www.nytimes.com/2020/06/10/arts/television/protests-fictional-cops.html>. Acesso em: 21 ago. 2022.
4. WINSHIP, Michael.*Hot Protestants: A History of Puritanism in England and America.* New Haven, CT: Yale University Press, 2019, pp. 50–55.
5. HOORN, André Van; MASELAND, Robbert. "Does a Protestant Work Ethic Exist? Evidence from the Well-Being Effect of Unemployment". *Journal of Economic Behavior & Organization,* vol. 91, (2013). Disponível em: <https://www.sciencedirect.com/science/article/abs/pii/S0167268113000838>. Acesso em: 19 ago. 2022.

A ASCENSÃO DOS NOVOS PURITANOS

6. LUZER, Daniel. "The Protestant Work Ethic Is Real". *Pacific Standard*, June 14, 2017. Disponível em: <https://psmag.com/economics/protestant-worth--ethic-real-65544>. Acesso em: 19 ago. 2022.

7. WINSHIP, Michael. *Hot Protestants: A History of Puritanism in England and America*. New Haven, CT: Yale University Press, 2019, p. 88.

8. E. C. Salibian. "Dear White People: What Is 'the Work' and How Do We Do It?". *Rochester Beacon*, July 9, 2020. Disponível em: <https://rochesterbeacon. com/2020/07/09/dear-white-people-what-is-the-work-and-how-do-we-do--it/>. Acesso em: 19 ago. 2022.

9. @ClintSmithIII, June 4, 2020. Disponível em: <https://twitter.com/ ClintSmithIII/status/1268640490070646785>. Acesso em: 21 ago. 2022.

10. BERMAN, Nina. "What Does It Mean When We Say Doing 'The Work'?". *Fractured Atlas*, October 30, 2020. Disponível em: <https://blog.fracturedatlas. org/what-does-it-mean-when-we-say-doing-the-work>. Acesso em: 19 ago. 2022.

11. B. C. Daniels, "Sober Mirth and Pleasant Poisons: Puritan Ambivalence Toward Leisure and Recreation in Colonial New England". *American Studies*, vol. 34, n° 1 (1993): pp. 127–28.

12. BISHARA, Hakim. "SFMOMA Accused of Censoring Black Voices After Removing Comment by Former Employee". *Hyperallergic*, June 2, 2020. Disponível em: <https://hyperallergic.com/568331/sfmoma-george-floyd--instagram-comments-disabled/>. Acesso em: 19 ago. 2022.

13. BRAVO, Tony. "SFMOMA Director Apologizes for Deleting Critical Comment by Black Ex-Employee". *San Francisco Chronicle*, June 5, 2020. Disponível em: <https://datebook.sfchronicle.com/art-exhibits/sfmoma--director-apologizes-for-deleting-critical-comment-by-black-ex-employee>. Acesso em: 19 ago. 2022.

14. POGASH, Carol. "Its Top Curator Gone, SFMOMA Reviews Its Record on Race". *New York Times*, July 22, 2020. Disponível em: <https://www.nyti-mes.com/2020/07/22/arts/design/sfmoma-gary-garrels-resignation.html>. Acesso em: 20 ago. 2022.

15. LEFEBVRE, Sam. "Senior SFMOMA Curator Resigns Amid Reckoning with Institutional Racism". *Hyperallergic*, July 13, 2020. Disponível em: <https://hyperallergic.com/576369/gary-garrels-resigns-sfmoma/>. Acesso em: 19 ago. 2022.

16. MIRANDA, Carolina A. "Column: Are Art Museums Still Racist? The COVID Reset". *Los Angeles Times*, October 22, 2020. Disponível em:

<https://www.latimes.com/entertainment-arts/story/2020-10-22/art--museums-racism-covid-reset>. Acesso em: 19 ago. 2022.

17. A SNAPSHOT of US Museums' Response to the COVID-19 Pandemic. *American Alliance of Museums*, July 22, 2020. Disponível em: <https://www.aam-us.org/2020/07/22/a-snapshot-of-us-museums-response-to-the--covid-19-pandemic/>. Acesso em: 19 ago. 2022.

18. CASCONE, Sarah. "Thousands of US Museums Could Close Forever as the Financial Effects of Lockdown Turn Existential, a New Report Finds". *Artnet News*, November 17, 2020. Disponível em: <https://news.artnet.com/art-world/museums-shuttering-aam-report-1924371>. Acesso em: 19 ago. 2022.

19. MCGLONE, Peggy; SMEE, Sebastian. "Coronavirus Shutdowns and Charges of White Supremacy: American Art Museums Are in Crisis". *Washington Post*, October 12, 2020. Disponível em: <https://www.washingtonpost.com/entertainment/museums/american-art-museums-covid-white-supremacy/2020/10/11/61094f1c-fe94-11ea-8d05-9beaaa91c71f_story.html>. Acesso em: 19 ago. 2022.

20. ANTI-RACIST Imperatives for the National Gallery of Art. *Last Plantation on the National Mall*, 2020. Disponível em: <https://lastplantationonthenationalmall.wordpress.com/>. Acesso em: 20 ago. 2022.

21. B. C. Daniels, "Sober Mirth and Pleasant Poisons: Puritan Ambivalence Toward Leisure and Recreation in Colonial New England". *American Studies,* vol. 34, n°1 (1993): p. 130.

22. HIMMELFARB, Gertrude. *The De-moralization of Society: From Victorian Virtues to Modern Values.* New York: Vintage Books, 1996, p. 6.

23. HINTON, Marva. "Little House, Big Problem: What to Do with 'Classic' Books That Are Also Racist". *School Library Journal*, May 28, 2020. Disponível em: <https://www.slj.com/?detailStory=Little-House-Big-Problem-Little-House-Big-Problem-What-To-Do-with-Classic-Books-That-Are-Also-Racist>. Acesso em: 19 ago. 2022.

24. CHOW, Kat. "Little House on the Controversy: Laura Ingalls Wilder's Name Removed from Book Award". *NPR*, June 25, 2018. Disponível em: <https://www.npr.org/2018/06/25/623184440/little-house-on-the-controversy-laura--ingalls-wilders-name-removed-from-book-awa>. Acesso em: 19 ago. 2022.

25. HINTON, Marva. "Little House, Big Problem: What to Do with 'Classic' Books That Are Also Racist". *School Library Journal*, May 28, 2020. Disponível

em: <https://www.slj.com/?detailStory=Little-House-Big-Problem-Little-House-Big-Problem-What-To-Do-with-Classic-Books-That-Are-Also-Racist>. Acesso em: 19 ago. 2022.

26. LYNCH, Grace Hwang. "Is the Cat in the Hat Racist? Read Across America Shifts Away from Dr. Seuss and Toward Diverse Books". *School Library Journal*, September 11, 2017. Disponível em: <https://www.latimes.com/entertainment-arts/books/story/2020-11-12/burbank-unified-challenges--books-including-to-kill-a-mockingbird>. Acesso em: 19 ago. 2022.

27. BUREAU, Athens. "Massachusetts Teacher Says She Is 'Very Proud' to Have Removed Homer's Classic from School Curriculum". *GreekCityTimes.com*, December 31, 2020. Disponível em: <https://greekcitytimes.com/2020/12/31/teacher-proud-removing-homer/>. Acesso em: 19 ago. 2022.

28. PODHORETZ, John; GREENWALD, Abe. "Liberal Gaslighting". *The Commentary Podcast*, March 9, 2021, podcast audio 36:05–43:26. Disponível em: <https://www.commentarymagazine.com/john-podhoretz/liberal--gaslighting/>. Acesso em: 19 ago. 2022.

29. POSER, Rachel. "He Wants to Save Classics from Whiteness. Can the Field Survive?". *New York Times*, February 2, 2021. Disponível em: <https://www.nytimes.com/2021/02/02/magazine/classics-greece-rome-whiteness.html>. Acesso em: 19 ago. 2022.

30. MACGREGOR, Amanda. "To Teach or Not to Teach: Is Shakespeare Still Relevant to Today's Students?". *School Library Journal*, January 4, 2021. Disponível em: <https://www.slj.com/?detailStory=to-teach-or-not-to-teach--is-shakespeare-still-relevant-to-todays-students-libraries-classic-literature--canon>. Acesso em: 19 ago. 2022.

31. SCHIFF, Stacy. "What a Witch Hunt Really Looks Like". *New York Times*, November 26, 2019. Disponível em: <https://www.nytimes.com/2019/11/26/opinion/trump-witch-hunt.html>. Acesso em: 19 ago. 2022.

32. B. C. Daniels, "Sober Mirth and Pleasant Poisons: Puritan Ambivalence Toward Leisure and Recreation in Colonial New England". *American Studies,* vol. 34, n° 1 (1993): pp. 124–25.

33. MORGAN, Edmund S. "Puritan Hostility to the Theatre". *Proceedings of the American Philosophical Society,* vol. 110, n° 5 (1966): p. 340. Disponível em: <www.jstor.org/stable/986023, accessed June 18, 2021>. Acesso em: 19 ago. 2022.

34. WINSHIP, Michael. *Hot Protestants: A History of Puritanism in England and America.* New Haven, CT: Yale University Press, 2019, p. 92.

35. MACLEOD, Sarah. "The Dangers of Men in Women's Roles on the Renaissance Stage: An Analysis of William Prynne's Histrio-Mastix". *University of British Columbia–Okanagan, 2007,* 13. Disponível em: <https://people.ok.ubc.ca/parthur/loughlin/MacLeod.doc>. Acesso em: 19 ago. 2022.
36. ROBERTS, Amber. "Dispelling the Myths About Trans People 'Detransitioning'". *Vice*, November 17, 2015. Disponível em: <https://www.vice.com/en/article/kwxkwz/dispelling-the-myths-around-detransitioning>. Acesso em: 19 ago. 2022.
37. KNOX, Liam. "Media's 'Detransition' Narrative Is Fueling Misconceptions, Trans Advocates Say". *NBC News*, December 19, 2019. Disponível em: <https://www.nbcnews.com/feature/nbc-out/media-s-detransition-narrative-fueling-misconceptions-trans-advocates-say-n1102686>. Acesso em: 19 ago. 2022.
38. GRIFFITH, Janelle. "Scarlett Johansson Says She 'Mishandled' Transgender Casting Controversy". *NBC News*, November 19, 2019. Disponível em: <https://www.nbcnews.com/feature/nbc-out/scarlett-johansson-says-she-mishandled-transgender-casting-controversy-n1092131>. Acesso em: 19 ago. 2022.
39. FAIRCHILD, Phaylen. "No Scarlett Johansson, You Can't Play Trans". *Phaylen. Medium.com*, July 14, 2019. Disponível em: <https://phaylen.medium.com/no-scarlett-johansson-you-cant-play-trans-134874dae29a>. Acesso em: 19 ago. 2022.
40. ROMANO, Nick. "Scarlett Johansson's Transgender Casting Is Part of an Issue Worth Revisiting". *Entertainment Weekly*, July 7, 2018. Disponível em: <https://ew.com/movies/2018/07/07/scarlett-johansson-transgender-casting-controversy-rub-tug/>. Acesso em: 19 ago. 2022.
41. LOPEZ, Canela. "Halle Berry Said She's Going to Play a Transgender Man in an Upcoming Movie, Calling It a 'Female Story'". *Insider*, July 6, 2020. Disponível em: <https://www.insider.com/halle-berry-to-play-a-transgender-man-in-upcoming-film-2020-7>. Acesso em: 19 ago. 2022.
42. MACLEOD. *The Dangers of Men in Women's Roles on the Renaissance Stage,* p. 9.
43. SIMON, Jordan. "The New Blackface Minstrelsy: When White Actors Voice Black Characters in Animation". *Shadow and Act*, July 5, 2018. Disponível em: <https://shadowandact.com/the-new-blackface-minstrelsy-when-

white-actors-voice-black-characters-in-animation>. Acesso em: 19 ago. 2022.

44. PINAULA, Edward. "Are There Any Black Voice Actors That Play White Characters?". *Quora*, June 8, 2020. Disponível em: <https://www.quora.com/Are-there-any-black-voice-actors-that-play-white-characters>. Acesso em: 19 ago. 2022.

45. @CathyReisenwitz. May 3, 2021. Disponível em: <https://twitter.com/CathyReisenwitz/status/1389078255517327361>. Acesso em: 20 ago. 2022.

46. GALLOWAY, Stephen. "'Late Night' and the Decline of Comedy at the Box Office: Is Netflix Really to Blame?". *Hollywood Reporter*, June 18, 2019. Disponível em: <https://www.hollywoodreporter.com/news/comedy-box-office-dwindles-but-is-netflix-blame-1219121>. Acesso em: 19 ago. 2022.

47. GALLOWAY, Stephen. "'Late Night' and the Decline of Comedy at the Box Office".

48. THOMPSON, Gary. "Don't Laugh: Movie Comedies Are Disappearing". *Philadelphia Inquirer*, June 12, 2019. Disponível em: <https://www.inquirer.com/entertainment/movies/death-of-movie-comedies-anchorman-books-mart-shaun-of-the-dead-20190712.html>. Acesso em: 19 ago. 2022.

49. BUCHANAN, Kyle Buchanan. "How Will the Movies (as We Know Them) Survive the Next 10 Years?". *New York Times*, June 20, 2019. Disponível em: <https://www.nytimes.com/interactive/2019/06/20/movies/movie-industry-future.html>. Acesso em: 19 ago. 2022.

50. HORNADAY, Ann. "Sex Is Disappearing from the Big Screen, and It's Making Movies Less Pleasurable". *Washington Post*, June 7, 2020. Disponível em: <https://www.washingtonpost.com/lifestyle/style/sex-is-disappearing-from-the-big-screen-and-its-making-movies-less-pleasurable/2019/06/06/37848090-82ed-11e9-933d-7501070ee669_Story.Html>. Acesso em: 19 ago. 2022.

51. BAHAR, Lindsey. "In a New Series, TMC Takes a Look at 'Problematic' Classics". *Associated Press*, March 3, 2021. Disponível em: <https://apnews.com/article/tcm-reframed-classics-ccac676ad469ca3932a0890b0dd4e67a>. Acesso em: 19 ago. 2022.

52. BULL, Jasmin. "'Misogynistic, Sexist and a Bit Rapey': Calls for Iconic Movie Grease to Be Banned". *MSN.com*, March 1, 2021. Disponível em: <https://www.msn.com/en-nz/entertainment/movies/misogynistic-sexist-and-a-bit-rapey-calls-for-iconic-movie-grease-to-be-banned/ar-BB1crn1T>. Acesso em: 21 ago. 2022.

53. YAMATO, Jen "At Netflix, 'Cobra Kai' Broke Out. Now Its Whiteness Is Under a New Spotlight". *Los Angeles Times*, January 8, 2021. Disponível em: <https://www.latimes.com/entertainment-arts/tv/story/2021-01-08/netflix--cobra-kai-season-3-diversity>. Acesso em: 19 ago. 2022.

54. LANG, Cady. "The Bachelor Finally Cast a Black Man. But Racism in the Franchise Has Overshadowed His Season". *Time*, January 11, 2021. Disponível em: <https://time.com/5926330/the-bachelor-diversity-matt--james/>. Acesso em: 19 ago. 2022.

3. CAUTELA: HERESIAS DA MENTE INCONSCIENTE

1. ROTHMAN, Noah *Unjust: Social Justice and the Unmaking of America*. Washington, DC: Regnery Gateway, 2019, pp. 131–32.

2. SELVAM, Ashok. "Acclaimed Fat Rice Topples After Outcry from Employees". *Eater: Chicago*, June 17, 2020. Disponível em: <https://chicago.eater.com/2020/6/17/21288547/fat-rice-chicago-closes-employees-claim--mistreatment-abe-conlon>. Acesso em: 19 ago. 2022.

3. @Evystadium, November 18, 2020. Disponível em: <https://twitter.com/EVYSTADIUM/status/1329110893133783040>. Acesso em: 19 ago. 2022.

4. MILLER, Mira. "New Toronto Clothing Store Ditches Broth Bar After Cultural Appropriation Complaints". *BlogTo*, November 18, 2020. Disponível em: <https://www. blogto.com/eat_drink/2020/11/toronto-clothing-store--ditches-broth-bar-cultural-appropriation-complaints/>. Acesso em: 19 ago. 2022.

5. WINSHIP, Michael. *Hot Protestants: A History of Puritanism in England and America*. New Haven, CT: Yale University Press, 2019, p. 31–33.

6. WINSHIP, Michael. *Hot Protestants: A History of Puritanism in England and America*. New Haven, CT: Yale University Press, 2019, p. 31–33.

7. BOROUGHS, Jeremiah. Self-Denial in: *The Rare Jewel of Christian Contentment*, APuritansMind.com, 1657. Disponível em: <https://www.apuritansmind.com/puritan-favorites/jeremiah-burroughs-1599-1646/self--denial-by-jeremiah-burroughs/>. Acesso em: 19 ago. 2022.

8. MCKENNA, George. *The Puritan Origins of American Patriotism*. New Haven, CT: Yale University Press, 2007, p. 41.

9. H. de Coninck et al. Strengthening and Implementing the Global Response. In: *Global Warming of 1.5°C*, Intergovernmental Panel on Climate Change (IPCC) report, 2018. Disponível em: <https://www.ipcc.ch/site/assets/uploads/sites/2/2019/02/SR15_Chapter4_Low_Res.pdf>. Acesso em: 19 ago. 2022.

10. CARRINGTON, Damian "Huge Reduction in Meat-Eating 'Essential' to Avoid Climate Breakdown". *Guardian*, October 10, 2018. Disponível em: <https://www.theguardian.com/environment/2018/oct/10/huge-reduction-in-meat-eating-essential-to-avoid-climate-breakdown>. Acesso em: 19 ago. 2022.

11. STROM, Stephanie "Obama Sees New Front in Climate Change Battle: Agriculture". *New York Times*, May 9, 2017. Disponível em: <https://www.nytimes.com/2017/05/09/dining/obama-climate-food-milan.html>. Acesso em: 19 ago. 2022.

12. PIERRE-LOUIS, Kendra. "No One Is Taking Your Hamburgers. But Would It Even Be a Good Idea?". *New York Times*, March 8, 2019. Disponível em: <https://www.nytimes.com/2019/03/08/climate/hamburgers-cows-green-new-deal.html>. Acesso em: 19 ago. 2022.

13. STIEG, Cory. "Study Suggests Eating Less Red and Processed Meat May Not Improve Your Health—But There's a Catch". *CNBC*, October 1, 2019. Disponível em: <https://www.cnbc.com/2019/10/01/eating-less-red-meat-does-not-improve-according-to-controversial-new-health-study.html>. Acesso em: 19 ago. 2022.

14. FOER, Jonathan Safran "Jonathan Safran Foer: Why We Must Cut Out Meat and Dairy Before Dinner to Save the Planet". *Guardian*, September 28, 2019. Disponível em: <https://www.theguardian.com/books/2019/sep/28/meat-of-the-matter-the-inconvenient-truth-about-what-we-eat>. Acesso em: 19 ago. 2022.

15. BRUNI, Frank "Is the Burger Nearing Extinction?". *New York Times*, March 6, 2021. Disponível em: <https://www.nytimes.com/2021/03/06/opinion/sunday/beef-meatless-burger.html>. Acesso em: 19 ago. 2022.

16. DUTKIEWICZ Jan; ROSENBERG, Gabriel N. "The Sadism of Eating Real Meat over Lab Meat". *New Republic*, February 23, 2021. Disponível em: <https://newrepublic.com/article/161452/sadism-eating-real-meat-lab-meat>. Acesso em: 19 ago. 2022.

17. ESTERHUIZEN, Max. "Virginia Tech Researchers Find That Removal of Dairy Cows Would Have Minimal Impact on Greenhouse Emissions".

Virginia Tech, January 6, 2021. Disponível em: <https://vtnews.vt.edu/articles/2020/12/cals-white-research.html>. Acesso em: 19 ago. 2022.

18. ENVIRONMENTAL PROTECTION AGENCY. Inventory of U.S. Greenhouse Gas Emissions and Sinks: 1990–2017. April 2019. Disponível em: <https://www.epa.gov/sites/production/files/2019-04/documents/us-ghg--inventory-2019-chapter-executive-summary.pdf>. Acesso em: 19 ago. 2022.

19. EXPLORING a World without Food Animals. ScienceDaily. Disponível em: <www.sciencedaily.com/releases/2017/12/171206222218.htm>. Acesso em: 18 jun. 2021.

20. BRADLEY C. JOHNSTON ET AL. "Unprocessed Red Meat and Processed Meat Consumption: Dietary Guideline Recommendations from the Nutritional Recommendations (NutriRECS) Consortium". *Annals of Internal Medicine*, November 19, 2019. Disponível em: <http://annals.org/aim/article/doi/10.7326/M19-1621>. Acesso em: 18 jun. 2021.

21. KOLATA, Gina. "Eat Less Red Meat, Scientists Said. Now Some Believe That Was Bad Advice". *New York Times*, September 30, 2019. Disponível em: <https://www.nytimes.com/2019/09/30/health/red-meat-heart-cancer.html>. Acesso em: 19 ago. 2022.

22. Arnold Huis et al. "Edible Insects: Future Prospects for Food and Feed Security". *Food and Agriculture Organisation of the United Nations*, FAO Forestry Paper 171, 2013. Disponível em: <http://www.fao.org/3/i3253e/i3253e00.htm>. Acesso em: 19 ago. 2022.

23. BOSLER, Cayte "To Save the World, Eat Bugs". *Atlantic*, February 25, 2014. Disponível em: <https://www.theatlantic.com/health/archive/2014/02/to-save-the-world-eat-bugs/283970/>. Acesso em: 19 ago. 2022.

24. YU, Joy Shulammite. "Bug Appétit: Eating Bugs to Save the Planet?". *Massachusetts Institute of Technology,* Angles, 2015. Disponível em: <http://cmsw.mit.edu/angles/2015/bug-appetit-eating-bugs-to-save-the-planet/>. Acesso em: 19 ago. 2022.

25. DESJARDINS, Lisa. "The Buzz Around Eating Insects: The Argument for Adding Bugs to Our Diet". *NPR,* May 2, 2016. Disponível em: <https://dianerehm.org/shows/2016-05-02/eating-insects-the-pros-and-cons-of-adding-bugs-to-our-diets>. Acesso em: 19 ago. 2022.

26. HOPKINSON, Steve. "Eat Insects, Save the World". Natural History Museum, London. Disponível em: <https://www.nhm.ac.uk/discover/eat--insects-save-the-world.html>. Acesso em: 19 ago. 2022.

27. ROTHMAN, Noah. "Over-Population: The Malthusian Myth That Refuses to Die". *Commentary*, June 20, 2018. Disponível em: <https://www.commentarymagazine.com/noah-rothman/the-malthusian-myth-that-refuses-to-die/>. Acesso em: 19 ago. 2022.

28. GOODYER, Jason. "Eating Insects Could Help Us Save the Planet". *Science Focus*, May 11, 2019. Disponível em: <https://www.sciencefocus.com/news/eating-insects-could-help-us-save-the-planet/>. Acesso em: 19 ago. 2022.

29. SHAIN, Susan. "Could Feeding Your Dog Bugs Save the Planet?". *Mic*, January 4, 2021. Disponível em: <https://www.mic.com/p/could-feeding-your-dog-bugs-save-the-planet-53890000>. Acesso em: 19 ago. 2022.

30. GARBES, Angela. "These 6 Filipinx Recipes Turn Pantry Staples into a Cozy Winter Menu". *Bon Appétit*, February 19, 2021. Disponível em: <https://www.bonappetit.com/gallery/melissa-miranda-filipinx-pantry-recipes>. Acesso em: 19 ago. 2022.

31. FEGAN, Mackenzie Chung "What to Know Before Buying Saffron". *Bon Appétit*, July 26, 2020. Disponível em: <https://www.bonappetit.com/story/how-to-source-saffron>. Acesso em: 19 ago. 2022.

32. ITALIE, Leanne. "Epicurious Attempts to Right Cultural Wrongs One Recipe at a Time". Associated Press, December 24, 2020. Disponível em: <https://www.huffpost.com/entry/epicurious-rewriting-racist-recipes_1_5fe4e61dc5b66809cb30aee2>. Acesso em: 19 ago. 2022.

33. LEVITT, Aimee. "Bon Appétit Apologizes for Lack of Sensitivity, Promises More 'Archive Repair Efforts'". *Takeout*, February 12, 2021. Disponível em: <https://thetakeout.com/bon-appetit-apologizes-for-lack-of-sensitivity-promise-1846259526>. Acesso em: 19 ago. 2022.

34. CHEUNG, Helier. "Cultural Appropriation: Why Is Food Such a Sensitive Subject?". *BBC*, April 13, 2019. Disponível em: <https://www.bbc.com/news/world-us-canada-47892747>. Acesso em: 19 ago. 2022.

35. BRAINE, Theresa. "Chef Gordon Ramsay Hits Back at Critics Accusing Him of Cultural Appropriation in New Asian-Themed Restaurant". *New York Daily News*, April 15, 2019. Disponível em: <https://www.nydailynews.com/news/national/ny-asian-eatery-restaurant-gordon-ramsay-cultural-appropriation-20190416-eeojagnbwndpnob3cbcimt2ali-story.html>. Acesso em: 21 ago. 2022.

36. PATEL, Raj "Food Injustice Has Deep Roots: Let's Start with America's Apple Pie". *Guardian*, May 1, 2021. Disponível em: <https://www.

theguardian.com/environment/2021/may/01/food-injustice-has-deep-roots-
-lets-start-with-americas-apple-pie>. Acesso em: 19 ago. 2022.

37. MCCANN, Shana. "The Cultural Appropriation of Food". *Solid Ground*, April 15, 2019. Disponível em: <https://www.solid-ground.org/cultural-
-appropriation-of-food/>. Acesso em: 19 ago. 2022.

38. GODOY, Maria; CHOW, Kat. "When Chefs Become Famous Cooking Other Cultures' Food". *NPR*, March 22, 2016. Disponível em: <https://www.npr.org/sections/thesalt/2016/03/22/471309991/when-chefs-become-
-famous-cooking-other-cultures-food>. Acesso em: 19 ago. 2022.

39. DID Chef Rick Bayless Just Claim "Reverse Racism" When Confronted by Critics? Latino Rebels, March 22, 2016. Disponível em: <https://www.latinorebels.com/2016/03/22/did-chef-rick-bayless-just-claim-reverse-racism-
-when-confronted-by-critics/>. Acesso em: 19 ago. 2022.

40. CARMAN, Tim. "Should White Chefs Sell Burritos? A Portland Food Cart's Revealing Controversy". *Washington Post*, May 26, 2017. Disponível em: <https://www.washingtonpost.com/news/food/wp/2017/05/26/should-white-chefs-sell-burritos-a-portland-restaurants-revealing-contro-
versy/>. Acesso em: 19 ago. 2022.

41. FRANE, Alex. "The Pok Pok Empire Has Officially Fallen". Eater: Portland, Oregon, October 30, 2020. Disponível em: <https://pdx.eater.com/2020/10/30/21542119/pok-pok-closed>. Acesso em: 19 ago. 2022.

42. KIM, Eddie. "Andy Ricker, the Most Famous Thai Chef in America, Is Burnt Out". *Mel magazine*, August 23, 2018. Disponível em: <https://melmagazine.com/en-us/story/andy-ricker-the-most-famous-thai-chef-in-america-is-burnt-
-out>. Acesso em: 19 ago. 2022.

43. CARRINGTON, Damian. "Plant-Based Diets Crucial to Saving Global Wildlife, Says Report". *Guardian*, February 3, 2021. Disponível em: <https://www.theguardian.com/environment/2021/feb/03/plant-based-diets-crucial-
-to-saving-global-wildlife-says-report>. Acesso em: 19 ago. 2022.

44. MISHAN, Ligaya. "The Activists Working to Remake the Food System". *New York Times*, February 19, 2021. Disponível em: <https://www.nytimes.com/2021/02/19/t-magazine/food-security-activists.html>. Acesso em: 19 ago. 2022.

45. THE WORLD BANK. Zero Hunger. 2017. Disponível em: <https://data-topics.worldbank.org/sdgatlas/archive/2017/SDG-02-zero-hunger.html>. Acesso em: 19 ago. 2022.

A ASCENSÃO DOS NOVOS PURITANOS

46. SUN LING WANG ET AL. "Agricultural Productivity Growth in the United States: Measurement, Trends, and Drivers". United States Department of Agriculture, Economic Research Report 189, July 2015. Disponível em: <https://www.ers.usda.gov/webdocs/publications/45387/53417_err189.pdf?v=0>. Acesso em: 19 ago. 2022.

47. ARE Genetically Modified Crops the Answer to World Hunger? National Geographic Resource Library, January 28, 2020. Disponível em: <https://www.nationalgeographic.org/article/are-genetically-modified-crops-answer-world-hunger/>. Acesso em: 19 ago. 2022.

48. WIDA, Erica Chayes. "White Women Are Paying Thousands of Dollars to Confront Their Racist Beliefs Over Dinner". *Today*, July 1, 2020. Disponível em: <https://www.today.com/food/organization-aims-dismantle-racism-over-dinner-t185504>. Acesso em: 19 ago. 2022.

49. DONNELLY, Matt; ZERBIB, Kathy. "Comedians Dump Campus Gigs: When Did Colleges Lose Their Sense of Humor?". *The Wrap*, August 23, 2015. Disponível em: <https://www.thewrap.com/comedians-avoiding-campus-when-did-universities-lose-their-sense-of-humor/>. Acesso em: 19 ago. 2022.

50. PATEL, Nimesh "I Was Kicked Off Stage by College Students. Did I Deserve It?". *New York Times*, December 7, 2018. Disponível em: <https://www.nytimes.com/2018/12/07/opinion/columbia-nimesh-patel-comedian-kicked-offstage.html>. Acesso em: 19 ago. 2022.

51. PICHETA, Rob. "Sarah Silverman Says She Was Fired from a Movie for an Old Blackface Sketch". *CNN*, August 12, 2019. Disponível em: <https://www.cnn.com/2019/08/12/entertainment/sarah-silverman-blackface-scli-intl>. Acesso em: 19 ago. 2022.

52. GABRIEL, Jon. "Welcome to America, the Land of the Perpetually Whiny and Offended". AZ Central, August 17, 2019. Disponível em: <https://www.azcentral.com/story/opinion/op-ed/2019/08/17/cancel-culture-spreading-left-right-perpetually-offended/2009132001/>. Acesso em: 19 ago. 2022.

53. WRIGHT, Megh. "New SNL Hire Shane Gillis Has a History of Racist and Homophobic Remarks". *New York magazine*, September 12, 2019. Disponível em: <https://www.vulture.com/2019/09/snl-shane-gillis-racist-homophobic-remarks.html#_ga=2.30670527.1053214948.1615318520-1868932046.1615318520>. Acesso em: 19 ago. 2022.

54. EDWARDS, Tara "Shane Gillis Will Not Join SNL After His Racist Comments Were Discovered". Refinery 29, September 16, 2019. Disponível em: <https://www. refinery29.com/en-us/2019/09/8412429/saturday--night-live-shane-gillis-racist-homophobic-jokes>. Acesso em: 20 ago. 2022.

55. FLOOD, Brian. "Sarah Silverman Says Progressives Don't Offer a 'Path to Redemption' for Victims of Cancel Culture". *Fox News*, October 26, 2020. Disponível em: <https://www.foxnews.com/entertainment/sarah-silverman-says-progressives-dont-offer-a-path-to-redemption-for--victims-of-cancel-culture>. Acesso em: 19 ago. 2022.

56. SLOAN, Will. "The Limits of Liberal Comedy". Current Affairs, December 10, 2020. Disponível em: <https://www.currentaffairs.org/2020/12/the--limits-of-liberal-comedy>. Acesso em: 19 ago. 2022.

57. BURR, Bill. "The Joe Rogan Experience". episode 1,575, podcast, 1:39:30–1:41:00. Disponível em: <https://open.spotify.com/episode/2RYuGMhdQCk6FFoFJzKUR1>. Acesso em: 19 ago. 2022.

58. MARANZANI, Barbara "Lenny Bruce's Obscenity Trial Challenged First Amendment Rights and Paved the Way for Other Socially Conscious Comedians". *Biography*, May 10, 2019. Disponível em: <https://www.biography.com/news/lenny-bruce-obscenity-trial>. Acesso em: 19 ago. 2022.

59. OTT, Tim. "How George Carlin's 'Seven Words' Changed Legal History". *Biography*, May 2, 2019. Disponível em: <https://www.biography.com/news/george-carlin-seven-words-supreme-court>. Acesso em: 19 ago. 2022.

60. A Pryor Restraint. *Washington Post*, September 14, 1977. Disponível em: <https://www.washingtonpost.com/archive/lifestyle/1977/09/14/a-pryor-restraint/b90f2673-29c1-4cc0-bcf7-48690916cfef/>. Acesso em: 19 ago. 2022.

61. MCPHERSON, James. "The New Comic Style of Richard Pryor". *New York Times*, April 27, 1975. Disponível em: <https://www.nytimes.com/1975/04/27/archives/the-new-comic-style-of-richard-pryor-i-know--what-i-wont-do-says-the.html>. Acesso em: 19 ago. 2022.

62. COSTA, Cassie da. "The Funny, Furious Anti-Comedy of Hannah Gadsby". *New Yorker*, May 2, 2018. Disponível em: <https://www.newyorker.com/culture/culture-desk/the-funny-furious-anti-comedy-of-hannah-gadsby>. Acesso em: 19 ago. 2022.

63. HOWARD, Jane. "Hannah Gadsby's Nanette Dares to Dream of a Different Future—for Ourselves and for Comedy". *Guardian*, June 26, 2018. Disponível em: <https://www.theguardian.com/tv-and-radio/2018/jun/27/

hannah-gadsbys-nanette-dares-to-dream-of-a-different-future-for-ourselves-
-and-for-comedy>. Acesso em: 19 ago. 2022.

64. ROMANO, Aja. "Why Hannah Gadsby's Searing Comedy Special Nanette Has Upended Comedy for Good". *Vox*, July 5, 2018. Disponível em: <https://www.vox.com/culture/2018/7/5/17527478/hannah-gadsby-nanette-
-comedy>. Acesso em: 19 ago. 2022.

65. SEITZ, Matt Zoller. "Bill Maher Is Stand-Up Comedy's Past. Hannah Gadsby Represents Its Future". *New York magazine*, July 12, 2018. Disponível em: <https://www.vulture.com/2018/07/bill-maher-hannah-gadsby-stand-
-up-comedy.html>. Acesso em: 19 ago. 2022.

66. ZOLTEN, Jerry. "Professor Explores American Culture Through Comedy's History". *Penn State News*, December 18, 2012. Disponível em: <https://news.psu.edu/story/143653/2012/12/18/academics/professor-explores-
-american-culture-through-comedys-history>. Acesso em: 19 ago. 2022.

4. AUSTERIIDADE: A VIDA SEM ADORNOS

1. WINSHIP, Michael. *Hot Protestants: A History of Puritanism in England and America*. New Haven, CT: Yale University Press, 2019, p. 92.

2. SIMKIN, John. "Tudor Sports and Pastimes". Spartacus Educational, September 1997. Disponível em: <https://spartacus-educational.com/TUDsports.htm>. Acesso em: 19 ago. 2022.

3. PRESIDENT Questions Safety of Football. ESPN, January 27, 2013. Disponível em: <https://www.espn.com/nfl/story/_/id/8886528/president-
-barack-obama-not-sure-allow-son-play-football>. Acesso em: 19 ago. 2022.

4. SIMON, Mallory. "2,000 Players Unite in Suing NFL over Head Injuries". *CNN*, June 7, 2012. Disponível em: <https://edition.cnn.com/2012/06/07/sport/football/nfl-concussion-lawsuit/index.html>. Acesso em: 20 ago. 2022.

5. ARMSTRONG, Janine. "NFL Concussion Protocol Explained: How Does It Work?". *Sportscasting.com*, January 18, 2021. Disponível em: <https://www.sportscasting.com/nfl-concussion-protocol-explained-how-does-it-work/>. Acesso em: 20 ago. 2022.

6. MALCOLM Gladwell: Football Is a Moral Abomination. Bloomberg Video, November 12, 2014. Disponível em: <https://sports.yahoo.com/video/

malcolm-gladwell-football-moral-abomination-004743497.html>. Acesso em: 20 ago. 2022.

7. DALEY, Beth. "Is It Immoral to Watch Football?". *The Conversation*, September 28, 2018. Disponível em: <https://theconversation.com/is-it--immoral-to-watch-football-103081>. Acesso em: 20 ago. 2022.

8. STRUNA, Nancy. "Puritans and Sport: The Irretrievable Tide of Change". *Journal of Sport History,* vol. 4, n° 1 (1977): p. 3. Disponível em: <https://www.jstor.org/stable/43611526>. Acesso em: 20 ago. 2022.

9. STRUNA, Nancy. "Puritans and Sport: The Irretrievable Tide of Change". *Journal of Sport History,* vol. 4, n° 1 (1977): p. 5. Disponível em: <https://www.jstor.org/stable/43611526>. Acesso em: 20 ago. 2022.

10. WINSHIP, Michael. *Hot Protestants: A History of Puritanism in England and America.* New Haven, CT: Yale University Press, 2019, p 52.

11. B. C. Daniels, "Sober Mirth and Pleasant Poisons: Puritan Ambivalence Toward Leisure and Recreation in Colonial New England". *American Studies,* vol. 34, n° 1 (1993): p. 129.

12. MATHER, Victor. "A Timeline of Colin Kaepernick vs. the N.F.L.". *New York Times*, February 15, 2019. Disponível em: <https://www.nytimes.com/2019/02/15/sports/nfl-colin-kaepernick-protests-timeline.html>. Acesso em: 20 ago. 2022.

13. TRAVIS, Clay. *Republicans Buy Sneakers Too: How the Left Is Ruining Sports with Politics.* New York: Broadside Books, 2018, pp. 115–16.

14. ARTHUR, Kenneth. "Why Fan Reaction to NFL National Anthem Protests Is About Racism, Not Patriotism". *Rolling Stone*, September 26, 2017. Disponível em: <https://www.rollingstone.com/culture/culture-sports/why-fan-reaction-to-nfl-national-anthem-protests-is-about-racism-not--patriotism-201838/>. Acesso em: 20 ago. 2022.

15. RUIZ, Steven. "Colin Kaepernick Was Loudly Booed by Bills Fans During Return to 49ers Lineup". *For the Win*, October 16, 2016. Disponível em: <https://ftw.usatoday.com/2016/10/bills-fans-boo-colin-kaepernick-49ers--national-anthem>. Acesso em: 20 ago. 2022.

16. MASSIE, Victoria M. "The Backlash over Colin Kaepernick Is Just Americans' Refusal to Acknowledge Racism—Again". *Vox*, October 16, 2016. Disponível em: <https://www.vox.com/identities/2016/10/13/12710860/colin-kaepernick-anthem-protest-explained>. Acesso em: 20 ago. 2022.

17. BRINSON, Will. "NFL Won't Let Cowboys Wear Decals Supporting Dallas Police in Regular Season". CBS Sports, August 11, 2016. Disponível em: <https://www.cbssports.com/nfl/news/nfl-wont-let-cowboys-wear--decals-supporting-dallas-police-in-regular-season/>. Acesso em: 20 ago. 2022.

18. JONES, Mike. "Legalese, Mistrust and Late Negotiating: How Colin Kaepernick and the NFL Broke Apart on Workout". *USA Today*, November 21, 2019. Disponível em: <https://www.usatoday.com/story/sports/nfl/2019/11/21/colin-kaepernick-nfl-workout-waiver-teams-quarterback/4259272002/.

19. SHERWOOD, Harriet. "NFL Decision to Permit Kneeling Protest by Players Enrages Donald Trump". *Guardian*, June 6, 2020. Disponível em: <https://www.theguardian.com/us-news/2020/jun/06/nfl-decision-to--permit-kneeling-protest-by-players-enrages-donald-trump>. Acesso em: 21 ago. 2022.

20. GRANT, Shawn. "Source Sports: Shannon Sharpe Says Drew Brees Should Retire After His Kneeling Protest Statement". *The Source*, June 4, 2020. Disponível em: <https://thesource.com/2020/06/04/shannon-sharpe--drew-brees-retirement/>. Acesso em: 20 ago. 2022.

21. HAISLOP, Tadd. "Chiefs, Texans Players Booed During Moment of Unity; Houston Stays in Locker Room for National Anthem". *Sporting News*, September 10, 2020. Disponível em: <https://www.sportingnews.com/us/nfl/news/chiefs-texans-national-anthem/h5wq7122d6jm17yardgjjtkqq>. Acesso em: 20 ago. 2022.

22. RAND, Michael. "End Racism? Messaging from NFL, Booing from Fans Shows the Challenge". *Star Tribune*. Minneapolis, September 11, 2020. Disponível em: <https://www.startribune.com/end-racism-messaging-from--nfl-booing-from-fans-shows-the-challenge/572382472/>. Acesso em: 20 ago. 2022.

23. RYAN, Michael. "After Shameful Boos During Chiefs Opener, We All Should Do Some Soul Searching". *Kansas City Star*, September 11, 2020. Disponível em: <https://www.kansascity.com/opinion/opn-columns-blogs/michael-ryan/article245657955.html>. Acesso em: 20 ago. 2022.

24. SAAD, Lydia. "Farming Rises, Sports Tumbles in U.S. Industry Ratings". *Gallup*, September 8, 2020. Disponível em: <https://news.gallup.com/poll/319256/farming-rises-sports-tumbles-industry-ratings.aspx>. Acesso em: 20 ago. 2022.

25. JUNOD, Tom. "The Many Forms of White Privilege". *The Undefeated*, July 7, 2020. Disponível em: <https://theundefeated.com/videos/the-many-forms--of-white-privilege/>. Acesso em: 20 ago. 2022.

26. STEPHEN A. On Nets Hiring Nash: "This Is White Privilege". *ESPN*, September 17, 2020. Disponível em: <https://www.espn.com/video/clip/_/id/29801128>. Acesso em: 20 ago. 2022.

27. @ESPN, June 24, 2020. Disponível em: <https://twitter.com/espn/status/1275935014417555463?lang=en>. Acesso em: 20 ago. 2022.

28. MEDCALF, Myron. "Kentucky Basketball Coach John Calipari Says White Privilege Has Helped His Life and Career". *ESPN,* August 26, 2020. Disponível em: <https://www.espn.com/mens-college-basketball/story/_/id/29746705/kentucky-basketball-coach-john-calipari-says-white-privilege--helped-life-career>. Acesso em: 20 ago. 2022.

29. @ESPN, June 9, 2020. Disponível em: <https://twitter.com/espn/status/1270438070 387703810/photo/1>. Acesso em: 20 ago. 2022.

30. JAZZ'S Korver Reflects on Racism, White Privilege. ESPN, April 8, 2019. Disponível em: <https://www.espn.com/nba/story/_/id/26471707/jazz--korver-reflects-racism-white-privilege>. Acesso em: 20 ago. 2022.

31. BRADY, Jim. "Inside and Out, ESPN Dealing with Changing Political Dynamics". *ESPN*, November 8, 2016. Disponível em: <https://www.espn.com/blog/ombudsman/post/_/id/767/inside-and-out-espn-dealing-with--changing-political-dynamics>. Acesso em: 20 ago. 2022.

32. BIELER, Des. "ESPN's Jemele Hill Says She Stands by 'White Supremacist' Description of Trump". *Washington Post*, February 21, 2018. Disponível em: <https://www.washingtonpost.com/news/early-lead/wp/2018/02/21/espns--jemele-hill-says-she-stands-by-white-supremacist-description-of-trump/>. Acesso em: 20 ago. 2022.

33. MILLER, James Andrew. "James Andrew Miller: Jemele Hill Waves Goodbye to ESPN and Hello to 'Places Where Discomfort Is OK'". *Hollywood Reporter*, October 1, 2018. Disponível em: <https://www.hollywoodreporter.com/news/jemele-hill-interview-leaving-espn-joining-atlantic-1148171>. Acesso em: 20 ago. 2022.

34. DRAPER, Kevin. "ESPN Employees Say Racism Endures Behind the Camera". *New York Times*, July 13, 2020. Disponível em: <https://www.nytimes.com/2020/07/13/sports/espn-racism-black-employees.html>. Acesso em: 20 ago. 2022.

35. @ErickFernandez, July 18, 2019. Disponível em: <https://twitter.com/ErickFernandez/status/1151943048101814273>. Acesso em: 20 ago. 2022.

36. STEINBERG, Brian. "Dan Le Batard Tests ESPN's – and Jimmy Pitaro's – No-Politics Policy". *Variety*, July 19, 2019. Disponível em: <https://variety.com/2019/tv/news/dan-le-batard-espn-politics-jimmy-pitaro-1203273101/>. Acesso em: 20 ago. 2022.

37. @BenJStrauss, July 24, 2019. Disponível em: <https://twitter.com/benjstrauss/status/1154067491297136640>. Acesso em: 20 ago. 2022.

38. PALMERI, Christopher. "With Shut-In Kids Flocking to Streaming, Disney Channel Retools". *Bloomberg*, April 17, 2020. Disponível em: <https://www.bloomberg.com/news/articles/2020-04-17/with-shut-in-kids-flocking-to--streaming-disney-channel-retools?sref=PuSbyecd>. Acesso em: 20 ago. 2022.

39. HAYES, Dade "Disney and ESPN 'Uniquely Positioned' to Move Sports Fully into Streaming—Analyst". *Deadline*, June 24, 2020. Disponível em: <https://deadline.com/2020/06/disney-espn-should-move-sports-to-streaming-1202968442/.

40. @Ourand_SBJ, July 25, 2019. Disponível em: <https://twitter.com/Ourand_SBJ/status/1154362771527614464.

41. BREWER, Jerry. "Our Sports Need a Healthier Version of Masculinity, and Men Need to Create It". *Washington Post*, February 22, 2021. Disponível em: <https://www.washingtonpost.com/sports/2021/02/22/toxic-masculinity--sports-sexism-don-mcpherson/>. Acesso em: 21 ago. 2022.

42. RIPLEY, Amanda. "The Case Against High-School Sports". *Atlantic*, October 15, 2013. Disponível em: <https://www.theatlantic.com/magazine/archive/2013/10/the-case-against-high-school-sports/309447/>. Acesso em: 20 ago. 2022.

43. BLOOM, Erica. "How Many Scholarships Could We Fund if We Eliminated College Sports? Hint: A Lot". *Urban Wire*, April 11, 2018. Disponível em: <https://www.urban.org/urban-wire/how-many-scholarships-could-we--fund-if-we-eliminated-college-sports-hint-lot>. Acesso em: 20 ago. 2022.

44. BOLTON, Peter. "Post-Covid, We Should Take a Leaf Out of Cuba's Book and Abolish Professional Sports". *CounterPunch*, January 22, 2021. Disponível em: <https://www.counterpunch.org/2021/01/22/post-covid--we-should-take-a-leaf-out-of-cubas-book-and-abolish-professional-sports/>. Acesso em: 20 ago. 2022.

45. IMRAN AMED ET AL. "The Influence of 'Woke' Consumers on Fashion". McKinsey & Company, February 12, 2019. Disponível em: <https://www.mckinsey.com/industries/retail/our-insights/the-influence-of-woke-consumers-on-fashion>. Acesso em: 20 ago. 2022.

46. PARKER, Ryan; NORDYKE, Kimberly. "Nike's Polarizing Colin Kaepernick Ad Wins Emmy for Best Commercial". *Hollywood Reporter*, September 15, 2019. Disponível em: <https://www.hollywoodreporter.com/news/nikes--colin-kaepernick-protest-ad-wins-emmy-best-commercial-1239853>. Acesso em: 20 ago. 2022.

47. THORNTON, Cedric. "Nike's Value Up $26 Billion Since Colin Kaepernick Endorsement". Black Enterprise, November 26, 2019. Disponível em: <https://www.blackenterprise.com/nike-value-up-26-billion-since-colin-kaepernick-endorsement/#:~:text=Nike's%20stock%20reportedly%20rose%20over,value%20at%20nearly%20%24146%20billion>. Acesso em: 20 ago. 2022.

48. BHATTARAI, Abha. "Levi Strauss CEO Takes a Side on Gun Control: 'It's Inevitable That We're Going to Alienate Some Consumers'". *Washington Post*, September 10, 2018. Disponível em: <https://www.washingtonpost.com/business/2018/09/10/levi-strauss-ceo-takes-side-gun-control-its-inevitable--that-were-going-alienate-some-consumers/>. Acesso em: 20 ago. 2022.

49. LEVI Strauss & Co. Reports Fourth-Quarter and Full Year 2019 Earnings". Businesswire, January 30, 2020. Disponível em: <https://www.businesswire.com/news/home/20200130005816/en/Levi-Strauss-Co.-Reports-Fourth-Quarter-and-Full-Year-2019-Earnings#:~:text=Levi%20Strauss%20%26%20Co.'s,net%20revenues%20were%20%245.8%20billion>. Acesso em: 20 ago. 2022.

50. PENDLY, William Perry. "Trump Wants to Free Up Federal Lands, His Interior Secretary Fails Him". *National Review*, September 25, 2017. Disponível em: <https://www.nationalreview.com/2017/09/secretary-interior-ryan-zinke-monuments-review-trump-executive-order--antiquities-act-environmentalists/>. Acesso em: 20 ago. 2022.

51. BHATTARAI, Abha. "I'm Not Going to 'Let Evil Win': Patagonia's Billionaire Owner Says He Plans to Sue Trump". *Washington Post*, December 5, 2017. Disponível em: <https://www.washingtonpost.com/news/business/wp/2017/12/05/im-not-going-to-let-evil-win-patagonias-billionaire-owner--says-he-plans-to-sue-trump/>. Acesso em: 20 ago. 2022.

52. CHITRAKORN, Kati. "Woke Brands Walk a Thin Line with 'Moral Merch'". *Vogue Business*, January 22, 2020. Disponível em: <https://www.voguebusiness.com/companies/woke-brands-balenciaga-noah-nike-moral-merch>. Acesso em: 20 ago. 2022.

53. CHINA: 83 Major Brands Implicated in Report on Forced Labour of Ethnic Minorities from Xinjiang Assigned to Factories Across Provinces; Includes Company Responses". Business & Human Rights Resource Centre, March 1, 2020. Disponível em: <https://www.business-humanrights.org/en/latest-news/china-83-major-brands-implicated-in-report-on-forced-labour--of-ethnic-minorities-from-xinjiang-assigned-to-factories-across-provinces--includes-company-responses/>. Acesso em: 20 ago. 2022.

54. SWANSON, Ana. "Nike and Coca-Cola Lobby Against Xinjiang Forced Labor Bill". *New York Times*, November 29, 2020. Disponível em: <https://www.nytimes.com/2020/11/29/business/economy/nike-coca-cola-xinjiang-forced-labor-bill.html>. Acesso em: 20 ago. 2022.

55. LASKOW, Sarah. "The Hidden Rules of the Puritan Fashion Police". *Atlas Obscura,* July 10, 2017. Disponível em: <https://www.atlasobscura.com/articles/sumptuary-laws-puritan-fashion-colonies-modesty>. Acesso em: 20 ago. 2022.

56. B. C. Daniels, "Sober Mirth and Pleasant Poisons: Puritan Ambivalence Toward Leisure and Recreation in Colonial New England". *American Studies,* vol. 34, n° 1 (1993): p. 131.

57. MENDELSOHN, Ink. "We Were What We Wore". *American Heritage,* vol. 39, n° 8 (1988). Disponível em: <https://www.americanheritage.com/we-were-what-we-wore>. Acesso em: 20 ago. 2022.

58. MCKENNA, George. *The Puritan Origins of American Patriotism*. New Haven, CT: Yale University Press, 2007, p. 38–39.

59. MAYS, Dorothy. *Women in Early America: Struggle, Survival, and Freedom in a New World*. Santa Barbara, CA: ABC-CLIO, 2004, p. 384.

60. MAYS, Dorothy. *Women in Early America: Struggle, Survival, and Freedom in a New World*. Santa Barbara, CA: ABC-CLIO, 2004, p. 384.

61. MENDELSOHN, Ink. "We Were What We Wore". *American Heritage,* vol. 39, n° 8 (1988). Disponível em: <https://www.americanheritage.com/we-were-what-we-wore>. Acesso em: 20 ago. 2022.

62. WELLS, Emily. "Rudi Gernreich: Fearless Fashion Renegade and Los Angeles Icon". Perfect Number, June 5, 2019. Disponível em: <https://mag.

perfectnumber.co/rudi-gernreich-fearless-fashion-renegade-and-los-angeles-
-icon/>. Acesso em: 20 ago. 2022.

63. WELLS, Emily. "Rudi Gernreich: Fearless Fashion Renegade and Los Angeles Icon". Perfect Number, June 5, 2019. Disponível em: <https://mag.perfectnumber.co/rudi-gernreich-fearless-fashion-renegade-and-los-angeles--icon/>. Acesso em: 20 ago. 2022.

64. MENDELSOHN, Ink. "We Were What We Wore". *American Heritage,* vol. 39, n° 8 (1988). Disponível em: <https://www.americanheritage.com/we-were-what-we-wore>. Acesso em: 20 ago. 2022.

65. OPIAH, Antonia "Why the Conversation About Cultural Appropriation Needs to Go Further". *Teen Vogue*, May 24, 2017. Disponível em: <https://www.teenvogue.com/story/why-the-cultural-appropriation-conversation-needs-to-go-further>. Acesso em: 20 ago. 2022.

66. JACKSON, Jamé. "3 Hairstylists on Braids, Cultural Appropriation and Media's Erasure of Black Women". Fashionista, November 9, 2018. Disponível em: <https://fashionista.com/2018/01/black-hair-braids-cultural-appropriation-media-erasure.

67. GERKEN, Tom. "YouTuber Nikita Dragun Faces Backlash over Hairstyle". *BBC*, September 9, 2019. Disponível em: <https://www.bbc.com/news/blogs--trending-49635136>. Acesso em: 20 ago. 2022.

68. COMME Des Garçons: Row over White Fashion Models' Cornrow Wigs. *BBC*, January 19, 2020. Disponível em: <https://www.bbc.com/news/world-51166873>. Acesso em: 20 ago. 2022.

69. PIVET, Ruby. "Hoop Earrings Are My Culture, Not Your Trend". *Vice*, October 10, 2017. Disponível em: <https://www.vice.com/en/article/j5ga5x/hoop-earrings-are-my-culture-not-your-trend>. Acesso em: 20 ago. 2022.

70. FINKEL, Lena "'Vogue' Just Gave a Bunch of White Girls Credit for the Gold Hoop Earrings Trend and It's Not OK". Femestella, August 2, 2017, http://www.femestella.com/1928-vogue-cultural-appropriation/>. Acesso em: 20 ago. 2022.

71. REBELS, Latino. "A Message from the Latinas Who Made the 'White Girl, Take OFF Your Hoops' Mural". Latino Rebels, March 14, 2017. Disponível em: <https://www.latinorebels.com/2017/03/14/a-message-from-the-latinas-who-made-the-white-girl-take-off-your-hoops-mural/>. Acesso em: 20 ago. 2022.

72. DORDICK, Elliot. "Pitzer College RA: White People Can't Wear Hoop Earrings". *Claremont Independent*, March 7, 2017, http://

claremontindependent.com/pitzer-college-ra-white-people-cant-wear-hoop-earrings/>. Acesso em: 21 ago. 2022.

73. ARE Torn Designer Jeans Cultural Appropriation of Blue-Collar Maine Workers? Gallery Opens 'Provocative' Exhibit". *Bangor Daily News*, November 12, 2018. Disponível em: <https://bangordailynews.com/2018/11/12/news/are-torn-designer-jeans-cultural-appropriation-of-blue-collar-maine-workers--gallery-opens-provocative-exhibit/>. Acesso em: 20 ago. 2022.

74. SCHWARTZ, Erin. "Class Appropriation in Fashion Is Real, and Impossible to Talk About". *Vice*, May 17, 2018. Disponível em: <https://garage.vice.com/en_us/article/xwmxgj/class-appropriation-in-fashion>. Acesso em: 20 ago. 2022.

75. JUDGE, Sohan "Here's How to Avoid Cultural Appropriation with Your Festival Outfit Choices". *BuzzFeed*, May 6, 2018. Disponível em: <https://www.buzzfeed.com/sohanjudge/cultural-appropriation-festival-fashion>. Acesso em: 20 ago. 2022.

76. TASHJIAN, Rachel. "In Fashion, Who Will Cancel the Cancelers?". *GQ*, July 1, 2020. Disponível em: <https://www.gq.com/story/diet-prada-kanye>. Acesso em: 20 ago. 2022.

77. BROMWICH, Jonah Engel. "We're All Drinking Diet Prada Now". *New York Times*, March 14, 2019. Disponível em: <https://www.nytimes.com/2019/03/14/fashion/diet-prada.html>. Acesso em: 20 ago. 2022.

78. DIET Prada Calls Out Problematic Vogue Covers, Including One Featuring Deepika Padukone. *Indian Express*, June 17, 2020. Disponível em: <https://indianexpress.com/article/lifestyle/fashion/diet-prada-calls-out-problematic-vogue-covers-including-one-featuring-deepika-padukone-6463838/>. Acesso em: 20 ago. 2022.

79. FRIEDMAN, Vanessa; WEE, Sui-Lee. "The Crash and Burn of Dolce & Gabbana". *New York Times*, November 23, 2018. Disponível em: <https://www.nytimes.com/2018/11/23/fashion/dolce-gabbana-china-disaster--backlash.html>. Acesso em: 20 ago. 2022.

80. BERRY, Colleen. "Dolce&Gabbana Seeks over $600M Damages from 2 US Bloggers". Associated Press, March 6, 2021. Disponível em: <https://apnews.com/article/dolce-gabbana-sues-diet-prada-over-600m-26f639d44796a5aa5a-e9673bd988b46f>. Acesso em: 20 ago. 2022.

5. TEMOR A DEUS: O MAL NA BANALIDADE

1. REGOLI, Robert. "Racism, Racism Everywhere: Looking Inside the Hobby of Baseball Card Collecting". *Race and Society,* vol 3, n° 2 (2000): pp. 183–92. Disponível em: <https://www.sciencedirect.com/science/article/abs/pii/S1090952401000286>. Acesso em: 20 ago. 2022.
2. @NYTimes, December 13, 2020. Disponível em: <https://twitter.com/nytimes/status/1337990647006056449?lang=en>. Acesso em: 20 ago. 2022.
3. BEVER, Lindsey. "A University President Held Dinner for Black Students— and Set the Table with Cotton Stalks and Collard Greens". *Washington Post,* September 19, 2017. Disponível em: <https://www.washingtonpost.com/news/grade-point/wp/2017/09/19/a-university-president-held-a-dinner-for-black-students-and-set-the-table-with-cotton-stalks-and-collard-greens/?wpisrc=nl_most&wpmm=1>. Acesso em: 20 ago. 2022.
4. COLLINS, Cory. "When Décor Is More Than Décor". Learning for Justice, September 21, 2017. Disponível em: <https://www.learningforjustice.org/magazine/when-decor-is-more-than-decor>. Acesso em: 20 ago. 2022.
5. TEMPLER, Karen. "2019: My Year of Color". Fringe Association, January 7, 2019. Disponível em: <https://fringeassociation.com/2019/01/07/2019-my-year-of-color/>. Acesso em: 20 ago. 2022.
6. MARSTON, Carley. "Racism in the Knitting Community". Medium, January 24, 2019. Disponível em: <https://medium.com/carleys-corner/racism-in-the--knitting-community-696dc3d9114f>. Acesso em: 20 ago. 2022.
7. SAXENA, Jaya. "The Knitting Community Is Reckoning with Racism". *Vox,* February 25, 2019. Disponível em: <https://www.vox.com/the--goods/2019/2/25/18234950/knitting-racism-instagram-stories>. Acesso em: 20 ago. 2022.
8. MCKENNA, George. *The Puritan Origins of American Patriotism.* New Haven, CT: Yale University Press, 2007, p. 275–78.
9. MCKENNA, George. *The Puritan Origins of American Patriotism.* New Haven, CT: Yale University Press, 2007, p. 275.
10. WINSHIP, Michael. *Hot Protestants: A History of Puritanism in England and America.* New Haven, CT: Yale University Press, 2019, p. 82.
11. MCKENNA, George. *The Puritan Origins of American Patriotism.* New Haven, CT: Yale University Press, 2007, p. 49.

12. EDWARDS, Jonathan. "Sinners in the Hands of an Angry God. A Sermon Preached at Enfield, July 8th, 1741". ed. Reiner Smolinski, University of Nebraska, Lincoln, Digital Commons, Electronic Texts in American Studies, 54. Disponível em: <https://digitalcommons.unl.edu/etas/54>. Acesso em: 20 ago. 2022.

13. WINSHIP, Michael. *Hot Protestants: A History of Puritanism in England and America*. New Haven, CT: Yale University Press, 2019, pp. 87–88.

14. MCKENNA, George. *The Puritan Origins of American Patriotism*. New Haven, CT: Yale University Press, 2007, p. 124.

15. WINSHIP, Michael. *Hot Protestants: A History of Puritanism in England and America*. New Haven, CT: Yale University Press, 2019, p. 160.

16. MIRUS, Jeff. "Ghosts of Christmas Past". Catholic Culture, January 6, 2012. Disponível em: <https://www.catholicculture.org/commentary/ghosts-christmas-past/>. Acesso em: 20 ago. 2022.

17. B. C. Daniels, "Sober Mirth and Pleasant Poisons: Puritan Ambivalence Toward Leisure and Recreation in Colonial New England". *American Studies*, vol. 34, n° 1 (1993): p. 124.

18. A Racial Justice Guide to the Winter Holiday Season for Educators and Families". Center for Racial Justice in Education. Disponível em: <https://centerracialjustice.org/resources/racial-justice-guide-holidayseason/>. Acesso em: 20 ago. 2022.

19. JOHNSON, Maisha Z. "What Privilege Really Means (and Doesn't Mean)–to Clear Up Your Doubts Once and for All". *Everyday Feminism*, July 21, 2015. Disponível em: <https://everydayfeminism.com/2015/07/what-privilege-really-means/>. Acesso em: 20 ago. 2022.

20. KIVEL, Paul. "Living in a Christian Dominant Culture: An Exercise". PaulKivel.com, 2004. Disponível em: <https://christianhegemony.org/wp-content/uploads/2009/12/Christian_Hegemony_Exercise_5_31_10.pdf>. Acesso em: 20 ago. 2022.

21. UHL, Jordan. "Dear White People, the Holiday Season Is the Best Time to Tell Our Grandparents to Stop Being Racist". *Independent*, November 23, 2016, https://www.independent.co.uk/voices/how-talk-about-race-white-person-relatives-holidays-thanksgiving-christmas-a7434886.html>. Acesso em: 20 ago. 2022.

22. DOYLE, Mika; MERCADO, Mia. "PSA: These 10 Halloween 'Costumes' Will Always Be Offensive". *Bustle*, September 23, 2018. Disponível em:

<https://www.bustle.com/life/10-culturally-appropriative-halloween--costumes-you-should-never-wear-11941912>. Acesso em: 20 ago. 2022.

23. FERIS, Sachi. "Moana, Elsa, and Halloween". *Raising Race Conscious Children*, September 5, 2017, http://www.raceconscious.org/2017/09/moana-elsa-halloween/>. Acesso em: 20 ago. 2022.

24. ROTHMAN, Noah. *Unjust: Social Justice and the Unmaking of America*. Washington, DC: Regnery Gateway, 2019, p. 130.

25. JAMES, Osamudia. "Can a White Child Dress as a Halloween Character from Another Race?". *Washington Post*, October 30, 2017. Disponível em: <https://www.washingtonpost.com/news/posteverything/wp/2017/10/30/can-a-white-child-dress-as-a-halloween-character-from-another-race/>. Acesso em: 20 ago. 2022.

26. MULLER, John F. "Halloween Is More Political Than You Think". *Politico*, October 31, 2018. Disponível em: <https://www.politico.com/magazine/story/2018/10/31/halloween-politics-racial-divides-milwaukee-221955/>. Acesso em: 20 ago. 2022.

27. BREEDLOVE, Nicole. "Happy National Genocide (Thanksgiving) Day!". *Huffington Post*, November 25, 2013. Disponível em: <https://www.huffpost.com/entry/thanksgiving-pequot-massacre_b_4337722>. Acesso em: 20 ago. 2022.

28. MORRIS, Amanda. "Teaching Thanksgiving in a Socially Responsible Way". Learning for Justice, November 10, 2015. Disponível em: <https://www.learningforjustice.org/magazine/teaching-thanksgiving-in-a-ocially--responsible-way>. Acesso em: 20 ago. 2022.

29. THANKSGIVING Mourning. Learning for Justice. Disponível em: <https://www.learningforjustice.org/classroom-resources/lessons/thanksgiving--mourning>. Acesso em: 20 ago. 2022.

30. RELEARNING Thanksgiving. Arts and Justice, http://www.artsandjustice.org/relearning-thanksgiving-2/>. Acesso em: 20 ago. 2022.

31. RITSCHEL, Chelsea. "Thanksgiving: Why Some Americans Don't Celebrate the Controversial Holiday". *Independent*, November 25, 2020. Disponível em: <https://www.independent.co.uk/life-style/thanksgiving-day-meaning--america-what-b1761971.html>. Acesso em: 20 ago. 2022.

32. PETRZELA, Natalia Mehlman. "Jogging Has Always Excluded Black People". *New York Times*, May 12, 2020. Disponível em: <https://www.nytimes.com/2020/05/12/opinion/running-jogging-race-ahmaud-arbery.html>. Acesso em: 20 ago. 2022.

A ASCENSÃO DOS NOVOS PURITANOS

33. GLAUSIUSZ, Josie. "Is Dirt the New Prozac?". *Discover*, June 13, 2007. Disponível em: <https://www.discovermagazine.com/mind/is-dirt-the-new--prozac>. Acesso em: 20 ago. 2022.

34. WONG, James. "Weeding Out Horticulture's Race Problem". *Guardian*, June 14, 2020. Disponível em: <https://www.theguardian.com/lifeandstyle/2020/jun/14/james-wong-weeding-out-the-race-problem-in-horticulture>. Acesso em: 21 ago. 2022.

35. HOWARD, Harry. "BBC Presenter James Wong Under Fire for Claiming British Gardening Culture Is 'Racist' Due to Its Use of Terms Like 'Heritage' and 'Native'". *Daily Mail*, December 12, 2020. Disponível em: <https://www.dailymail.co.uk/news/article-9047499/BBC-presenter-James-Wong-criticised-claiming-British-gardening-culture-racist.html?ito=social-twitter_dailymailUK>. Acesso em: 20 ago. 2022.

36. WALTON, J. "Reclaiming Victory Gardens from Our Racist History". Green America, April 21, 2020. Disponível em: <https://www.greenamerica.org/blog/reclaiming-victory-gardens-our-racist-history>. Acesso em: 20 ago. 2022.

37. FEARS, Darryl. "The Racist Legacy Many Birds Carry". *Washington Post*, June 3, 2021. Disponível em: <https://www.washingtonpost.com/climate--environment/interactive/2021/bird-names-racism-audubon/>. Acesso em: 20 ago. 2022.

38. JOHNSON, Joel. "Reading the Water for Racism in Fishing". *Angling Trade*, August 4, 2020. Disponível em: <https://www.anglingtrade.com/2020/08/04/reading-the-water-for-racism-in-fishing/>. Acesso em: 20 ago. 2022.

39. GARCIA, Jesus. "Car Guys–Are We Unintentionally Sexist?". DriveTribe.com, December 15, 2016. Disponível em: <https://drivetribe.com/p/car-guys--are-we-unintentionally-UtUzft21R5mSqq_Mt-HQqQ?iid=cOh0lomZSJ6-0XPApAGFsQ>. Acesso em: 20 ago. 2022.

40. WILSON, Kea. "Streetsblog 101: Car Culture Is a Toxic Masculinity Problem". Streetsblog, February 27, 2020. Disponível em: <https://usa.streetsblog.org/2020/02/27/streetsblog-101-car-culture-is-a-toxic-masculinity-problem/>. Acesso em: 20 ago. 2022.

41. BUI, Quoctrung; COX, Amanda. "Surprising New Evidence Shows Bias in Police Use of Force but Not in Shootings". *New York Times*, July 11, 2016. Disponível em: <https://www.nytimes.com/2016/07/12/upshot/

surprising-new-evidence-shows-bias-in-police-use-of-force-but-not-in--shootings.html>. Acesso em: 21 ago. 2022.

42. HIDER, Alex "Cops Can Pull Over Drivers in Minnesota, Other States for Hanging Air Fresheners on Rearview Mirrors". Denver Channel, April 13, 2021. Disponível em: <https://www.thedenverchannel.com/news/america-in-crisis/cops-can-pull-over-drivers-in-minnesota-other-states--for-hanging-air-fresheners-on-rearview-mirrors>. Acesso em: 20 ago. 2022.

43. THIS Month in Physics History. October 1958: Physicist Invents First Video Game. *American Physical Society,* vol. 17, n° 9 (2008). Disponível em: <https://www. aps.org/publications/apsnews/200810/physicshistory.cfm>. Acesso em: 20 ago. 2022.

44. SYMONDS, Shannon. "Death Race and Video Game Violence". National Museum of Play, May 15, 2012. Disponível em: <https://www.museumofplay.org/blog/chegheads/2012/05/death-race-and-video-game-violence>. Acesso em: 20 ago. 2022.

45. GINGRICH, Newt. *Congressional Record,* vol. 145, n° 94 (1999). Disponível em: <https://www.govinfo.gov/content/pkg/CREC-1999-06-29/html/CREC-1999-06-29-pt1-PgE1427-2.htm>. Acesso em: 20 ago. 2022.

46. DISIS, Jill. "The Long History of Blaming Video Games for Mass Violence". *CNN,* March 8, 2018. Disponível em: <https://money.cnn.com/2018/03/08/media/video-game-industry-white-house/index.html>. Acesso em: 20 ago. 2022.

47. BELLA, Timothy. "Politicians Suggest Video Games Are to Blame for the El Paso Shooting. It's an Old Claim That's Not Backed by Research". *Washington Post,* August 5, 2019. Disponível em: <https://www.washingtonpost.com/nation/2019/08/05/kevin-mccarthy-dan-patrick-video-games-el-paso--shooting/>. Acesso em: 20 ago. 2022.

48. CHRIS FERGUSON ET AL. "News Media, Public Education and Public Policy Committee". *Amplifier Magazine,* June 12, 2017. Disponível em: <https://div46amplifier.com/2017/06/12/news-media-public-education-and--public-policy-committee/>. Acesso em: 20 ago. 2022.

49. DRAPER, Kevin "Video Games Aren't Why Shootings Happen. Politicians Still Blame Them". *New York Times,* August 5, 2019. Disponível em: <https://www.nytimes.com/2019/08/05/sports/trump-violent-video-games-studies.html>. Acesso em: 20 ago. 2022.

A ASCENSÃO DOS NOVOS PURITANOS

50. SCHIESEL, Seth. "The Real Problem with Video Games". *New York Times*, March 13, 2018. Disponível em: <https://www.nytimes.com/2018/03/13/opinion/video-games-toxic-violence.html>. Acesso em: 20 ago. 2022.

51. MINOR, Jordan. "Video Games Owe Black Players More Than Just Talk". *PC Magazine*, June 18, 2020. Disponível em: <https://www.pcmag.com/opinions/video-games-owe-black-players-more-than-just-talk>. Acesso em: 20 ago. 2022.

52. DORNIEDEN, Nadine "Leveling Up Representation: Depictions of People of Color in Video Games". PBS, December 22, 2020. Disponível em: <https://www.pbs.org/independentlens/blog/leveling-up-representation-depictions--of-people-of-color-in-video-games/>. Acesso em: 20 ago. 2022.

53. MACDONALD, Keza "Is the Video Games Industry Finally Reckoning with Sexism?". *Guardian*, July 22, 2020. Disponível em: <https://www.theguardian.com/games/2020/jul/22/is-the-video-games-industry-finally--reckoning-with-sexism>. Acesso em: 20 ago. 2022.

54. SMITH, Noah "Racism, Misogyny, Death Threats: Why Can't the Booming Video-Game Industry Curb Toxicity?". *Washington Post*, February 26, 2019. Disponível em: <https://www.washingtonpost.com/technology/2019/02/26/racism-misogyny-death-threats-why-cant-booming-video-game-industry--curb-toxicity/>. Acesso em: 20 ago. 2022.

55. MANCALL, Peter C. "Why the Puritans Cracked Down on Celebrating Christmas". *The Conversation*, December 17, 2020. Disponível em: <https://theconversation.com/why-the-puritans-cracked-down-on-celebrating--christmas-151359>. Acesso em: 20 ago. 2022.

56. WINSHIP, Michael. *Hot Protestants: A History of Puritanism in England and America*. New Haven, CT: Yale University Press, 2019, p. 186.

57. Nancy Struna, "Puritans and Sport: The Irretrievable Tide of Change". *Journal of Sport History,* vol. 4, n° 1 (1977): p. 16.

58. Nancy Struna, "Puritans and Sport: The Irretrievable Tide of Change". *Journal of Sport History,* vol. 4, n° 1 (1977): p. 3.

59. HARLEY, David "The Beginnings of the Tobacco Controversy: Puritanism, James I, and the Royal Physicians". *Bulletin of the History of Medicine* 67, no. 1 (1993): 36–38, accessed June 21, 2021, http://www.jstor.org/stable/44444167>. Acesso em: 20 ago. 2022.

60. AHRENS, Dan. *Investing in Vice: The Recession-Proof Portfolio of Booze, Bets, Bombs & Butts*. New York: St. Martin's Press, 2004, p. 83.

61. BEALL JR., Otho T.; SHRYOCK, Richard H. *Cotton Mather: First Significant Figure in American Medicine.* Worcester, MA: American Antiquarian Society, 1953, p. 91. Disponível em: <https://www.americanantiquarian.org/proceedings/44817435.pdf>. Acesso em: 20 ago. 2022.

62. RECORDS and Files of the Quarterly Courts of Essex County, University of Virginia, volume II, p. 384. Disponível em: <http://salem.lib.virginia.edu/Essex/vol2/images/essex384.html>. Acesso em: 20 ago. 2022.

63. U.S. Department of Health and Human Services, "Reducing Tobacco Use: A Report of the Surgeon General". Centers for Disease Control and Prevention, National Center for Chronic Disease Prevention and Health Promotion, Office on Smoking and Health, 2000. Disponível em: <https://collections. nlm. nih.gov/ocr/nlm:nlmuid-101584932X181-doc>. Acesso em: 21 ago. 2022.

64. U.S. DEPARTMENT OF HEALTH AND HUMAN SERVICES. "A Historical Review of Efforts to Reduce Smoking in the United States". Chapter 2, "Reducing Tobacco Use: A Report of the Surgeon General". https://www.cdc.gov/tobacco/data_statistics/sgr/2000/complete_report/pdfs/chapter2.pdf>. Acesso em: 20 ago. 2022.

65. P. HAJEK ET AL. "A Randomized Trial of E-Cigarettes Versus Nicotine Replacement Therapy". *New England Journal of Medicine,* vol. 380, n° 7 (2019): pp. 629–37. Disponível em: <https://www.nejm.org/doi/full/10.1056/NEJMoa1808779>. Acesso em: 21 ago. 2022.

66. ROTHMAN, Noah. "The War on Vaping". *Commentary*, July/August 2020. Disponível em: <https://www.commentarymagazine.com/articles/noah--rothman/the-war-on-vaping/>. Acesso em: 20 ago. 2022.

67. BAUMGAERTNER, Emily. "Trump Administration Imposes Ban on Some, but Not All, Vaping Flavors in Retreat on Earlier Plan". *Los Angeles Times*, January 2, 2020. Disponível em: <https://www.latimes.com/politics/story/2020-01-02/trump-administration-retreats-from-vaping-flavor-ban>. Acesso em: 20 ago. 2022.

68. GARDNER, Ashley. "Clearing the Air: Vaping for Fun Quickly Became an Addiction". *Texarkana Gazette*, August 20, 2019. Disponível em: <https://www.texarkanagazette.com/news/texarkana/story/2019/aug/31/clearing--air-vaping-fun-quickly-became-addiction/793023/>. Acesso em: 20 ago. 2022.

69. MORIN, Amy. "Should Parents Be Concerned about Vaping?". Very Well Family, June 27, 2020. Disponível em: <https://www.verywellfamily.com/what-parents-need-to-know-about-vaping-4154189>. Acesso em: 20 ago. 2022.

70. UNIVERSITY OF TEXAS AT SAN ANTONIO. Vaping Is Linked to Adolescents' Propensity for Crime, Study Shows. ScienceDaily, May 28, 2019. Disponível em: <https://www.sciencedaily.com/releases/2019/05/190528193030.htm>. Acesso em: 20 ago. 2022.

71. SWABY, Aliyya; MCCULLOUGH, Jolie. "Students Face Felony Charges, Expulsions as Texas Schools Ramp Up Fight Against Vaping". *Texas Tribune*, December 17, 2019. Disponível em: <https://www.texastribune.org/2019/12/17/texas-schools-vaping-surge-expulsions-felony-charges/>. Acesso em: 20 ago. 2022.

72. BINION, Billy. "Cops Tased and Beat Teens While Enforcing a Local Vaping Ban". Reason, June 14, 2021. Disponível em: <https://reason.com/2021/06/14/ocean-city-maryland-police-viral-video-teens-vaping/>. Acesso em: 20 ago. 2022.

6. MODERAÇÃO: SOBRIEDADE, CASTIDADE E PENITÊNCIA

1. SPANGLER, Todd "Vox Media Editorial Director Lockhart Steele Fired for Sexual Harassment". *Variety*, October 20, 2017. Disponível em: <https://variety.com/2017/digital/news/vox-media-lockhart-steele-fired-sexual-harassment-1202595146/>. Acesso em: 21 ago. 2022.

2. LABASH, Matt "Millennials Have Officially Killed the Holiday Office Party". *Washington Examiner*, December 7, 2017. Disponível em: <https://www.washingtonexaminer.com/weekly-standard/millennials-have-officially-killed-the-holiday-office-party>. Acesso em: 21 ago. 2022.

3. 2018 HOLIDAY Party Survey: Fewest Planned Parties Since the Recession Recovery. Challenger, Gray & Christmas, Inc. Disponível em: <https://www.challengergray.com/blog/2018-holiday-party-survey-fewest-planned-parties-recession-recovery/>. Acesso em: 21 ago. 2022.

4. "2018 HOLIDAY Party Survey: Fewest Planned Parties Since the Recession Recovery. Challenger, Gray & Christmas, Inc. Disponível em: <https://www.challengergray.com/blog/2018-holiday-party-survey-fewest-planned-parties-recession-recovery/>. Acesso em: 21 ago. 2022.

5. B. C. Daniels, "Sober Mirth and Pleasant Poisons: Puritan Ambivalence Toward Leisure and Recreation in Colonial New England". *American Studies*, vol. 34, n° 1 (1993): p. 128.

6. WINSHIP, Michael. *Hot Protestants: A History of Puritanism in England and America*. New Haven, CT: Yale University Press, 2019, p. 51–52.

7. WINSHIP, Michael. *Hot Protestants: A History of Puritanism in England and America*. New Haven, CT: Yale University Press, 2019, p. 166.

8. B. C. Daniels, "Sober Mirth and Pleasant Poisons: Puritan Ambivalence Toward Leisure and Recreation in Colonial New England". *American Studies*, vol. 34, n° 1 (1993): p. 128 123.

9. ALBERTSON, Dean. "Puritan Liquor in the Planting of New England". *New England Quarterly*. Vol. 23, n° 4 (1950): pp. 478–90.

10. MCKENNA, George. *The Puritan Origins of American Patriotism*. New Haven, CT: Yale University Press, 2007, p. 219.

11. B. C. Daniels, "Sober Mirth and Pleasant Poisons: Puritan Ambivalence Toward Leisure and Recreation in Colonial New England". *American Studies*, vol. 34, n° 1 (1993): pp. 128–130.

12. DEGLER, Carl N. Were the Puritans Puritanical? in: *Out of Our Past: The Forces that Shaped Modern America*. New York: Harper & Row, 1959, pp. 28–37. Disponível em: <http://frickman.pbworks.com/w/file/fetch/68983867/AP%20US%20History%20-%20Puritans.pdf>. Acesso em: 21 ago. 2022.

13. ALBERTSON, Dean. "Puritan Liquor in the Planting of New England". *New England Quarterly*, vol. 23, n° 4 (1950): pp. 486–87.

14. FLEMING, Rachel "Those Loose Ladies: An Examination of Scandalous Puritan Women in Massachusetts from 1635 to 1700". *Honors thesis, Salem State University*, 2015, pp. 7–8. Disponível em: <https://digitalcommons.salemstate.edu/honors_theses/48>. Acesso em: 21 ago. 2022.

15. MCKENNA, George. *The Puritan Origins of American Patriotism*. New Haven, CT: Yale University Press, 2007, p. 219.

16. MCKENNA, George. *The Puritan Origins of American Patriotism*. New Haven, CT: Yale University Press, 2007, p. 220.

17. BERK, Leah Rae. "Temperance and Prohibition Era Propaganda: A Study in Rhetoric". Brown University Library Center for Digital Scholarship, Fall 2004. Disponível em: <https://library.brown.edu/cds/temperance/essay.html>. Acesso em: 21 ago. 2022.

18. *Battle for Whiteclay*, directed by Mark Vasina (2008). Disponível em: <https://www.youtube.com/watch?v=HDAdhOxuTwk&ab_channel=Publius4321>. Acesso em: 21 ago. 2022.

19. SCHULTE, Grant. "SD Tribe's Lawsuit Against Beer Stores Dismissed". Associated Press, October 2, 2012. Disponível em: <https://www.cnbc. com/2012/10/02/sd-tribes-lawsuit-against-beer-stores-dismissed.html>. Acesso em: 21 ago. 2022.
20. KRISTOF, Nicholas. "A Battle with the Brewers". *New York Times*, May 5, 2012. Disponível em: <https://www.nytimes.com/2012/05/06/opinion/ sunday/kristof-a-battle-with-the-brewers.html>. Acesso em: 21 ago. 2022.
21. ALCOHOL and the Reservation: Anheuser-Busch's View. *New York Times*, May 8, 2012. Disponível em: <https://www.nytimes.com/2012/05/09/ opinion/alcohol-and-the-reservation-anheuser-buschs-view.html>. Acesso em: 21 ago. 2022.
22. ZAPOLSKI, Tamika C. B. "Less Drinking, Yet More Problems: Understanding African American Drinking and Related Problems". *Psychological Bulletin* vol. 140, n° 1 (2014), doi: 10.1037/a0032113. Disponível em: <https://www. ncbi.nlm.nih.gov/pmc/articles/PMC3758406/>. Acesso em: 21 ago. 2022.
23. BUTLER, Ed; LANE, Edwin. "The Impact of Banning Alcohol During Covid-19". *BBC*, September 17, 2020. Disponível em: <https://www.bbc.com/ worklife/article/20200917-the-impact-of-banning-alcohol-during-covid-19>. Acesso em: 21 ago. 2022.
24. KARRIKER-JAFFE ET AL. "Income Inequality, Alcohol Use, and Alcohol-Related Problems". *American Journal of Public Health* vol. 103, n° 4 (2013): pp. 649–56, doi: 10,2105/AJPH.2012.300882. Disponível em: <https://www. ncbi.nlm.nih.gov/pmc/articles/PMC3673268/>. Acesso em: 21 ago. 2022.
25. JAMES I. DALEY ET AL., "The Impact of a 25 Cent-per-Drink Alcohol Tax Increase: Who Pays the Tab?". *American Journal of Preventative Medicine*, vol. 42, n° 4 (2012): pp. 382–89, doi: 10.1016/j.amepre.2011.12.008. Disponível em: <https://www.ncbi.nlm.nih.gov/pmc/articles/PMC3794433/#>. Acesso em: 21 ago. 2022.
26. GAMBINO, Megan. "During Prohibition, Your Doctor Could Write You a Prescription for Booze". *Smithsonian*, October 7, 2013. Disponível em: <https://www.smithsonianmag.com/history/during-prohibition-your- -doctor-could-write-you-prescription-booze-180947940>. Acesso em: 21 ago. 2022.
27. DOWELL, Ken. "Prohibition as Class Warfare". Off the Leash, December 19, 2017. Disponível em: <https://offtheleash.net/2017/12/19/prohibition-as- -class-warfare>. Acesso em: 21 ago. 2022.

28. THYS, Fred. "Dartmouth College Bans Hard Liquor". WBUR, January 29, 2015. Disponível em: <https://www.wbur.org/news/2015/01/29/dartmouth--hard-liquor-ban>. Acesso em: 21 ago. 2022.

29. NEW, Jake. "Banning Booze". Inside Higher Ed, April 8, 2015. Disponível em: <https://www.insidehighered.com/news/2015/04/08/can-college-bans--hard-liquor-be-effective>. Acesso em: 21 ago. 2022.

30. FISHER, Damien. "Sharp Increase in Sexual Assault Reports at Dartmouth". *New Hampshire Union Leader*, October 6, 2019. Disponível em: <https://www.unionleader.com/news/crime/sharp-increase-in-sexual-assault-reports--at-dartmouth/article_ba8f2987-27f5-5042-a7c5-dd2abef003d6.html>. Acesso em: 21 ago. 2022.

31. JINKS, Hannah. "A Deep Dive into Dartmouth's Judicial System". *The Dartmouth*, October 30, 2020. Disponível em: <https://www.thedartmouth.com/article/2020/10/a-deep-dive-into-dartmouths-judicial-system>. Acesso em: 21 ago. 2022.

32. LOPEZ, German "Europe Has Lower Drinking Ages Than the US–and Worse Teen Drinking Problems". *Vox*, January 26, 2016. Disponível em: <https://www.vox.com/2016/1/26/10833208/europe-lower-drinking-age>. Acesso em: 21 ago. 2022.

33. CARRUTHERS, Nicola. "Binge Drinking Falls by 25% in Europe". *Spirits Business*, October 1, 2019. Disponível em: <https://www.thespiritsbusiness.com/2019/10/binge-drinking-falls-by-25-in-europe/>. Acesso em: 21 ago. 2022.

34. AHAMMER, Alexander. "Minimum Legal Drinking Age and the Social Gradient in Binge Drinking". VoxEU/CEPR, March 27, 2021. Disponível em: <https://voxeu.org/article/minimum-legal-drinking-age-and-social--gradient-binge-drinking>. Acesso em: 21 ago. 2022.

35. AFTER Years of Blackouts, a Writer Remembers What She "Drank to Forget". *NPR*, June 21, 2015. Disponível em: <https://www.npr.org/2015/06/21/415748050/after-years-of-blackouts-a-writer-remembers--what-she-drank-to-forget>. Acesso em: 21 ago. 2022.

36. BLISS, Jessica. "Police, Experts: Alcohol Most Common in Sexual Assaults". *Tennessean*, October 28, 2013. Disponível em: <https://www.usatoday.com/story/news/nation/2013/10/28/alcohol-most-common-drug-in-sexual--assaults/3285139/>. Acesso em: 21 ago. 2022.

37. SHAW, Danny. "Men with Alcohol Problems 'Six Times More Likely to Abuse Partner'". BBC, December 23, 2019. Disponível em: <https://www.bbc.com/news/uk-50887893>. Acesso em: 21 ago. 2022.

A ASCENSÃO DOS NOVOS PURITANOS

38. OWEN, Wynford Ellis. "Alcohol Is a Feminist Issue". CAIS, 2015. Disponível em: <https://www.cais.co.uk/news/alcohol-is-a-feminist-issue/>. Acesso em: 21 ago. 2022.

39. LOPEZ, German. "More Than One-Third of Americans Blame Alcohol for Family Problems". *Vox*, August 8, 2014. Disponível em: <https://www.vox.com/xpress/2014/8/8/5979901/alcohol-family-troubles>. Acesso em: 21 ago. 2022.

40. *Prohibition*, episode 2, "A Nation of Drunkards" directed by Ken Burns and Lynn Novick, aired October 2, 2011, on PBS, 10:30–11:19. Disponível em: <https://www.pbs.org/kenburns/prohibition/>. Acesso em: 21 ago. 2022.

41. FRANCES WILLARD HOUSE MUSEUM AND ARCHIVES. The Home Protection Ballot and the Hinds Bill of 1879. Disponível em: <https://franceswillardhouse.org/wp-content/uploads/HST391-3-wctu.pdf>. Acesso em: 21 ago. 2022.

42. DONEGAN, Moira. "The Temperance Movement Linked Booze to Domestic Violence. Did It Have a Point?". *Guardian*, January 3, 2020. Disponível em: <https://www.theguardian.com/commentisfree/2020/jan/03/women-alcohol-drink-culture-prohibition-temperance>. Acesso em: 21 ago. 2022.

43. SHARP, David. "Missionary Zeal from Non-Missionary Positions". *Lancet,* vol. 350, n° 9094 (1997): pp. 1862–63. Disponível em: <https://www.thelancet.com/journals/lancet/article/PIIS0140-6736(05)63691-4/fulltext>. Acesso em: 21 ago. 2022.

44. GALLAGHER, Winifred. "Getting Serious About Sex". *Washington Post*, November 16, 1997. Disponível em: <https://www.washingtonpost.com/archive/ entertainment/books/1997/11/16/getting-serious-about-sex/ ed440dd2-2cd7-4ec9-abf3-7efa44b3528e/>. Acesso em: 21 ago. 2022.

45. SHERMAN, Allan. *The Rape of the APE*. New York: Playboy Press, 1975, p. 12.

46. "The Playboy Philosophy". *Firing Line*, episode 26, September 12, 1966, 15:20–29:49. Disponível em: <https://www.youtube.com/watch?v=71B6hqEbbYQ&t=914s&ab_channel=FiringLinewithWilliamF.Buckley%2CJr>. Acesso em: 21 ago. 2022.

47. "The Playboy Philosophy". *Firing Line*, episode 26, September 12, 1966, 15:20–29:49. Disponível em: <https://www.youtube.com/watch?v=71B6hqEbbYQ&t=914s&ab_channel=FiringLinewithWilliamF.Buckley%2CJr>. Acesso em: 21 ago. 2022.

48. KEMENY, P. C. "'Banned in Boston': Moral Reform Politics and the New England Society for the Suppression of Vice". *Church History,* vol. 78, n° 4 (2009): p. 820. Disponível em: <www.jstor.org/stable/20618793>. Acesso em: 21 ago. 2022.

49. MCKENNA, George. *The Puritan Origins of American Patriotism.* New Haven, CT: Yale University Press, 2007, p. 216.

50. MCKENNA, George. *The Puritan Origins of American Patriotism.* New Haven, CT: Yale University Press, 2007, p. 217.

51. KEMENY, P. C. "'Banned in Boston': Moral Reform Politics and the New England Society for the Suppression of Vice". *Church History,* vol. 78, n° 4 (2009): p. 819. Disponível em: <www.jstor.org/stable/20618793>. Acesso em: 21 ago. 2022.

52. DEGLER. "Were the Puritans Puritanical?". pp. 32–33.

53. LENNARD, Natasha. "The Uses and Abuses of Politics for Sex". Logic, n° 2, July 1, 2017. Disponível em: <https://logicmag.io/sex/the-uses-and--abuses-of-politics-for-sex/>. Acesso em: 21 ago. 2022.

54. DALE, William. "Foucault's Sexuality". *Atlas Society,* February 27, 2011. Disponível em: <https://www.atlassociety.org/post/foucaults-sexuality>. Acesso em: 21 ago. 2022.

55. SAUNDERS, Joseph. "French Philosopher and Founder of Woke Movement Accused of Sexual Abuse of Minors". *Los Angeles Injury Law News,* April 4, 2021. Disponível em: <https://losangeles.legalexaminer. com/legal/french-philosopher-and-founder-of-woke-movement-accused-of--sexual-abuse-of-minors/>. Acesso em: 21 ago. 2022.

56. HORROCKS Roger; CAMPLING, Jo. "Contradictions in Sexuality" in: *Freud Revisited.* New York: Palgrave, 2011, pp. 111–125. Disponível em: <https://link.springer.com/chapter/10.1057/9780333985441_9>. Acesso em: 21 ago. 2022.

57. MADDEN, Dave. "It's Time Politicians Embraced the Revolutionary Power of Sex". *Guardian,* February 18, 2020. Disponível em: <https://www. theguardian.com/commentisfree/2020/feb/18/politicians-embrace-sexual--desires-patriarchy>. Acesso em: 21 ago. 2022.

58. GOLDHILL, Olivia. "Polyamory Is a Quietly Revolutionary Political Movement". Quartz, December 18, 2018. Disponível em: <https:// qz.com/1501725/polyamorous-sex-is-the-most-quietly-revolutionary-politi- cal-weapon-in-the-united-states/>. Acesso em: 21 ago. 2022.

59. SERESIN, Indiana. "On Heteropessimism". *New Inquiry*, October 9, 2019. Disponível em: <https://thenewinquiry.com/on-heteropessimism/>. Acesso em: 21 ago. 2022.

60. LEHMANN-HAUPT, Christopher. "Rape as the Combat in a War". *New York Times*, October 16, 1975. Disponível em: <https://www.nytimes.com/1975/10/16/archives/books-of-the-times-rape-as-the-combat-in-a-war.html>. Acesso em: 21 ago. 2022.

61. BINDEL, Julie. "Without Porn, the World Would Be a Better Place". *Guardian*, October 24, 2014. Disponível em: <https://www.theguardian.com/commentisfree/2014/oct/24/pornography-world-anti-porn-feminist--censorship-misogyny>. Acesso em: 21 ago. 2022.

62. DWORKIN, Andrea. *Intercourse*. New York: Basic Books, 1987. Disponível em: <https://www.feministes-radicales.org/2013/08/05/andrea-dworkin--occupation-colaboration-intercourse-chap-7/>. Acesso em: 21 ago. 2022.

63. DONEGAN, Moira. "Sex During Wartime". Book Forum, February/March 2019. Disponível em: <https://www.bookforum.com/print/2505/the-return--of-andrea-dworkin-s-radical-vision-20623>. Acesso em: 21 ago. 2022.

64. WAY, Katie. "I Went on a Date with Aziz Ansari. It Turned into the Worst Night of My Life". Babe.net, January 14, 2018. Disponível em: <https://babe.net/2018/01/13/aziz-ansari-28355>. Acesso em: 21 ago. 2022.

65. GOLDBERG, Michelle. "Not the Fun Kind of Feminist". *New York Times*, February 22, 2019. Disponível em: <https://www.nytimes.com/2019/02/22/opinion/sunday/trump-feminism-andrea-dworkin.html>. Acesso em: 21 ago. 2022.

66. SCHOW, Ashe. "Advocacy Group Distributes Sexual 'Consent Contracts' to College Students". *Washington Examiner*, July 7, 2015. Disponível em: <https://www.washingtonexaminer.com/advocacy-group-distributes-sexual--consent-contracts-to-college-students>. Acesso em: 21 ago. 2022.

67. THE NCHERM Group Continues to Advocate for Affirmative Consent Policies in Colleges and Schools Across the Nation". PR Newswire, October 10, 2014. Disponível em: <https://www.prnewswire.com/news-releases/the-ncherm-group-continues-to-advocate-for-affirmative-consent-policies--in-colleges-and-schools-across-the-nation-278778841.html>. Acesso em: 21 ago. 2022.

68. LERNER, Maura. "University of Minnesota to Adopt 'Affirmative Consent' Rule for Sex Partners". *Star Tribune*, Minneapolis, July 7, 2015. Disponível

em: <https://www.startribune.com/university-of-minnesota-to-adopt-
-affirmative-consent-rule/311650821/>. Acesso em: 21 ago. 2022.

69. NEW, Jake. "The 'Yes Means Yes' World". Inside Higher Ed, October 17,
2014. Disponível em: <https://www.insidehighered.com/news/2014/10/17/
colleges-across-country-adopting-affirmative-consent-sexual-assault-poli-
cies>. Acesso em: 21 ago. 2022.

70. SCHOW, Ashe. "Advocacy Group Distributes Sexual 'Consent Contracts'
to College Students". *Washington Examiner*, July 7, 2015. Disponível em:
<https://www.washingtonexaminer.com/advocacy-group-distributes-
sexual-consent-contracts-to-college-students>

71. MEDINA, Jennifer "Sex Ed Lesson: 'Yes Means Yes,' but It's Tricky".
New York Times, October 14, 2015. Disponível em: <https://www.nytimes.
com/2015/10/15/us/california-high-schools-sexual-consent-classes.html>.
Acesso em: 21 ago. 2022.

72. KLEIN, Ezra. "'Yes Means Yes' Is a Terrible Law, and I Completely
Support It". *Vox*, October 13, 2014. Disponível em: <https://www.vox.
com/2014/10/13/6966847/yes-means-yes-is-a-terrible-bill-and-i-completely-
-support-it>. Acesso em: 21 ago. 2022.

73. SCHOW, Ashe "Judge Rules Campus Kangaroo Court 'Unfair'". *Washington
Examiner*, July 13, 2015. Disponível em: <https://www.washingtonexaminer.
com/judge-rules-campus-kangaroo-court-unfair>. Acesso em: 21 ago. 2022.

74. WADHWANI, Anita. "Settling Sex Assault Lawsuits Costs Universities
Millions". *Tennessean*, July 6, 2016. Disponível em: <https://www.tennessean.
com/story/news/2016/07/06/settling-sex-assault-lawsuits-costs-universities-
-millions/86756078/>. Acesso em: 21 ago. 2022.

75. HIRSCH, Jennifer; KHAN, Shamus. "Researchers Found What Consent
Looks Like Isn't Always Straightforward on College Campuses". *Teen Vogue*,
January 3, 2020. Disponível em: <https://www.teenvogue.com/story/what-
sexual-consent-really-looks-like-in-college>. Acesso em: 21 ago. 2022.

76. NATIONAL CENTER FOR HIV/AIDS, VIRAL HEPATITIS, STD,
AND TB PREVENTION. Trends in the Prevalence of Sexual Behavior
and HIV Testing National YRBS: 1991–2015. Centers for Disease Control
and Prevention. Disponível em: <https://www.cdc.gov/healthyyouth/data/
yrbs/pdf/trends/2015_us_sexual_trend_yrbs.pdf>. Acesso em: 24 jun. 2021.

77. INGRAHAM, Christopher. "The Share of Americans Not Having Sex Has
Reached a Record High". *Washington Post*, March 29, 2019. Disponível em:

<https://www.washingtonpost.com/business/2019/03/29/share-americans--not-having-sex-has-reached-record-high/>. Acesso em: 21 ago. 2022.

78. INGRAHAM, Christopher. "The Share of Americans Not Having Sex Has Reached a Record High". *Washington Post*, March 29, 2019. Disponível em: <https://www.washingtonpost.com/business/2019/03/29/share-americans--not-having-sex-has-reached-record-high/>. Acesso em: 20 ago. 2022.

79. ROSEN, Christine. "No Sex, Please, We're American". *Commentary*, January 2020. Disponível em: <https://www.commentarymagazine.com/articles/christine-rosen/american-youth-celibate-but-fear-intimacy/>. Acesso em: 21 ago. 2022.

80. LEMISKI, Mica. "We Asked Millennials Why Young People Are Having Less Sex". *Vice*, November 16, 2018. Disponível em: <https://www.vice.com/en/article/qvqbmv/we-asked-millenials-why-young-people-are-having-less--sex>. Acesso em: 21 ago. 2022.

81. ROBERTS, Yvonne. "The Sex Revolution of My Youth Wasn't So Great. Maybe Today's Celibacy Is a Sign of Progress". *Guardian*, April 7, 2019. Disponível em: <https://www.theguardian.com/commentisfree/2019/apr/07/sex-revolution-my-youth-wasnt-great-maybe-celibacy-sign-progress>. Acesso em: 21 ago. 2022.

82. NEILSON, Sarah. "Read Me: Angela Chen's *Ace* Challenges Us All to Reframe How We Talk About Sex". Them, September 15, 2020. Disponível em: <https://www.them.us/story/read-me-angela-chen-ace-interview>. Acesso em: 21 ago. 2022.

83. WATERS, Jamie "'I Don't Want Sex with Anyone': The Growing Asexuality Movement". *Guardian*, March 21, 2021. Disponível em: <https://www.theguardian.com/lifeandstyle/2021/mar/21/i-dont-want-sex-with-anyone--the-growing-asexuality-movement>. Acesso em: 21 ago. 2022.

84. KIRIN. "Asexuality and Spirituality". Asexual Visibility and Education Network, June 12, 2012. Disponível em: <https://www.asexuality.org/en/topic/75472-asexuality-and-spirituality/>. Acesso em: 21 ago. 2022.

7. ORDEM: AS COMPANHIAS QUE TEMOS

1. GRYNBAUM, Michael. "New York Plans to Ban Sale of Big Sizes of Sugary Drinks". *New York Times*, May 30, 2012. Disponível em: <https://www.

nytimes.com/2012/05/31/nyregion/bloomberg-plans-a-ban-on-large-sugared-drinks.html>. Acesso em: 21 ago. 2022.

2. OPPENHEIMER, Mark. "The New Puritans". *New Republic*, July 15, 2013. Disponível em: <https://newrepublic.com/article/113632/oregon-fluoridation-proof-liberals-are-new-puritans>. Acesso em: 21 ago. 2022.

3. JOHN, Arit. "The New Puritan Parent". *Atlantic*, July 16, 2013. Disponível em: <https://www.theatlantic.com/national/archive/2013/07/are-liberals--new-conservative-parents/313277/>. Acesso em: 21 ago. 2022.

4. SKENAZY, Lenore. "'America's Worst Mom?'". *New York Sun*, April 8, 2008. Disponível em: <https://www.nysun.com/opinion/americas-worst--mom/74347/>. Acesso em: 21 ago. 2022.

5. ROSIN, Hanna. "Police Investigate Family for Letting Their Kids Walk Home Alone. Parents, We All Need to Fight Back". *Slate*, January 16, 2015. Disponível em: <https://slate.com/human-interest/2015/01/maryland--parents-investigated-by-the-police-for-letting-their-kids-walk-home-alone.html>. Acesso em: 21 ago. 2022.

6. GROSE, Jessica. "Parents Are Now Getting Arrested for Letting Their Kids Go to the Park Alone". *Slate*, July 15, 2014. Disponível em: <https://slate.com/human-interest/2014/07/debra-harrell-arrested-for-letting--her-9-year-old-daughter-go-to-the-park-alone.html>. Acesso em: 21 ago. 2022.

7. SKENAZY, Lenore "Mom Briefly Left Kids Alone While She Grabbed Starbucks. Cop Accused Her of Child Abuse". Reason, August 31, 2016. Disponível em: <https://reason.com/2016/08/31/mom-briefly--left-kids-alone-while-she-gr/>. Acesso em: 21 ago. 2022.

8. CLIFFORD, Stephanie; SILVER-GREENBERG, Jessica. "Foster Care as Punishment: The New Reality of 'Jane Crow,'" *New York Times*, July 21, 2017. Disponível em: <https://www.nytimes.com/2017/07/21/nyregion/foster-care-nyc-jane-crow.html>. Acesso em: 21 ago. 2022.

9. SANKARAN, Vivek S.; CHURCH, Christopher. "Easy Come, Easy Go: The Plight of Children Who Spend Less Than Thirty Days in Foster Care". *Penn Law: Legal Scholarhsip Repository*, 2017. Disponível em: <https://scholarship.law.upenn.edu/cgi/viewcontent.cgi?article=1197&context=jlasc>. Acesso em: 21 ago. 2022.

10. WINSHIP, Michael. *Hot Protestants: A History of Puritanism in England and America*. New Haven, CT: Yale University Press, 2019, pp. 88–89.

11. GREENE, Jack P. "Recent Developments in the Historiography of Colonial New England". *Acadiensis,* vol. 17, n° 2 (1988): p. 144. Disponível em: <https://journals.lib.unb.ca/index.php/Acadiensis/article/view/12246/13090>. Acesso em: 21 ago. 2022.

12. GREENE, Jack P. "Recent Developments in the Historiography of Colonial New England". *Acadiensis,* vol. 17, n° 2 (1988): p. 146. Disponível em: <https://journals.lib.unb.ca/index.php/Acadiensis/article/view/12246/13090>. Acesso em: 21 ago. 2022.

13. GREENE, Jack P. "Recent Developments in the Historiography of Colonial New England". *Acadiensis,* vol. 17, n° 2 (1988): p. 147. Disponível em: <https://journals.lib.unb.ca/index.php/Acadiensis/article/view/12246/13090>. Acesso em: 21 ago. 2022.

14. WINSHIP, Michael. *Hot Protestants: A History of Puritanism in England and America.* New Haven, CT: Yale University Press, 2019, p. 186.

15. WINSHIP, Michael. *Hot Protestants: A History of Puritanism in England and America.* New Haven, CT: Yale University Press, 2019, p. 186–87.

16. GREENE, Jack P. "Recent Developments in the Historiography of Colonial New England". *Acadiensis,* vol. 17, n° 2 (1988): p. 154. Disponível em: <https://journals.lib.unb.ca/index.php/Acadiensis/article/view/12246/13090>. Acesso em: 21 ago. 2022.

17. GREENE, Jack P. "Recent Developments in the Historiography of Colonial New England". *Acadiensis,* vol. 17, n° 2 (1988): pp. 154–156. Disponível em: <https://journals.lib.unb.ca/index.php/Acadiensis/article/view/12246/13090>. Acesso em: 21 ago. 2022.

18. GREENE, Jack P. "Recent Developments in the Historiography of Colonial New England". *Acadiensis,* vol. 17, n° 2 (1988): p. 160. Disponível em: <https://journals.lib.unb.ca/index.php/Acadiensis/article/view/12246/13090>. Acesso em: 21 ago. 2022.

19. HAIDT, Jonathan. "2017 Wriston Lecture: The Age of Outrage: What It's Doing to Our Universities, and Our Country". *Manhattan Institute*, November 15, 2017. Disponível em: <https://www.manhattan-institute.org/html/2017--wriston-lecture-age-outrage-10779.html>. Acesso em: 21 ago. 2022.

20. BAZELON, Emily. "The First Amendment in the Age of Disinformation". *New York Times*, October 13, 2020. Disponível em: <https://www.nytimes.com/2020/10/13/magazine/free-speech.html>. Acesso em: 21 ago. 2022.

21. MENA, Bryan; AGNEW, Duncan. "Republicans and Democrats Both Want to Repeal Part of a Digital Content Law, but Experts Say That Will Be Extremely Tough". *Texas Tribune*, January 21, 2021. Disponível em: <https://www.texastribune.org/2021/01/21/section-230-internet-social-media/>. Acesso em: 21 ago. 2022.

22. MARANTZ, Andrew "Free Speech Is Killing Us". *New York Times*, October 4, 2019. Disponível em: <https://www.nytimes.com/2019/10/04/opinion/sunday/free-speech-social-media-violence.html>. Acesso em: 21 ago. 2022.

23. SCHWARTZ, Rafi. "Why Is Facebook This Confused over Letting Donald Trump Back?". Mic, May 3, 2021. Disponível em: <https://www.mic.com/p/why-is-facebook-this-confused-over-letting-donald-trump-back-76040098>. Acesso em: 21 ago. 2022.

24. DAVIES, Dave "Unfettered Free Speech Is a Threat to Democracy, Journalist Says". *NPR*, October 20, 2020. Disponível em: <https://www.npr.org/2020/10/20/925755387/unfettered-free-speech-is-a-threat-to-democracy--journalist-says>. Acesso em: 21 ago. 2022.

25. GRIFFITH, Erin; LORENZ, Taylor. "Clubhouse, a Tiny Audio Chat App, Breaks Through". *New York Times*, February 15, 2021. Disponível em: <https://www.nytimes.com/2021/02/15/business/clubhouse.html>. Acesso em: 21 ago. 2022.

26. AWAN, Imran. "Social Media Helps Reveal People's Racist Views – So Why Don't Tech Firms Do More to Stop Hate Speech?". *The Conversation*, June 25, 2019. Disponível em: <https://theconversation.com/social-media-helps-reveal-peoples-racist-views-so-why-dont-tech-firms-do-more-to-stop-hate-speech-140997>. Acesso em: 21 ago. 2022.

27. DERALD WING SUE ET AL., "Racial Microaggressions in Everyday Life: Implications for Clinical Practice". *American Psychologist,* vol. 62, n° 4 (2007): pp. 271–86. Disponível em: <https://gim.uw.edu/sites/gim.uw.edu/files/fdp/Microaggressions%20File.pdf>. Acesso em: 21 ago. 2022.

28. WINSHIP, Michael. *Hot Protestants: A History of Puritanism in England and America.* New Haven, CT: Yale University Press, 2019, p. 52.

29. WINSHIP, Michael. *Hot Protestants: A History of Puritanism in England and America.* New Haven, CT: Yale University Press, 2019, p. 53.

30. MINTZ, Steven; KELLOGG, Susan. *Domestic Revolutions.* New York: Free Press, 1988, p. 42.

31. MINTZ, Steven; KELLOGG, Susan. *Domestic Revolutions*. New York: Free Press, 1988, pp. 42–48.

32. MINTZ, Steven; KELLOGG, Susan. *Domestic Revolutions*. New York: Free Press, 1988, pp. 52–53.

33. STUDENTS for a Democratic Society. "Port Huron Statement". June 15, 1962. Disponível em: <https://history.hanover.edu/courses/excerpts/111huron.html>. Acesso em: 21 ago. 2022.

34. MCKENNA, George. *The Puritan Origins of American Patriotism*. New Haven, CT: Yale University Press, 2007, p. 299.

35. DUNN-FROEBIG, Eva P. "All Grown Up: How the Counterculture Affected Its Flower Children". Master's thesis, University of Montana School of Journalism, 2006, p. 8. Disponível em: <https://scholarworks.umt.edu/etd/5404>. Acesso em: 21 ago. 2022.

36. DUNN-FROEBIG, Eva P. "All Grown Up: How the Counterculture Affected Its Flower Children". Master's thesis, University of Montana School of Journalism, 2006, p. 12. Disponível em: <https://scholarworks.umt.edu/etd/5404>. Acesso em: 21 ago. 2022.

37. HARPER, Phineas. "The Vision of the Home as a Tranquil Respite from Labour Is a Patriarchal Fantasy". Dezeen, April 18, 2019. Disponível em: <https://www.dezeen.com/2019/04/18/nuclear-family-home-tool-repression-phineas-harper/>. Acesso em: 21 ago. 2022.

38. KERTSCHER, Tom; SHERMAN, Amy. "Ask PolitiFact: Does Black Lives Matter Aim to Destroy the Nuclear Family?". PolitiFact, August 28, 2020. Disponível em: <https://www.politifact.com/article/2020/aug/28/ask-politifact-does-black-lives-matter-aim-destroy/>. Acesso em: 21 ago. 2022.

39. UNITED FEDERATION OF TEACHERS – UNION RESOLUTIONS. "Resolution in Support of Black Lives Matter at School". November 18, 2020. Disponível em: <https://www.uft.org/news/union-resolutions/resolution--support-black-lives-matter-school>. Acesso em: 21 ago. 2022.

40. UNITED FEDERATION OF TEACHERS – UNION RESOLUTIONS. "Resolution in Support of Black Lives Matter at School". November 18, 2020. Disponível em: <https://www.uft.org/news/union-resolutions/resolution--support-black-lives-matter-school>. Acesso em: 21 ago. 2022.

41. FINCH, Candi. "The Puzzling Case of Maternal Feminism". Christian Examiner, March 9, 2016. Disponível em: <https://www.christianexaminer.

com/news/commentary-the-puzzling-case-of-maternal-feminism.html>. Acesso em: 21 ago. 2022.

42. KATE MILLETT. chap. 2 in: *Sexual Politics*, "Theory of Sexual Politics". Disponível em: https://www.marxists.org/subject/women/authors/millett--kate/theory.htm>. Acesso em: 21 ago. 2022.

43. HAREES, Lukman. *The Mirage of Dignity on the Highways of Human "Progress": The Bystanders' Perspective*. Bloomington, in: AuthorHouse, 2012, p. 546.

44. BARCLAY, Dolores. "The Family: College Professors Discuss the American Family". *Florence Morning News*, August 21, 1977. Disponível em: <http://unknownmisandry.blogspot.com/2011/08/anti-family-agenda-as-explained--in-1977.html>. Acesso em: 21 ago. 2022.

45. RODGERS, Nicole Sussner. "What Comes After the Nuclear Family?". *Nation*, February 24, 2020. Disponível em: <https://www.thenation.com/article/society/nuclear-family-progressive-critique/>. Acesso em: 21 ago. 2022.

46. BURKE, Minyvonne. "Private School Says Phrases Like 'Mom and Dad' Should Be Avoided". *NBC News*, March 11, 2021. Disponível em: <https://www.nbcnews.com/news/us-news/private-school-says-phrases-mom-dad--should-be-avoided-n1260695>. Acesso em: 21 ago. 2022.

47. TRELEAVEN, Sarah. "They're Single. They're Straight. They're Friends. And They're Having a Baby". *Marie Claire*, January 22, 2020. Disponível em: <https://www.marieclaire.com/sex-love/a30517691/raising-a-child-with-your-best-friend/>. Acesso em: 21 ago. 2022.

48. LINTON, Deborah. "'I Wanted to Meet a Mate and Have a Baby without Wasting Time': The Rise of Platonic Co-Parenting". *Guardian*, October 31, 2020. Disponível em: <https://www.theguardian.com/lifeandstyle/2020/oct/31/i-wanted-to-meet-a-mate-and-have-a-baby-without-wasting-time-the-rise-of-platonic-co-parenting>. Acesso em: 21 ago. 2022.

49. LUDDEN, Jennifer "Should We Be Having Kids in the Age of Climate Change?". *NPR*, August 18, 2016. Disponível em: <https://www.npr.org/2016/08/18/479349760/should-we-be-having-kids-in-the-age-of-climate-change>. Acesso em: 21 ago. 2022.

50. BRUENIG, Elizabeth. "I Became a Mother at 25, and I'm Not Sorry I Didn't Wait". *New York Times*, May 7, 2021. Disponível em: <https://www.nytimes.com/2021/05/07/opinion/motherhood-baby-bust-early-parenthood.html?smid=tw-nytimes&smtyp=cur>. Acesso em: 21 ago. 2022.

51. ROSEN, Christine. "The Mother of All Meltdowns". *Commentary,* May 11, 2021. Disponível em: <https://www.commentarymagazine.com/christine--rosen/the-mother-of-all-meltdowns/>. Acesso em: 21 ago. 2022.
52. HO, Rosemary. "Want to Dismantle Capitalism? Abolish the Family". *Nation,* May 16, 2019. Disponível em: <https://www.thenation.com/article/archive/want-to-dismantle-capitalism-abolish-the-family/>. Acesso em: 21 ago. 2022.
53. WHYMAN, Tom. "Should We Abolish the Family?". Outline, July 25, 2019. Disponível em: <https://theoutline.com/post/7717/family-abolition-sophie--lewis-full-surrogacy-now>. Acesso em: 21 ago. 2022.
54. SILVERSTEIN, Sophie. "Family Abolition Isn't About Ending Love and Care. It's About Extending It to Everyone". Open Democracy, April 24, 2020. Disponível em: <https://www.opendemocracy.net/en/oureconomy/family-abolition-isnt-about-ending-love-and-care-its-about-extending-it-to--everyone/>. Acesso em: 21 ago. 2022.
55. GELONESI, Joe. "Is Having a Loving Family an Unfair Advantage?". Australian Broadcasting Company, May 1, 2015. Disponível em: <https://www.abc.net.au/radionational/programs/philosopherszone/new-family-values/6437058.
56. O'BRIEN, M. E. "Six Steps to Abolish the Family". *Commune*, December 30, 2019. Disponível em: <https://communemag.com/six-steps-to-abolish--the-family/>. Acesso em: 21 ago. 2022.
57. BALL, Alan. *And Now My Soul Is Hardened: Abandoned Children in Soviet Russia, 1918–1930.* Berkeley and Los Angeles, CA: University of California Press, 1996. Disponível em: <https://publishing.cdlib.org/ucpressebooks/view?docId=ft700007p9&chunk.id=ch1&toc.depth=1&toc.id=ch1&brand=ucpress>. Acesso em: 21 ago. 2022.
58. ADAMS, Becket. "Make Up Your Mind, You Weird, Lazy Scolds". *Washington Examiner*, March 10, 2017. Disponível em: <https://www.washingtonexaminer.com/make-up-your-mind-you-weird-lazy-scold>. Acesso em: 21 ago. 2022.
59. TANT, Moley. "The BBC Pundit's Children Video Is NOT FUNNY. It's Patriarchy in a Nutshell". *New Statesman*, March 10, 2017. Disponível em: <https://www.newstatesman.com/politics/media/2017/03/bbc-pundits--children-video-not-funny-its-patriarchy-nutshell>. Acesso em: 21 ago. 2022.

8. REFORMA: DEVAGAR A PRINCÍPIO, E ENTÃO TUDO DE UMA VEZ

1. KEMENY, P. C. "'Banned in Boston': Moral Reform Politics and the New England Society for the Suppression of Vice". *Church History,* vol. 78, n° 4 (2009): p. 835. Disponível em: <https://www.jstor.org/stable/20618793>. Acesso em: 21 ago. 2022.

2. KEMENY, P. C. "'Banned in Boston': Moral Reform Politics and the New England Society for the Suppression of Vice". *Church History,* vol. 78, n° 4 (2009): p. 830. Disponível em: <https://www.jstor.org/stable/20618793>. Acesso em: 21 ago. 2022.

3. KEMENY, P. C. "'Banned in Boston': Moral Reform Politics and the New England Society for the Suppression of Vice". *Church History,* vol. 78, n° 4 (2009): p. 824. Disponível em: <https://www.jstor.org/stable/20618793>. Acesso em: 21 ago. 2022.

4. KEMENY, P. C. "'Banned in Boston': Moral Reform Politics and the New England Society for the Suppression of Vice". *Church History,* vol. 78, n° 4 (2009): p. 835. Disponível em: <https://www.jstor.org/stable/20618793>. Acesso em: 21 ago. 2022.

5. KEMENY, P. C. "'Banned in Boston': Moral Reform Politics and the New England Society for the Suppression of Vice". *Church History,* vol. 78, n° 4 (2009): p. 827. Disponível em: <https://www.jstor.org/stable/20618793>. Acesso em: 21 ago. 2022.

6. KEMENY, P. C. "'Banned in Boston': Moral Reform Politics and the New England Society for the Suppression of Vice". *Church History,* vol. 78, n° 4 (2009): p. 845. Disponível em: <https://www.jstor.org/stable/20618793>. Acesso em: 21 ago. 2022.

7. BOYER, Paul S. "Boston Book Censorship in the Twenties". *American Quarterly,* vol. 15, n° 1 (1963): p. 3. Disponível em: <www.jstor.org/stable/2710264>. Acesso em: 21 ago. 2022.

8. BOYER, Paul S. "Boston Book Censorship in the Twenties". *American Quarterly,* vol. 15, n° 1 (1963): p. 22. Disponível em: <www.jstor.org/stable/2710264>. Acesso em: 21 ago. 2022.

9. LUZURIAGA, Tania de. "Man from Ministry Bans Potter". *Boston.com,* October 25, 2007. Disponível em: <http://archive.boston.com/ae/books/articles/2007/10/25/man_from_ministry_bans_potter/>. Acesso em: 21 ago. 2022.

A ASCENSÃO DOS NOVOS PURITANOS

10. CHARLES, Ron. "Did Facebook 'Cancel Abe Lincoln'? The Truth Is Complicated–and Alarming". *Washington Post*, March 4, 2021. Disponível em: <https://www.washingtonpost.com/entertainment/books/facebook-old-abe--cancel-culture/2021/03/03/ad9e01fc-7b98-11eb-a976-c028a4215c78_story.html>. Acesso em: 21 ago. 2022.

11. YASHAROFF, Hannah. "Dr. Seuss Dominates USA TODAY Bestseller's List amid Controversy, Takes Six of Top 10 Spots". *USA Today*, March 4, 2021. Disponível em: <https://www.usatoday.com/story/entertainment/books/2021/03/04/dr-seuss-books-sales-spike-after-some-banned-racist-imagery/6917679002/>. Acesso em: 21 ago. 2022.

12. SHRIER, Abigail. "Does the ACLU Want to Ban My Book?". *Wall Street Journal*, November 15, 2020. Disponível em: <https://www.wsj.com/articles/does-the-aclu-want-to-ban-my-book-11605475898>. Acesso em: 21 ago. 2022.

13. @AbigailShrier, December 29, 2020. Disponível em: <https://twitter.com/abigailshrier/status/1344135903531266048?lang=en>. Acesso em: 21 ago. 2022.

14. NATIONAL COALITION AGAINST CENSORSHIP. Statement on Amazon's Removal of When Harry Became Sally. March 4, 2021. Disponível em: <https://ncac.org/news/amazon-book-removal>. Acesso em: 21 ago. 2022.

15. MARCUS, Josh. "Conservatives Outraged That Anti-Trans Book Removed from Amazon". *Independent*, February 26, 2021. Disponível em: <https://www.independent.co.uk/news/world/americas/us-politics/amazon-transgender-book-ryan-anderson-b1805917.html>. Acesso em: 21 ago. 2022.

16. KOENIG, Melissa. "Josh Hawley's 'Canceled' Book on Big Tech Is Now a Best- Seller". *Daily Mail*, May 17, 2021. Disponível em: <https://www.msn.com/en-us/money/companies/josh-hawley-s-canceled-book-on-big-tech-is--now-a-best-seller/ar-BB1gO0wB?li=BB141NW3>. Acesso em: 21 ago. 2022.

17. SOCIETY OF COLONIAL WARS IN THE STATE OF CONNECTICUT. 1675–King Philip's War. Disponível em: <https://www.colonialwarsct.org/1675.htm>. Acesso em: 21 ago. 2022.

18. MILLER, Guy Howard. "Rebellion in Zion: The Overthrow of the Dominion of New England". *Historian, vol* 30, n° 3 (1968): pp. 439–45. Disponível em: <www.jstor.org/stable/24441216>. Acesso em: 21 ago. 2022.

19. WINSHIP, Michael. *Hot Protestants: A History of Puritanism in England and America.* New Haven, CT: Yale University Press, 2019, p. 280.

20. HALL, Michael. G. *The Last American Puritan: The Life of Increase Mather, 1639–1723*. Middletown, CT: Wesleyan University Press, 1988, p. 251.

21. WINSHIP, Michael. *Hot Protestants: A History of Puritanism in England and America*. New Haven, CT: Yale University Press, 2019, p. 284.

22. WINSHIP, Michael. *Hot Protestants: A History of Puritanism in England and America*. New Haven, CT: Yale University Press, 2019, pp. 283–85.

23. BROCKMEYER, Meghan M. "The Puritan President". *Harvard Crimson*, October 21, 2011. Disponível em: <https://www.thecrimson.com/article/2011/10/21/puritan-president-mather/>. Acesso em: 21 ago. 2022.

24. WINSHIP, Michael. *Hot Protestants: A History of Puritanism in England and America*. New Haven, CT: Yale University Press, 2019, p. 289.

25. ZAKAI, Avihu. "Who Was the Last American Puritan?". *Reviews in American History,* vol. 18, n° 1 (1990): p. 35. (2021). Doi: 10.2307/2702723>. Acesso em: 24 jun. 2021.

26. ACHENBACH, Joel. "Tell It to the Puritans!". *Washington Post*, December 24, 1993. Disponível em: <https://www.washingtonpost.com/archive/lifestyle/1993/12/24/tell-it-to-the-puritans/f1fa1e28-073a-409b-b678-4be-723b1e13a/>. Acesso em: 21 ago. 2022.

27. KARR, Mia C. "University to Change 'Fair Harvard' Lyrics". *Harvard Crimson*, April 6, 2017. Disponível em: <https://www.thecrimson.com/article/2017/4/6/fair-harvard-lyrics-change/>. Acesso em: 21 ago. 2022.

28. WADE Michelle; FIORENTINO, Susan. "Gender Pay Inequality: An Examination of the Lilly Ledbetter Fair Pay Act Six Years Later". *Advancing Women in Leadership,* vol. 37, (2017): p. 35.

29. WHITE HOUSE. "Statement on the 12th Anniversary of the Lilly Ledbetter Fair Pay Act". January 29, 2021. Disponível em: <https://www.whitehouse.gov/briefing-room/statements-releases/2021/01/29/statement--on-the-12th-anniversary-of-the-lilly-ledbetter-fair-pay-act/>. Acesso em: 21 ago. 2022.

30. OFFICE OF THE ASSISTANT SECRETARY FOR PLANNING AND EVALUATION. Overview of the Uninsured in the United States: A Summary of the 2011 Current Population Survey. September 13, 2011. Disponível em: <https://aspe.hhs.gov/basic-report/overview-uninsured-united-states--summary-2011-current-population-survey#:~:text=According%20to%20the%20Census%2Bureaus,16.3%25%20 of%20the%20total%20population>. Acesso em: 21 ago. 2022.

31. JOEBIDEN.COM. "The Biden Plan for Strengthening Worker Organizing, Collective Bargaining, and Unions". Disponível em: <https://joebiden.com/empowerworkers/>. Acesso em: 16 mai. 2021.

32. PATRICK-FERREE, Kelcey; PATRICK, Shannon. "The Freedom to Associate Through Unions Is Essential to the Labor Movement". *Iowa City Press-Citizen*, September 5, 2018. Disponível em: <https://www.press-citizen.com/story/opinion/contributors/writers-group/2018/09/05/unions-freedom-union-labor-university-iowa-city-cogs-ui-graduate-student--union-colin-gordon/1198401002/>. Acesso em: 21 ago. 2022.

33. @SenGillibrand, April 7, 2021. Disponível em: <https://twitter.com/sengillibrand/status/1379773312482607106?lang=en>. Acesso em: 21 ago. 2022.

34. TROYER, Emily "Paid Family Leave in Individualist America". Prindle Post, February 27, 2017. Disponível em: <https://www.prindlepost.org/2017/02/paid-family-leave-america/>. Acesso em: 21 ago. 2022.

35. HUFFINGTON, Arianna; WILLIAMS, Michelle A. "5 Ways to Make Sure the Post-Pandemic Recovery Focuses on Women". Thrive Global, April 30, 2021. Disponível em: <https://thriveglobal.com/stories/arianna-huffington--women-key-pandemic-economy-recovery/>. Acesso em: 21 ago. 2022.

36. BRENNAN, Althea. "Paid Family Leave Programs and Their Effectiveness in Changing Workplace Culture". Rockefeller Institute of Government, August 9, 2019. Disponível em: <https://rockinst.org/paid-family-leave--programs-and-their-effectiveness-in-changing-workplace-culture/>. Acesso em: 21 ago. 2022.

37. ROTHMAN, Noah. "The Problem with 'Systemic Racism,'" *Commentary*, April 21, 2021. Disponível em: <https://www.commentarymagazine.com/noah-rothman/the-problem-with-systemic-racism/>. Acesso em: 21 ago. 2022.

38. GIDDENS, Tharon. "It's More than Opioids". *Richmond* magazine, February 8, 2018. Disponível em: <https://richmondmagazine.com/life-style/health/declining-life-expectancy-in-united-states/>. Acesso em: 21 ago. 2022.

39. ISSUES of Poverty. Learning for Justice. Disponível em: <https://www.learningforjustice.org/classroom-resources/lessons/issues-of-poverty>. Acesso em: 21 ago. 2022.

40. FRANK, Thomas. "Zephyr Teachout's 'Corruption in America'". *New York Times*, October 16, 2014. Disponível em: <https://www.nytimes.com/2014/10/19/books/review/zephyr-teachouts-corruption-in-america.html>. Acesso em: 21 ago. 2022.

41. GUN Violence Is a Racial Issue. Brady Campaign to Prevent Gun Violence. Disponível em: <https://www.bradyunited.org/issue/gun-violence-is-a--racial-justice-issue>. Acesso em: 21 ago. 2022.

42. LEPORE, Sophia "You're Welcome, World: America Is Behind Climbing Childhood Obesity Rates". TakePart, October 14, 2016, http://www.takepart.com/article/2016/10/13/2025-obesity-trend/>. Acesso em: 21 ago. 2022.

43. LEVINE, Bruce E. "How Our Society Breeds Anxiety, Depression and Dysfunction". Salon, August 26, 2013. Disponível em: <https://www.salon.com/2013/08/26/how_our_society_breeds_anxiety_depression_and_dysfunction_partner/>. Acesso em: 21 ago. 2022.

44. EDDO-LODGE, Reni. "Why I'm No Longer Talking to White People About Race". *Guardian*, May 30, 2017. Disponível em: <https://www.theguardian.com/world/2017/may/30/why-im-no-longer-talking-to-white-people-about--race>. Acesso em: 21 ago. 2022.

45. LINLY, Zack. "It's Time to Stop Talking About Racism with White People". *Washington Post*, September 7, 2016. Disponível em: <https://www.washingtonpost.com/posteverything/wp/2016/09/07/its-time-to-stop-talking-about-racism-with-white-people/>. Acesso em: 21 ago. 2022.

46. WINSHIP, Michael. *Hot Protestants: A History of Puritanism in England and America*. New Haven, CT: Yale University Press, 2019, p. 52.

47. CHESTERTON, G. K. *Orthodoxy*. New York: John Lane Co., 1908. Disponível em: <https://www.gutenberg.org/files/16769/16769-h/16769-h.htm>. Acesso em: 21 ago. 2022.